Dietrich Cerny und Heinrich Kersten (Hrsg.)

Sicherheitsaspekte in der Informationstechnik

Dietrich Cerny und Heinrich Kersten (Hrsg.)

Sicherheitsaspekte in der Informationstechnik

Proceedings der
1. Deutschen Konferenz über Computersicherheit

Der Verlag Vieweg ist ein Unternehmen der Verlagsgruppe Bertelsmann International.

Softcover reprint of the hardcover 1st edition 1991

ISBN-13: 978-3-528-05157-0 e-ISBN-13: 978-3-322-83911-4
DOI: 10.1007/ 978-3-322-83911-4

Vorwort

Der vorliegende Band enthält die Vortragsmanuskripte der 1. Deutschen Konferenz über Computersicherheit, die vom 15.-16.Mai 1990 in Bonn stattfand.

Die zweitägige Konferenz - die erste ihrer Art in der Bundesrepublik - hatte zum Ziel, die Öffentlichkeit für die Probleme der Sicherheit in der Informationstechnik zu sensibilisieren und über diesbezügliche Entwicklungen und Initiativen in der Bundesrepublik zu informieren.

Die Konferenz wurde gemeinsam von der ZSI (Zentralstelle für Sicherheit in der Informationstechnik) und der AFCEA Bonn e.V., einem Fachverband für Elektronik, Datenverarbeitung und Kommunikationssysteme veranstaltet.

Die Veranstaltung - eine Vortragsreihe und eine thematisch damit verbundene Ausstellung - wurde von mehr als 500 Teilnehmern besucht, die gleichermaßen aus dem Bereich der Industrie und der Behörden kamen.

Die Vorträge der Konferenz beschäftigten sich mit den IT-Sicherheitskriterien der ZSI, dem Verfahren der Systemprüfung (Evaluierung und Zertifizierung), Forschungs- und Entwicklungsaktivitäten, sowie einer Reihe technischer Spezialthemen.

Ziel dieses Tagungsbandes ist es, die Vortragsinhalte einer breiten Öffentlichkeit zugänglich zu machen und die Diskussion zum Thema "Sicherheit in der Informationstechnik" anzuregen.

Weitere Konferenzen zum Thema Computersicherheit werden von der ZSI in **jährlichem Abstand** ausgerichtet. Die 2. Deutsche

Konferenz über Computersicherheit wird gemeinsam mit der SECUNET 91 vom 10.-12. Juni 1991 in Bonn stattfinden.

An dieser Stelle möchten wir noch einmal allen Vortragenden, den Moderatoren, den Mitgliedern des Programmkommitees Dr. H. Kreutz, Dr. H. Lippold, Dr. H. Pohl und der AFCEA danken.
Ein besonderer Dank sei auch den Mitarbeitern der ZSI, Fr. Wittmann, Fr. Ernst und H. Drothen ausgesprochen, die sich bei der Herstellung des Tagungsbandes und dieses Buches engagiert haben.

Bonn, im August 1990

Dietrich Cerny
Heinrich Kersten
Zentralstelle für Sicherheit in der Informationstechnik

Inhaltsverzeichnis

Themenbereich: Forschungs- und Entwicklungsaktivitäten

Moderator: Rüdiger Dierstein

Themenbereich: Technische Themen

Moderator: Dr. Karl Heinz Wilke

Begrüßung der Teilnehmer

Eberhard Müller-von der Bank, AFCEA Bonn e.V.:

Meine sehr verehrten Damen,
meine Herren,

namens des Vorstandes der AFCEA Bonn und in Vertretung unseres Vorsitzenden, Flottillenadmiral Dr. Hess, heiße ich Sie zur 5. Fachausstellung unseres Verbandes, die verbunden ist mit der 1. Deutschen Konferenz über Computersicherheit, die wir gemeinsam mit der Zentralstelle für Sicherheit in der Informationstechnik durchführen, sehr herzlich willkommen.
Ein besonderer Gruß gilt Herrn Staatssekretär Neusel vom Bundesministerium des Inneren, der uns die Ehre gibt, mit seinem Eröffnungsvortrag den von der Bundesregierung gesteckten Rahmen zum Thema IT-Sicherheit aufzuzeigen.
Darüber hinaus freuen wir uns, daß so viele Damen und Herren aus oberen und obersten Bundes- und Landesbehörden, als die fachlichen Spitzen ihrer Ressorts und Ämter, gekommen sind.
Wir begrüßen Vertreter aus dem benachbarten, befreundeten Ausland und auch aus solchen Ländern, die wir hoffentlich bald zum Kreis der Freunde zählen können.
Den Vertretern der Fachpresse, die ich willkommen heiße, gilt meine Bitte, durch ihre Veröffentlichungen zur Sensibilisierung der Öffentlichkeit beim Thema Informationssicherheit beizutragen.
Eine Behörde und ein Fachverband veranstalten gemeinsam eine Konferenz mit einer Ausstellung, und an der Beteiligung können wir erkennen, daß hier ein Bedarf besteht. Da ich aber davon ausgehe, daß noch nicht alle Damen und Herren hier im Saal schon Mitglieder der AFCEA sind - obwohl die Zahl ziemlich genau die

gleiche ist - gestatten Sie mir bitte ein Wort zu unseren Zielen.
Wir von der Armed Forces Communications and Electronics Association sehen in Ihrem Interesse eine Bestätigung für die Richtigkeit unserer Zielsetzung, - ich zitiere aus unserer Satzung - "...die Zusammenarbeit und fachlichen Kenntnisse unserer Mitglieder in Forschung, Entwicklung und Betrieb auf den Gebieten Datenverarbeitung, Elektronik und Kommunikationssysteme zu fördern."
Wir sind dabei keineswegs auf den militärischen Bereich beschränkt, wenngleich hier Ausgang und Schwerpunkt unserer bisherigen Arbeit liegen, wir wollen vielmehr einen Beitrag zu einem stetigen Gedankenaustausch zwischen Angehörigen des öffentlichen Dienstes - einschließlich der Streitkräfte - mit der Industrie sowie Forschungseinrichtungen liefern. Und wenn, wie heute und morgen, eine Großveranstaltung das beste Mittel zur Zielerreichung auch aus der Sicht einer Behörde ist, so hat ein eingetragener Verein die besten Möglichkeiten, der Behörde als Partner die Arbeiten abzunehmen, die dieser aus rechtlichen oder finanziellen Erwägungen Schwierigkeiten bereiten würden.

Da das Problem der Sicherheit ganz allgemein bei den Militärs im Vordergrund steht und sich die Notwendigkeit des Schutzes geheimzuhaltender Daten schon sehr früh ergeben hat, bietet sich eine Zusammenarbeit der AFCEA mit der ressortübergreifend zuständigen Zentralstelle für Sicherheit in der Informationstechnik förmlich an.
Da wir in der internationalen AFCEA eine Dachorganisation mit Sitz in den USA haben, wird einmal mehr die weiterhin bedeutsame Existenz der atlantischen Brücke herausgestellt. Wie so vieles im Bereich der Datenverarbeitung stammen ja auch die ersten Uberlegungen zu der heute und morgen zu behandelnden Thematik von dort.

Mit diesem Versuch einer ersten Einordnung wünsche ich der Konferenz und uns allen viel Erfolg und übergebe an den Leiter der ZSI, Herrn Dr. Leiberich.

Dr. Otto Leiberich, Zentralstelle für Sicherheit in der Informationstechnik:

Meine Damen und Herren,
auch ich möchte Sie nun im Namen der ZSI begrüßen und mich bedanken, daß Sie unserer Einladung gefolgt sind. Ich freue mich und bin stolz darauf, daß unsere Veranstaltung soviel Resonanz und Interesse gefunden hat. Sodann möchte ich mich bei den Vortragenden und Moderatoren der Vortragsreihen bedanken. Auch hier erfüllt es mich mit Stolz, daß es uns gelungen ist, ausgewiesene Fachleute nicht nur aus Europa, sondern auch aus den Vereinigten Staaten auf unsere Rednerliste zu bringen und natürlich einen leibhaftigen Staatssekretär.

Herr Neusel wir wissen, wie sehr Sie belastet sind. Daß Sie heute trotzdem zu uns sprechen, ist uns eine Ehre.

Natürlich muß ich mich auch bei der AFCEA bedanken. Sie hat dieser Veranstaltung die Organisation und den Rahmen gegeben. Die AFCEA fühlt sich besonders der atlantischen Brücke, d.h. der deutsch-amerikanischen Freundschaft, verbunden; ein Punkt, auf den ich noch zurückkommen werde.
Nun gestatten Sie mir bitte, auf einige fachspezifische Themen einzugehen.

1. IT-Sicherheitskriterien

Sie werden wissen, daß uns mit den nationalen Kriterien ein großer Wurf gelungen ist. Diese Kriterien werden Eignung finden und Fundamente darstellen für die Kriterien im Bereich der EG und der NATO. Meine Sorge ist, zu einer einvernehmlichen Regelung mit den USA zu gelangen, die ja mit ihrem "Orange Book" einen anderen Weg beschritten haben. Ich fordere alle, die dazu beitragen können auf, hieran mitzuwirken. Auch wir haben eine Verantwortung für die atlantische Brücke.

2. Das Problem der kompromittierenden Abstrahlung

Hier ist meines Erachtens eine Neu-Orientierung notwendig. Zur Erläuterung: Geräte, für die ein Voll-Tempestschutz gefordert wird, werden durch die erforderlichen technischen Maßnahmen erheblich teurer, z.T. bis zum Sechsfachen. Hier muß eine Risiko- und Bedrohungsanalyse vorgenommen werden.
Das Zonenmodell ist meines Erachtens ein Weg in die richtige Richtung, andere müssen noch gefunden werden. Es kann kein Zweifel daran bestehen, daß Geräte, die heute in einem Ministerium und morgen in einer Botschaft im Ausland eingesetzt werden, den höchsten Schutz benötigen. Geräte aber, die niemals anderswo als z.B. in einem umzäunten Objekt im eigenen Lande verwendet werden, brauchen diesen Schutz nicht (und können entsprechend billiger sein). Dies gilt auch für Bürogeräte, die zum Speicherschutz eine Kryptovorrichtung enthalten.

3. Schutz vor der IT

Eine wichtige Frage, der sich ein Bundesamt für die Sicherheit in der Informationstechnik stellen muß, ist auch die Frage nach der Sicherheit allgemein. Hierzu eine Erläuterung:
Bis jetzt sind die Bemühungen der ZSI gerichtet auf die Gewährleistung der drei Komplexe Vertraulichkeit, Integrität und Nichtblockierbarkeit von Daten in der IT. Diese Bemühungen dienen zunächst dem Schutze des Benutzers der IT vor kriminellen Handlungen. Die Frage, die aufgeworfen wird, lautet: Wer schützt die Gesellschaft vor der IT?
Ohne Frage, die IT wird z.B. eingesetzt bei der Herstellung von gefährlichen und umweltgefährdenden Stoffen, zur Steuerung

gefährlicher industrieller Prozesse oder zur Steuerung des Luft- und Schienenverkehrs u.v.a.m.
Wäre es nicht richtig, vor ihrem Einsatz diese IT auch in bezug auf ihre betriebliche Sicherheit zu prüfen und zu begutachten? Denn bei Rechnerausfall können die Schäden unabsehbar sein. Hier wird eine neuartige Aufgabe für das Bundesamt gesehen. Wir werden uns dieser Aufgabe stellen und Lösungsvorschläge unterbreiten.

Aktivitäten der Bundesregierung zur IT-Sicherheit

Hans Neusel

Einleitung

Fragen der Sicherheit der Informationstechnik sind seit einiger Zeit auch in der Bundesrepublik Deutschland zunehmend in den Blickpunkt des öffentlichen Interesses gerückt. Die sensible Frage der erhöhten Verletzlichkeit einer immer stärker von der Informationstechnik abhängigen Gesellschaft, aber auch Gesichtspunkte der Leistungs- und Wettbewerbsfähigkeit von Wirtschaft und Verwaltung bestimmen die öffentliche Diskussion. Auch die Berichte über Pläne zur Errichtung eines "Bundesamtes für Sicherheit in der Informationstechnik" haben dazu beigetragen.

Ich danke den beiden Veranstaltern der "1. Deutschen Konferenz über Computersicherheit", der AFCEA Bonn e.V. (Armed Forces Communications and Elektronics Association) und der ZSI (Zentralstelle für Sicherheit in der Informationstechnik), daß sie mir die Gelegenheit geben, die Aktivitäten der Bundesregierung zur IT-Sicherheit zu erläutern. Gleichzeitig möchte ich dabei zu einigen Fragen Stellung nehmen, die in diesem Zusammenhang - zum Teil kontrovers - in der Öffentlichkeit diskutiert wurden.

Zunächst möchte ich die Ausgangslage skizzieren und daraus einige Rahmenbedingungen für das Tätigwerden der Bundesregierung ableiten, bevor ich auf diese Aktivitäten selbst eingehe.

Überblick, historische Entwicklung

Den meisten von Ihnen sind Untersuchungen aus unterschiedlichen Anwendungsbereichen bekannt, bei denen versucht wurde, den jeweiligen Zustand der IT-Sicherheit zu ermitteln und zu bewerten. Etwas überzeichnet dargestellt beweisen die Ergebnisse im wesentlichen, daß die IT-Sicherheit lange Zeit als das ungeliebte Stiefkind einer rasch prosperierenden Informationstechnik angesehen wurde. Dies zeigt sich darin, daß z.B. die Sicherheitsrisiken unterbewertet oder gar nicht gesehen werden, daß die grundsätzlichen Sicherheitsvorkehrungen unausgewogen und in vielen Fällen nicht ausreichend sind und daß die Administration der IT-Sicherheit schwach ausgebildet ist oder völlig fehlt.

Dieses Ergebnis ist auf den ersten Blick nur schwer verständlich, denn die Sicherheit in DV-Anlagen ist spätestens seit Ende der 60er Jahre eigentlich kein neues Thema mehr. Vor ziemlich genau 20 Jahren - nämlich im Februar 1970 - hat die amerikanische RAND Corporation einen ausführlichen Bericht über eine Untersuchung veröffentlicht, der sich erstmals mit "Sicherheitskontrolleinrichtungen für DV-Systeme" befaßte. Diese Untersuchung wurde 1967 begonnen und dadurch ausgelöst, daß zu jenem Zeitpunkt die ersten DV-Anlagen auf dem Markt verfügbar wurden, an denen mehrere Benutzer gleichzeitig arbeiten konnten. Aus dieser völlig neuen Art der Nutzung resultierte ein damals eher unbestimmtes Gefühl, daß sich aus dieser neuen technischen Möglichkeit Probleme für den Schutz der gespeicherten Information ergeben könnten.

Die Ergebnisse der Untersuchung bestätigten den Eindruck. Der vorgelegte Bericht beschrieb erstmals die Bedrohungen, denen DV-Anlagen ausgesetzt sind, im Gesamtzusammenhang, zeigte eine Vielzahl möglicher Sicherheitslücken auf - Lücken die selbst heute nach 20 Jahren bei einem Großteil der Anlagen noch immer vorhanden sind - und machte Vorschläge, diese Lücken zu schließen, sowohl durch Maßnahmen in der Einsatzumgebung der DV-Anlagen als auch durch technische Maßnahmen in den DV-Anlagen selbst.

Obwohl damit der erste Anstoß für eine intensivere Beschäftigung mit den technischen Problemen der Sicherheit in DV-Anlagen gegeben wurde, war die Reaktion bei Herstellern, Anwendern und auch bei den Vertretern der Informatik - vor allem außerhalb der USA - eher zurückhaltend, und Sicherheit war über lange Zeit und ist zum Teil heute noch kein gleichrangiges Ziel neben den üblichen Konstruktions- und Leistungszielen bei DV-Systemen.

Diese zögernde Haltung war für die DV-Anlagen in den späten 60er Jahren vielleicht noch zu rechtfertigen. Die Anlagen verfügten zu diesem Zeitpunkt noch über keine nennenswerten Verbindungen nach außen. Anlage und Anwender befanden sich in der Regel innerhalb desselben räumlichen Komplexes. Der Zugriff auf die gespeicherten Informationen erfolgte noch durch speziell ausgebildete Operateure "vor Ort" und konnte daher sehr gut und mit einfachen organisatorischen Mitteln, meist vom Rechenzentrum aus, überwacht werden.

Inzwischen werden solche Anlagen zunehmend durch komplexe IT-Systeme abgelöst, deren charakteristische Merkmale die Fernverarbeitung und die gleichzeitige Nutzung durch eine Vielzahl von Anwendern sind. Bei diesen Systemen erfolgt der Zugriff der Anwender auf die in einer DV-Anlage verfügbaren Informationen von beliebig entfernten Orten über lokale oder öffentliche Fernmeldenetze. Damit sind diese Anwender der unmittelbaren Überwachung des Rechenzentrums vollständig entzogen. Sie haben keine unmittelbare Kontrolle über ihre an einem entfernten Ort gespeicherten Daten. Die direkte Kontrolle und das daraus abgeleitete Vertrauen in den bestimmungsgemäßen Umgang mit Informationen und technischem System muß nunmehr durch das Vertrauen in die korrekte Funktion eines anonymen technischen Systems ersetzt werden. Damit wird eine Verbesserung der technischen Sicherheitsmaßnahmen in den IT-Systemen zwingend erforderlich.

Die Entwicklung zu immer komplexeren IT-Systemen ist jedoch nicht allein das Ergebnis des schnellen technischen Fortschritts auf den Gebieten der Datenverarbeitung und der Datenkommunikation und ihres Zusammenwachsens zu IT-Systemen. Sie ergibt sich auch zwangsläufig aus den wachsenden Bedürfnissen der unterschiedlichen Anwender, insbesondere in der Wirtschaft und in der Verwaltung,

- nach schnellerem und besserem Service,
- nach größerer Effizienz der zu unterstützenden Arbeits- und Verwaltungsvorgänge und
- nach einfacherem und schnellerem - auch grenzüberschreitendem - Informationsaustausch zwischen den beteiligten Firmen und Organisationen.

Die positiven Auswirkungen von IT-Systemen erfahren wir täglich, wenn wir z.B. Reisen buchen oder wenn wir die Dienste von Banken oder Versicherungen in Anspruch nehmen. Ihre Anwendung führt im allgemeinen zu Kostenreduzierungen und zur Verbesserung und Beschleunigung von Geschäftsabläufen und Dienstleistungen. Nicht zuletzt können sie den Anstoß für die Entwicklung völlig neuer Geschäftsmethoden und Märkte geben. Homebanking ist ein typisches Beispiel für eine solche neue Geschäftsmethode.

Problemansprache

Allerdings hat die Nutzung von IT-Systemen zwei Seiten. Die erreichbaren Vorteile können sich auch leicht in ihr Gegenteil umkehren. Dies geschieht insbesondere dann, wenn die Systeme fehlerhaft realisiert oder implementiert sind, wenn sie falsch oder von den falschen Personen genutzt werden oder wenn sie im Bedarfsfall ausfallen. Der verhältnismäßig einfachen und schnellen Speicherung, Verarbeitung und Übertragung von Informationen in IT-Systemen steht somit das immer komplexer werdende Problem der Verhinderung, Aufdeckung und Korrektur von Fehlfunktionen gegenüber. Dabei wäre es verantwortungslos, außer Betracht zu lassen, daß solche Fehlfunktionen auch mit Absicht realisiert oder ausgenutzt werden können, um rechtswidrige Vorteile zu erlangen oder Schäden anzurichten.

Sowohl zufällige als auch absichtlich hervorgerufene Fehlfunktionen von IT-Systemen gehören zu den technischen Ursachen für das, was man heute als "Verletzlichkeit der Informationsgesellschaft" bezeichnet. Sie können zu direkten finanziellen Verlusten führen, wenn z.B. Banküberweisungen nicht oder nicht korrekt ausgeführt werden. Sie können aber auch zu schweren materiellen und immateriellen Schäden führen, wenn z.B. firmeninterne oder geheimhaltungsbedürftige Informationen an Unbefugte weitergegeben werden, wenn Informationen aus der Privatsphäre eines Bürgers offengelegt werden oder wenn die Leistungen von IT-Systemen zur Unterstützung kritischer Aufgaben - wie in der Intensivstation eines Krankenhauses - nicht zum richtigen Zeitpunkt zur Verfügung stehen.

Die Akzeptanz von IT-Systemen in einer modernen Industriegesellschaft und die damit verbundene Nutzung ihrer Vorteile steht und fällt letztlich mit dem Vertrauen, das die Anwender in die korrekte Funktion eines solchen Systems setzen können. Wohl einer der wichtigsten Teilaspekte und eine entscheidende Frage für den Anwender bzw. für den Kunden eines solchen Systems ist jedoch, ob und wie gut dieses System den unbefugten Zugriff auf und die unbefugte Änderung von ihm gehörenden oder ihn betreffenden Informationen verhindern kann und ob es in der Lage ist, Angriffe auf seine Verfügbarkeit abzuwehren.

Die wesentliche Konsequenz aus dieser Fragestellung ist, daß die klassische Aufgabe der IT-Sicherheit, nämlich Informationen vor dem Verlust der Vertraulichkeit zu schützen, erweitert werden muß. Informationen sind zusätzlich vor dem Verlust der Unversehrtheit und der Verfügbarkeit zu schützen. Diese Neudefinition ist inzwischen - zumindest in Europa - allgemein anerkannt, und sie ist z.B. auch die Grundlage für die deutschen IT-Sicherheitskriterien.

Alle drei Schutzgüter gelten im Grundsatz für jedes IT-System, jedoch kann die Gewichtung je nach Einsatzzweck und Einsatzumgebung des Systems unterschiedlich sein. So kann für die Intensivstation eines Krankenhauses der Verlust der Verfügbarkeit ihres IT-Systems eine weit größere Bedrohung bedeuten als der Verlust der Vertraulichkeit. Auf der anderen Seite kann bei einem System aus dem Verteidigungsbereich der Verlust der Vertraulichkeit die wesentlich größere Bedrohung darstellen.

An diesen beiden Beispielen zeigt sich, daß die Sicherheit eines IT-Systems letztendlich nur vor dem Hintergrund der Sicherheitsbedürfnisse eines Anwenders und der Einsatzumgebung des Systems beurteilt werden kann und daß Aussagen zur Sicherheit ohne einen solchen Bezug nur eine eingeschränkte Bedeutung haben können.

In der Vergangenheit wurde die IT-Sicherheit im wesentlichen als eine Angelegenheit derjenigen Anwender betrachtet, die geheimzuhaltende Informationen aus dem Bereich der Landesverteidigung in ihren IT-Systemen vor dem Verlust der Vertraulichkeit schützen mussten. Auch in den Berichten aus der jüngsten Vergangenheit über Eindringversuche in IT-Systeme wurde hauptsächlich die Frage gestellt, ob es den Tätern gelungen sei, sich unbefugt Zugriff auf schützenswerte Informationen zu verschaffen, d.h. ob ein Verlust der Vertraulichkeit eingetreten sei. Zwar spektakulär aufgemacht, aber in ihren möglichen katastrophalen Auswirkungen auf das breite Publikum weniger deutlich, wurden die Fälle der Viren und Würmer beschrieben, die vorwiegend einen Verlust der Unversehrtheit der Informationen und insbesondere einen Verlust der Verfügbarkeit der IT-Systeme zur Folge hatten.

Allerdings wurde durch diese Berichte einer breiteren Öffentlichkeit erst richtig bewußt, welchen realen Bedrohungen IT-

Systeme ausgesetzt sind. Die Schwachstellen dieser Systeme wurden deutlicher und die Schäden, die sich aus einem Mißbrauch ergeben können, wurden offensichtlich und zumindest in Teilen quantifizierbar.

Dies alles hat dazu beigetragen, daß nicht nur das Problembewußtsein der privaten Anwender geweckt wurde, sondern daß auch bei den Herstellern und - zugegebenermaßen - auch bei den Behörden die Erkenntnis der Bedeutung der IT-Sicherheit zunahm. Insbesondere wurde dadurch deutlich, daß die IT-Sicherheit in der Vergangenheit eine eher untergeordnete Rolle gespielt hatte. Die bisher angewendeten Parameter für die Planung, Realisierung, Auswahl und Beschaffung von IT-Systemen - im wesentlichen Funktionalität, Zuverlässigkeit, Kosten und unter Umständen Benutzerfreundlichkeit - reichen nicht mehr aus und müssen dringend um den Parameter IT-Sicherheit ergänzt werden.

Diese Forderung gilt vor allem für IT-Systeme, von deren korrekter Funktion das gesellschaftliche Zusammenleben ganz besonders abhängt. Sie gilt aber auch für solche IT-Systeme, ohne deren Unterstützung eine nationale oder internationale Zusammenarbeit im wirtschaftlichen, im universitären, im administrativen und auch im militärischen Bereich kaum mehr denkbar ist. Für solche Anwendungen sind IT-Systeme notwendig, mit deren Unterstützung Geschäfts-, Verwaltungs- und Führungsvorgänge sicher, schnell, kostengünstig und nicht zuletzt rechtlich einwandfrei abgewickelt werden können. Die geographische Verteilung der einzelnen Systemkomponenten und die dadurch notwendig werdende Vernetzung, verbunden mit dem Einsatz von Komponenten unterschiedlicher Hersteller und unterschiedlicher technischer Auslegung, stellen besonders hohe Anforderungen an die IT-Sicherheit der Einzelkomponenten und des Gesamtsystems.

An diesen Anwendungen wird außerdem besonders deutlich, daß die IT-Sicherheit, die in allen Ländern über lange Jahre allein von den Notwendigkeiten der nationalen Sicherheit bestimmt wurde, zukünftig ganz besonders auf die Belange einer multinationalen Gesellschaft, Wirtschaft und Verwaltung ausgeweitet werden muß.

Forderungen

Ich habe Ihnen damit einige allgemeine Aspekte des Einsatzes von IT-Systemen und der damit verbundenen Fragen der IT-Sicherheit dargestellt und möchte hieraus 9 Thesen ableiten, die den politischen Handlungsbedarf skizzieren:

(1) IT-Systeme sind keine Sache einer zukünftigen Entwicklung. Sie sind Realität und insbesondere im Bereich der Wirtschaft bereits ein unverzichtbarer Bestandteil vieler Unternehmen und ihrer geschäftlichen Aktivitäten. Ein Verzicht auf diese Systeme ist nicht mehr möglich, ein Rückgang auf den "manuellen" Betrieb der Vergangenheit ist undurchführbar. Das Gleiche gilt z.B. für Banken, Versicherungen, Behörden und den Verteidigungsbereich. Alle diese Anwender sind davon abhängig, daß sie auf die korrekte Arbeitsweise ihrer IT-Systeme und insbesondere auf deren Sicherheitsfunktionen vertrauen können. Damit wird die Verbesserung der IT-Sicherheit nicht mehr zur ausschließlichen Angelegenheit einzelner Anwendungsbereiche, sondern sie betrifft alle Bereiche der Gesellschaft und erfordert deswegen ein übergreifendes Konzept zur Einleitung und Durchführung der erforderlichen Maßnahmen.

(2) die IT-Sicherheit ist nicht mehr nur Angelegenheit jener Anwender, deren wichtigstes Interesse die Vertraulichkeit ihrer Informationen ist. Die zunehmende Notwendigkeit des Einsatzes von IT-Systemen in Wirtschaft und Verwaltung, verstärkt durch die Tendenz zur engeren Zusammenarbeit im nationalen und internationalen Rahmen und die dadurch bedingte Komplexität, erfordert die Realisierung sicherer

IT-Systeme, die z.B. Geschäfts-, Finanz- oder Personaldaten zuverlässig schützen und auch international für einen breiten Kreis von Anwendern eingesetzt werden können.
Aus historischen Gründen liegt ein großer Teil der speziellen Kenntnisse auf dem Gebiet der IT-Sicherheit bei Behörden aus dem Sicherheitsbereich. Diese Kenntnisse müssen in Zukunft der Allgemeinheit über eine offene Informationspolitik zugute kommen und insbesondere in die Entwicklung neuer IT-Systeme mit verbesserten Sicherheitseigenschaften einfließen, die dem gesamten freien Markt zur Verfügung stehen.

(3) die Vorteile aus dem Einsatz von IT-Systemen könne nur dann voll ausgenutzt werden, wenn es gelingt, dem Anwender das Vertrauen zu vermitteln, daß seine Furcht vor Fehlern oder Mißbrauch unbegründet ist bzw. wenn er in die Lage versetzt wird, ein gegebenenfalls vorhandenes Restrisiko zu erkennen und in seinen Auswirkungen einzuschätzen. Dazu müssen Verfahren entwickelt werden, mit denen der Grad der Vertrauenswürdigkeit der Arbeitsweise der Sicherheitsfunktionen einer IT-Komponente oder eines IT-Systems ermittelt werden kann.

(4) die IT-Sicherheit wurde in der Vergangenheit im wesentlichen durch personelle, bauliche und organisatorische Sicherheitsmaßnahmen gewährleistet. Durch die zusätzliche Realisierung von technischen Sicherheitsmaßnahmen im IT-System selbst kann eine weitere Verbesserung der IT-Sicherheit erreicht werden. Dabei sollte - vor allem vor dem Hintergrund der Kosten - eine Kombination von Maßnahmen angestrebt werden, und diese Kombination sollte ausgewogen sein. Für die Ermittlung solcher Kombinationen müssen Verfahren entwickelt und angeboten werden.

(5) insbesondere bei der Realisierung der technischen Sicherheitsmaßnahmen ist eine enge Zusammenarbeit zwischen Anwendern und Herstellern von IT-Systemen erforderlich, denn die

Hersteller werden nur dann geeignete Produkte entwickeln, wenn sie die genauen Anforderungen an die Produkte kennen und wenn sich ein Markt für solche Produkte abzeichnet. Dieser Markt muß durch die Anwender dadurch deutlich gemacht werden, daß sie ihre entsprechenden Forderungen unmißverständlich formulieren.

(6) die zunehmende Internationalisierung der Handlungsabläufe in beinahe allen Anwendungsbereichen erfordert den Abbau von technischen Hemmnissen für das Zusammenwirken der beteiligten IT-Systeme. Insbesondere muß vermieden werden, daß sich Sicherheitsmaßnahmen zu solchen Hemmnissen entwickeln können. Dazu sind sowohl technische als auch politische Schritte notwendig.

(7) die bisherige Lauf der Dinge im Ausland hat gezeigt, daß die Entwicklung von sicheren Produkten ohne entsprechende Initiativen der Behörden nur sehr schwer in Gang kommt. In den USA z.B. hatten in der Vergangenheit nur sehr wenige Hersteller aus eigenem Antrieb und mit eigenen Mitteln mit der Entwicklung sicherer IT-Produkte begonnen. Erst als sich abzeichnete, daß zukünftig zumindest für die Behörden nur noch IT-Systeme beschafft werden sollten, die nach dem "Orange Book" evaluiert wurden, sind die Hersteller dazu übergegangen, entsprechende Produkte zu realisieren. Hier müssen die Behörden erkennen, daß sie im Interesse der Gesellschaft eine aktive Rolle spielen müssen, um den Stand der IT-Sicherheit zu verbessern.

(8) es gibt noch immer Anwender, für die technische Sicherheitsmaßnahmen lediglich Leistungsverluste oder Hindernisse für eine freie Nutzung des Systems bedeuten, und es gibt noch immer einzelne Stimmen aus dem Lager der Hersteller, die mit dieser Argumentation eine Verbesserung der Sicherheitseigenschaften ihrer Produkte hinauszögern. Hier muß, angefangen bei den Ausbildern der Informatiker über die Hard-

und Softwareentwickler bei den Herstellern und über die IT-Manager bei den Anwendern bis hin zu den Endnutzern, ein Lernprozess angestoßen werden, der zu einer Verbesserung des Problembewußtseins führt.

(9) auch auf dem Gebiet der Informationstechnik ist eine frühzeitige Technikfolgenabschätzung Voraussetzung für eine verantwortungsbewußte Entscheidung in Politik, Wirtschaft und Verwaltung. Dies gilt sowohl für die Technologieentwicklung, als auch für die Anwendung der Informationstechnik. Die Technikfolgenabschätzung soll Chancen und Risiken einer Technikentwicklung analysieren, ihre unmittelbaren und mittelbaren Folgen wirtschaftlicher, ökologischer, sozialer Art abschätzen und - vorallem auch - Alternativen bewerten.

Folgerungen und Aktivitäten

Diesem Forderungsrahmen liegen die Aktivitäten der Bundesregierung zugrunde:

Die Bundesregierung hat bereits in den 50er Jahren damit begonnen, die Sicherheit in der Informationstechnik zu verbessern. Allerdings bezogen sich die damaligen Aktivitäten zunächst auf den Bereich der Fernmeldesicherheit. So wurde damals im Geschäftsbereich des Bundeskanzleramtes die "Zentralstelle für das Chiffrierwesen (ZfCh)" mit Sitz in Mehlem eingerichtet, die sich zunächst mit der Entwicklung von Schlüsselgeräten beschäftigte. Der Aufgabenbereich der Zentralstelle wurde dann zu Beginn der 70er Jahre um die "Abstrahlsicherheit" erweitert, d.h. um die Entwicklung und Überwachung von Maßnahmen zur Verhinderung der kompromittierenden Abstrahlung bei elektrischem Gerät, das für die Verarbeitung oder Übertragung von Verschlußsachen eingesetzt werden soll. Beide Aufgaben wurden für den

Bereich der Behörden wahrgenommen, die Verschlußsachen verarbeiten

Im Jahre 1987 wurde der Zentralstelle für das Chiffrierwesen als weitere Aufgabe die "Computersicherheit" übertragen, d.h. die Beurteilung der Sicherheit von Rechnersystemen und -komponenten, soweit diese zur Verarbeitung von Verschlußsachen eingesetzt wurden.

Der Hauptgrund für die Übertragung der neuen Aufgabe an die Zentralstelle war die Erkenntnis, daß zukünftige IT-Systeme nur durch ein sehr enges Zusammenwirken von Datenverarbeitungs- und Datenübertragungskomponenten realisiert werden können und daß die Sicherheit solcher Systeme ebenfalls nur durch eine sehr enge Abstimmung von Maßnahmen der Computersicherheit (COMPUSEC) und der Fernmeldesicherheit (COMSEC) unter dem übergeordneten Gesichtspunkt der IT-Sicherheit (INFOSEC) erreicht werden kann.

Zu damaligen Zeitpunkt, nämlich im Jahre 1987, traf die Bundesregierung diese Entscheidung in Analogie zu der damals einzigen Organisation, die in der IT-Welt die Aufgabe der Computersicherheit bearbeitete. Das war das National Computer Security Center (NCSC) der USA, das mittlerweile der nationalen Sicherheitsbehörde (NSA) zugeordnet ist und in einer gewissen Konkurrenzsituation zum National Institute of Standards and Technology (NIST) arbeitet. Die Bundesregierung beabsichtigt hingegen, eine zivile Behörde zu errichten, die das Gesamtgebiet der IT-Sicherheit bearbeitet.

Die bisherigen Entwicklungsschritte in der Arbeit der Bundesregierung im Bereich der IT-Sicherheit, auf die ich jeweils kurz eingehen möchte, sind folgende:

- Kabinettbeschluß eines IT-Sicherheitsrahmenkonzeptes,

- Kabinettbeschluß zur Errichtung des Bundesamtes für Sicherheit in der Informationstechnik (BSI),
- Herausgabe der IT-Sicherheitskriterien,
- Herausgabe des IT-Evaluationshandbuches,
- Herausgabe des IT-Sicherheitshandbuches und
- Aktivitäten im internationalen Bereich

(1) Das IT-Sicherheitsrahmenkonzept

Am 23. November 1989 hat die Bundesregierung das vom Bundesminister des Innern vorgelegte "IT-Sicherheitsrahmenkonzept" beschlossen. Dieses Konzept beschreibt die Problematik der IT-Sicherheit und die Notwendigkeit für ein übergreifendes Konzept und zeigt auf, wie den Sicherheitsrisiken bei der Anwendung der Informationstechnik künftig begegnet werden soll und ergänzt insoweit

- die Richtlinien für den Einsatz der Informationstechnik in der Bundesverwaltung (die sog. "IT-Richtlinien) und
- das Zukunftskonzept Informationstechnik

Das IT-Sicherheitsrahmenkonzept enthält den Handlungsrahmen für diejenigen Stellen des Bundes, die für Grundsatzangelegenheiten im Zusammenhang mit der IT-Sicherheit zuständig sind und erstreckt sich neben den allgemeinen Sicherheitsaspekten der öffentlichen Verwaltung auch auf alle anderen Sicherheitsaspekte der Informationstechnik, die im öffentlichen Interesse liegen, insbesondere auf die Wahrung

- der berechtigten Sicherheitsbelange des Bürgers,
- der Interessen der Wirtschaft und Wissenschaft,
- der Interessen des Datenschutzes nach dem Bundesdatenschutzgesetz,
- der Interessen des staatlichen Geheimschutzes und

- der Verteidigung.

Ziel des IT-Sicherheitsrahmenkonzeptes ist es, Rahmenbedingungen festzulegen, damit:

- die IT-Anwender in die Lage versetzt werden, angemessene Sicherheitskonzepte zu entwickeln und zu realisieren und ihre Sicherheitsanforderungen an die IT-Hersteller zu formulieren,
- baldmöglichst IT-Systeme und IT-Komponenten mit einem ausreichenden Sicherheitsstandard auf dem Markt zur Verfügung stehen und
- die internationale Wettbewerbsfähigkeit deutscher und europäischer IT-Hersteller unter dem Aspekt eines hohen Sicherheitsstandards gestärkt wird.

Kernstück des IT-Sicherheitsrahmenkonzeptes ist die Errichtung einer Zentralstelle für Sicherheit in der Informationstechnik als Bundesoberbehörde im Geschäftsbereich des Bundesministers des Innern. Ein erster Schritt wurde bereits zum 1. Juni 1989 dadurch vollzogen, daß die Bezeichnung der früheren "Zentralstelle für das Chiffrierwesen" der erweiterten Aufgabenstellung angepaßt und in "Zentralstelle für Sicherheit in der Informationstechnik (ZSI)" geändert wurde.

(2) Die Einrichtung des Bundesamtes für Sicherheit in der Informationstechnik

Durch ein Gesetz, das dem Deutschen Bundestag zugeleitet ist, soll zu Beginn des Jahres 1991 ein "Bundesamt für Sicherheit in der Informationstechnik (BSI)" errichtet werden, in das diejenigen Teile der ZSI übergehen sollen, die bereits heute Aufgaben der IT-Sicherheit, nämlich der Fernmeldesicherheit und der Computersicherheit, bearbeiten. Damit wird sichergestellt, daß das neue Bundesamt mit den bei der ZSI vorhandenen Kenntnissen und Erfahrungen sowie mit dem dortigen Fachpersonal und den technischen Einrichtungen ohne Verzug die Arbeit aufnehmen bzw.

fortsetzen kann. Damit können die Erfahrungen der bisher nur auf dem Gebiet des staatlichen Geheimschutzes tätigen Zentralstelle künftig für alle interessierten Bereiche nutzbar gemacht werden.

Das Bundesamt soll - wie bereits gesagt, im Gegensatz zur Organisationsform in den USA - weder eine militärische noch eine nachrichtendienstliche , sondern eine zivile Behörde werden, mit bundesweiter Zuständigkeit als Fachbehörde für alle Fragen im Zusammenhang mit der Sicherheit in der Informationstechnik. Dazu wird das neue Bundesamt organisatorisch und räumlich von der bisherigen Zentralstelle getrennt. Das zukünftige Bundesamt soll dem Bundesminister des Innern unterstellt werden, die Fachaufsicht soll durch ein spezielles Referat "Sicherheit in der Informationstechnik" sowie durch die "Koordinierungs- und Beratungsstelle der Bundesregierung für die Informationstechnik in der Bundesverwaltung (KBSt)" im Bundesministerium des Innern ausgeübt werden.

Mit der Einrichtung des Bundesamtes in der vorgesehenen Form sind zusätzlich folgende Vorteile verbunden:

- den Herstellern steht ein zentraler Ansprechpartner für Fragen der IT-Sicherheit zur Verfügung,
- Sicherheitsprodukte, wie etwa Verschlüsselungsgeräte, können den verschiedenen sensitiven Bereichen (z.B. Datenschutz, Finanzbereich, Geheimschutz) gleichermaßen zur Verfügung gestellt werden,
- die angestrebte gegenseitige Anerkennung von Sicherheitszertifikaten im Rahmen der EG und der NATO, die auf absehbare Zeit nur zwischen behördlichen Einrichtungen zu erreichen ist, wird einfacher.

Der Gesetzentwurf sieht vor, daß das zukünftige Bundesamt - kurz zusammengefaßt - folgende Aufgaben wahrnehmen soll:

- Untersuchung von Sicherheitsrisiken bei der Anwendung der Informationstechnik sowie Entwicklung von Sicherheitsvorkehrungen;
- Entwicklung von Kriterien, Verfahren und Werkzeugen für die Prüfung und Bewertung der Sicherheit von IT-Systemen und IT-Komponenten;
- Prüfung und Bewertung der Sicherheit von IT-Systemen und IT-Komponenten und Erteilung von Sicherheitszertifikaten;
- Zulassung von IT-Systemen und IT-Komponenten, die im Bereich des Bundes oder bei Unternehmen der Wirtschaft im Rahmen von Aufträgen des Bundes für die Verarbeitung oder Übertragung von Verschlußsachen eingesetzt werden, sowie die Herstellung von Schlüsseldaten, die für diesen Bereich benötigt werden;
- fachliche Unterstützung der für Sicherheit in der Informationstechnik zuständigen Stellen der öffentlichen Verwaltung, insbesondere soweit sie Beratungs- und Kontrollaufgaben wahrnehmen. Hier wird insbesondere der Bundesbeauftragte für den Datenschutz unterstützt;
- fachliche Unterstützung der zuständigen Behörden bei der Verhütung und Verfolgung von Straftaten, die gegen die Sicherheit in der Informationstechnik gerichtet sind oder unter Nutzung der Informationstechnik erfolgen; sowie
- allgemeine Beratung der Hersteller, Vertreiber und Anwender in Fragen der Sicherheit in der Informationstechnik.

Das neue Bundesamt wird in der Lage sein, Methoden zu entwickeln, mit denen Straftaten, die unter Nutzung der Informationstechnik erfolgen, nach Möglichkeit verhütet oder rechtzeitig erkannt werden können. Speziell das organisierte Verbrechen wird sich zunehmend die Informationstechnik für eine weltweite, schnelle und möglichst vor behördlichem Zugriff gesicherte Kommunikation voll zunutze machen. Die Verwendung der Informationstechnik in nahezu allen Lebensbereichen, z.B. für den bargeldlosen Zahlungsverkehr oder die Abwicklung unterschiedlicher Rechtsgeschäfte mittels "elektronischer Unterschrift", wird insbesondere auf dem Gebiet der Wirtschaftskriminalität neue Deliktsarten zur Folge haben. Aber auch auf dem Gebiet der allgemeinen Kriminalität wird der Straftäter "Computer" künftig häufig angetroffen werden. Das BSI-Errichtungsgesetz sieht deshalb auch die Unterstützung der Strafverfolgungsbehörden des Bundes und der Länder durch das neue Bundesamt vor.

In diesem Zusammenhang geäußerte Bedenken gegen die "Doppelrolle" des neuen Bundesamtes - Unterstützung des Datenschutzes und der Strafverfolgungsbehörden - entbehren bei näherem Hinsehen einer sachlichen Grundlage.

Die Mathematiker, Informatiker und Ingenieure des ZSI, die - historisch bedingt - bisher unter dem Dach eines Nachrichtendienstes sichere Verschlüsselungssysteme für den Verschlußsachen- Bereich entwickelten, werden künftig organisatorisch und räumlich strikt von dieser Behörde getrennt. Das neue Bundesamt erhält ausschließlich technische Aufgaben ohne jedwede Zugriffsmöglichkeiten auf personenbezogene Informationen. Es kann also überhaupt nicht unbefugt auf fremde Daten zugreifen. Richtig ist, daß die mathematischen Verfahren, mit denen Informationen sicher verschlüsselt werden können, die nicht "knackbar" sind, vor Unbefugten geheimgehalten werden müssen, sollen sie nicht zugleich auch z.B. dem weltweit operierenden organisierten Verbrechen zur Verfügung stehen. Um Unterstellungen zu begegnen, das neue Bundesamt könne - für wen auch immer - "Falltüren" oder Sollbruchstellen in Verschlüsselungssysteme einbauen, kann unabhängigen Experten Einblick in mathematische Prinzipien gewährt werden, die außerhalb des staatlichen Bereichs zum Einsatz kommen. Die für den jeweiligen Verschlüsselungsvorgang zusätzlich benötigten "Schlüsseldaten" können künftig per Rechner hergestellt werden und sind Mitarbeitern des neuen Bundesamtes erst gar nicht zugänglich.

Die Unterstützung des Datenschutzes und die gleichzeitige Unterstützung der Kriminalitätsbekämpfung bedeutet somit keinen Interessengegensatz - im Gegenteil: Es sind nicht zuletzt auch personenbezogene Daten, die z.B. durch Hacking gefährdet sind und die es vor allem auch durch Aufklärung krimineller Delikte zu schützen gilt. Der Bundesbeauftragte für den Datenschutz hat dies frühzeitig erkannt und deshalb den Gesetzentwurf in der vorliegenden Fassung nachdrücklich unterstützt.

Kritische Fragen kamen auch zu der Bestimmung im Gesetzentwurf, nach der ein Sicherheitszertifikat für ein Produkt verweigert werden kann, wenn überwiegende öffentliche Interessen entgegenstehen. Ich will dazu eine Erläuterung geben. Dieser Bestimmung liegen folgende möglichen Sachverhalte zugrunde:

- Das Produkt (z.B. ein Verschlüsselungssystem) wird von ausländischen Staaten oder von kriminellen Organisationen für terroristische oder sonstige kriminelle Zwecke genutzt oder ist dafür vorgesehen.
- das Produkt wurde unter Umgehung des Außenwirtschaftgesetzes - der sogenannten Embargo-Liste - bereits unbefugt vertrieben.
- Das Produkt ist für Verschlußsachen zugelassen mit der Auflage, es nicht an private Stellen zu vertreiben.

In all diesen Fällen - und nur um sie geht es - muß ein Sicherheitszertifikat verweigert werden können. Ratio legis ist in erster Linie eine Verbesserung des Individualrechtsschutzes.

(3) Die IT-Sicherheitskriterien

Das erste wichtige Dokument, das im Auftrag der Bundesregierung durch die ZSI herausgegeben wurde, ist der "1. Entwurf der deutschen IT-Sicherheitskriterien". Diese Kriterien trafen auf überwiegend positive Reaktionen, auch aus Kreisen, die bereits über Erfahrungen mit anderen Sicherheitskriterien verfügen. Es gab jedoch auch den Vorwurf, daß mit diesen Kriterien den zivilen Anwendern militärische Kriterien aufgezwungen würden und daß die Kriterien aus diesem Grunde für Anwendungen aus dem zivilen Bereich nicht geeignet seien.

Lassen Sie mich dazu folgendes sagen. Wie viele von Ihnen wissen, hat das amerikanische Verteidigungsministerium bereits im Jahre 1983 Kriterien für die Bewertung der Vertrauenswürdigkeit von DV-Systemen, das sogenannte "Orange Book", veröffentlicht. Ein wesentlicher Punkt, der uns davon abgehalten hat, diese Kriterien zu übernehmen, war die Tatsache, daß in ihnen die Sicherheitsvorschriften des amerikanischen Verteidigungsministeriums quasi "fest verdrahtet" sind. Damit ist mit diesen Kriterien nur eine Evaluation von solchen Produkten möglich, die die Sicherheitsvorschriften des amerikanischen Verteidigungsministeriums oder ähnliche Vorschriften unterstützen.

Auch die deutschen IT-Sicherheitskriterien setzen das Vorhandensein von Sicherheitsvorschriften als Bezug für eine Evaluation voraus, aber im Gegensatz zum "Orange Book" sind diese Vorschriften nicht in den Kriterien festgelegt, sondern sie müssen vom Hersteller oder vom Anwender eines IT-Produktes als Voraussetzung für eine Evaluation vorgegeben werden. Damit wird erreicht, daß mit den IT-Sicherheitskriterien Produkte für alle Anwendungsbereiche ohne einen Verlust an Aussagekraft evaluiert werden können, wobei der militärische Bereich nur einer neben vielen zivilen ist.

(4) Das IT-Evaluationshandbuch

Das IT-Evaluationshandbuch ist das nächste Dokument, das durch die ZSI in Kürze herausgegeben wird. Es regelt die Prüfung informationstechnischer Systeme oder selbständiger Komponenten auf der Grundlage der IT-Sicherheitskriterien und die Vergabe von Sicherheitszertifikaten. Eine detaillierte Beschreibung ist das Thema eines späteren Vortrages auf dieser Konferenz. Wichtig an diesem Handbuch ist die Tatsache, daß es das Verfahren einer Evaluation für die Öffentlichkeit transparent macht und dadurch auch sicherstellt, daß die an einem Zertifikat interessierten Hersteller gleich behandelt werden.

Es bleibt hinzuzufügen, daß das zukünftige Bundesamt keine privilegierte Stellung bei der Durchführung von Evaluationen und bei der Vergabe von Zertifikaten haben soll. Es kann sachverständige Stellen mit der Durchführung von Evaluationen beauftragen und damit die Erfahrungen und Kapazitäten solcher Stellen nutzen. Das Zertifikat wird jedoch anschließend durch das Bundesamt vergeben. Außerdem können natürlich neben dem Bundesamt öffentliche oder private Stellen selbständig IT-Systeme oder IT-Komponenten prüfen, bewerten und unter eigenem Namen zertifizieren. Dabei können sie auf die Sicherheitskriterien, Prüfverfahren und Prüfwerkzeuge zurückgreifen, die vom Bundesamt entwickelt und veröffentlicht wurden.

Es ist die Entscheidung der Anwender oder der Vorschriften- und Gesetzesgeber, ob sie als Voraussetzung für den Einsatz eines IT-Systems oder einer IT-Komponente ein Zertifikat des Bundesamtes oder das einer anderen Stelle fordern.

Die manchmal geäußerte Kritik, das zukünftige Bundesamt könne über das Evaluationsverfahren die Auswahl ihm genehmer IT-Produkte steuern, wird nach meiner Ansicht sowohl durch die Veröffentlichung der Regeln des Evaluationsverfahrens als auch durch die Freiheit bei der Wahl der Evaluationsstelle gegenstandslos.

(5) Das IT-Sicherheitshandbuch

Lassen Sie mich nun noch kurz auf das dritte Dokument, nämlich das "IT-Sicherheitshandbuch" eingehen, dessen Herausgabe für 1991 vorgesehen ist. Ein Hauptanliegen des IT-Sicherheitsrahmenkonzeptes ist die Festlegung von Rahmenbedingungen, die die IT-Anwender in die Lage versetzen, ihre Sicherheitskonzepte zu entwickeln und ihre Sicherheitsanforderungen an die Hersteller zu formulieren. Solche Konzepte und Forderungen müssen auf einer sehr frühen und umfassenden Risikoanalyse aufbauen, bei der mögliche Bedrohungen für das IT-System und daraus resultierende Schäden zueinander in Beziehung gesetzt werden. Nur mit Hilfe einer solchen Analyse kann sichergestellt werden, daß ein ausgewogenes Verhältnis zwischen dem Schutzbedürfnis der verarbeiteten Informationen bzw. dem des IT-Systems einerseits und den anzuwendenden Sicherheitsmaßnahmen andererseits - nicht zuletzt auch unter Kostengesichtspunkten - erreicht wird und daß insbesondere mögliche Restrisiken erkannt und in ihren Auswirkungen abgeschätzt werden können.

Das IT-Sicherheitshandbuch soll dem Anwender Art und Weise der Durchführung solcher Risikoanalysen erläutern und ihm den Weg von der Risikoanalyse über die Sicherheitsanforderungen zu den Funktionalitätsklassen und Qualitätsstufen aufzeigen, die in den IT-Sicherheitskriterien beschrieben sind.

Im Verlauf dieses Prozesses kann übrigens durchaus der Fall eintreten, daß festgestellt wird, daß das betrachtete IT-Produkt - zumindest aus Sicht der IT-Sicherheit - in der beabsichtigten Form nicht realisiert werden kann oder nicht realisiert werden sollte, weil es keine oder nur unverhältnismäßig teure Möglichkeiten gibt, den erkannten Bedrohungen entgegenzuwirken und die dazu erforderlichen Sicherheitsmechanismen in der erforderlichen Qualität zu realisieren. Damit können die IT-Sicherheitskriterien einen wichtigen Beitrag in der Entscheidung leisten, ob ein IT-System eingeführt werden soll.

Ich möchte auch noch einen weiteren Vorwurf aufnehmen, nämlich den, die Bundesregierung sehe IT-Systeme nicht als sozio-technische Systeme. Die Bundesregierung ist sich durchaus der Tatsache bewußt, daß diese Systeme in eine soziale Umwelt eingebunden sind und daß ein Teil der Bedrohung aus dieser Tatsache resultiert. Das Instrumentarium, das zur Verbesserung der IT-Sicherheit vorgesehen ist - hier insbesondere das IT-Sicherheitshandbuch -, wird jedoch durchaus Hilfsmittel zur Verfügung stellen, mit denen auch soziale Faktoren in die Betrachtung der IT-Sicherheit mit einbezogen werden können, vor allem in die Phase der Risikoanalyse.

Schließlich möchte ich betonen, daß alle drei vorher genannten Dokumente nicht allein durch die ZSI, sondern in enger Zusammenarbeit mit Vertretern von Anwendern, Herstellern, Hochschulen und Verbänden erarbeitet wurden und werden und daß auch die Fortschreibung in dieser offenen Form stattfinden wird. Ich darf Sie an dieser Stelle um Ihre aktive Mitwirkung bitten. Bringen Sie Ihre Kritik und Ihre Verbesserungsvorschläge dem Bundesinnenminister oder gleich der ZSI zur Kenntnis.

(6) Aktivitäten im internationalen Bereich

Im Bereich der Landesverteidigung ist die Zusammenarbeit von IT-Systemen unterschiedlicher Nationen bereits seit längerer Zeit üblich. Auf die zunehmende Internationalisierung von Wirtschaft und Verwaltung habe ich eingangs hingewiesen. Alle diese Bereiche tauschen sensitive Informationen aus und verarbeiten sie in ihren jeweiligen IT-Systemen. Zur Gewährleistung der erforderlichen Sicherheit sind aus Sicht der Bundesregierung folgende weiteren Schritte nötig, die in einem multinationalen Zusammenhang gesehen werden müssen:

(a) Es sind internationale Sicherheitsstandards zu entwickeln, die einen einheitlichen Stand der Sicherheit gewährleisten können. Dazu sind in einem ersten Schritt die verschiedenen nationalen IT-Sicherheitskriterien im Bereich der EG zu harmonisieren mit dem Ziel, europäische Normen und Prüfspezifikationen zu erarbeiten und bereitzustellen.
Die Bundesregierung ist zu diesem Zweck im Gespräch mit Frankreich, Großbritannien und den Niederlanden. Eine Arbeitsgruppe aus Vertretern dieser vier Nationen hat Anfang Mai die Arbeiten an dem Entwurf eines harmonisierten Kriterienkataloges abgeschlossen, für den wichtige Teile aus den deutschen IT-Sicherheitskriterien übernommen wurden und der nach einer Abstimmungsphase in den beteiligten Ländern der EG vorgelegt werden soll.
Die NATO hat ebenfalls damit begonnen, einen Kriterienkatalog zu erarbeiten. Als Grundlage für diesen Katalog wurden ebenfalls die deutschen IT-Sicherheitskriterien ausgewählt.
Die Bundesregierung setzt sich in den jeweiligen Gremien dafür ein, daß langfristig nur ein einziger Kriterienkatalog für die Evaluation der Sicherheit von IT-Systemen vorhanden ist, der sowohl für die EG als auch für die NATO gültig ist.

(b) Es ist anzunehmen, daß die Evaluation und die Zertifizierung von IT-Produkten einstweilen in der Zuständigkeit der einzelnen Nationen bleiben wird. Hier wird die Bundesregierung darauf hinwirken, daß nationale Zertifikate durch andere Nationen anerkannt werden. Um die Voraussetzung für die Vergleichbarkeit der Zertifikate zu schaffen, ist die Harmonisierung der unterschiedlichen Evaluationsverfahren vorgesehen.

(c) Der weltweite Konkurrenzkampf bei IT-Produkten schließt zunehmend Aspekte der IT-Sicherheit ein. Die Bundesregierung unterstützt deshalb gemeinsame europäische Initiativen zur Verbesserung der Wettbewerbsfähigkeit, insbesondere im Bereich der IT-Sicherheit.

Schluß

Ich fasse zusammen: Die Bundesregierung hat die Herausforderung angenommen, die eine moderne Informationsgesellschaft insbesondere an die Sicherheit in der Informationstechnik stellt. Sie hat Aktivitäten eingeleitet, mit denen den Bedrohungen begegnet werden kann, die auf die Sicherheit von IT-Systemen einwirken, und sie legt dabei besonderen wert auf eine internationale Abstimmung dieser Aktivitäten. Sicher werden die praktischen Erfahrungen auf dem weiteren Weg zu Modifikationen der begonnenen Aktivitäten führen können. Es liegt nicht zuletzt an Ihnen, diese Vorhaben aufmerksam, kritisch und konstruktiv zu begleiten und damit zu einer weiteren Verbesserung der IT-Sicherheit beizutragen.

Ich darf meine Bitte wiederholen:

Betrachten Sie die ZSI oder das zukünftige BSI als einen Gesprächspartner, dem Sie offen Ihre Kritik und Ihre Verbesserungsvorschläge mitteilen können und den Sie ansprechen können, wenn Sie Rat in Fragen der IT-Sicherheit suchen.

Über die Bedrohung der Informationstechnik

Prof. Dr. Klaus Brunnstein

Zusammenfassung: Wesentlich schneller als bei der Entwicklung der Industriegesellschaft sind moderne Informations- und Kommunikationstechniken wichtige Arbeitsmittel in Wirtschaft und Staat, bei Verbänden und gesellschaftlichen Organisationen, in Bildung und Wissenschaft geworden. Oft schon hängt die Arbeitsfähigkeit wesentlicher Teilorganisationen von der Korrektheit und Verfügbarkeit der Informationsverarbeitung ab; Bedrohungen der I&K-Techniken müssen daher vorrangig erkannt und vermieden werden.

Die Verletzlichkeit der I&K-Techniken hat elementare Gründe; in den Grundkonzepten heutiger Maschinen wurden Aspekte des Zugriffsschutzes, der Korrektheit von Programmen und Daten sowie der Verfügbarkeit und Verläßlichkeit nicht berücksichtigt. In Computern und Arbeitsplatzrechnern nimmt die Welle "**anomalen Programmverhaltens**" stark zu; während bisher **Computer-"Viren**" vor allem auf PCs grassieren (zurzeit sind fast 100 "Virenstämme" mit insgesamt über 250 Varianten auf IBM-PCs, AMIGA-, Atari- und MacIntosh-Rechnern bekannt), werden erste Exemplare auch auf größeren Rechnern gesichtet, und es werden auch ersten Antiviren-Instrumente auf Großrechnern angeboten (Siemens).

Selbst wenig vorgebildete junge Leute, je nach Absicht als "**Hacker**" oder "**Cracker**" zu bezeichnen, verschaffen sich Zugang zu Computern und Daten; sie setzen dabei auf "**Trojanische Pferde**", mit denen sie Lücken in Systemprogrammen sowie unzureichende Organisation des Rechnerbetriebes ausnutzen. **Computer-"Würmer**" als Formen "automatischer Hackerangriffe" ermöglichten schon weltweite Angriffe mit Schäden für Tausende von Rechnern. Das Schadenspotential solcher Angriffe nimmt mit der schnell wachsenden Vernetzung und der Erweiterung der I&K-Dienste um Bild- und Sprachübertragung (ISDN) dramatisch zu. Zugleich sind neuartige Bedrohungen, etwa die **Kombination mehrerer "Anomalien"** wie die Übertragung von Computer-"Viren" durch Computer-"Würmer" zu erwarten.

Da eine Rückholbarkeit der I&K-Technologien nicht mehr möglich erscheint, muß den Bedrohungen auf mehreren Ebenen begegnet werden. Solange "intrinsisch" (d.h. vom Entwurf her) sichere Techniken nicht verfügbar sind, müssen Institutionen und Anwender/innen die verfügbaren Sicherungsverfahren einsetzen, und die Kontrolle der Korrektheit muß durch entsprechenden Programmentwurf sowie verstärkte Ausbildung unterstützt werden. Um die **Qualität der I&K-Produkte** zu heben, müssen sie einer Prüfung und Bewertung ("Zertifizierung") im Hinblick auf ihre Eignung für staatliche und wirtschaftliche Anwendungsbereiche erfolgen. Dafür aufzubauende "**Software-TÜVs**" (wie bereits ZSI/BSI für den staatlichen Bereich) können auf vorhandenen Bewertungsverfahren - etwa den "IT-Sicherheitskriterien" der ZSI - aufbauen, die entsprechend den Erfahrungen und dem Bedrohungspotential fortzuentwickeln sind.

Längerfristig müssen Informatik-Forschung und Industrie aber verbesserte Konzepte einsetzen, um die Qualität der Informationsarbeit zu sichern, so wie man dies bei industriellen Produkten heute kennt. Bedrohungen sollten schließlich **im Ansatz, nicht erst im Betrieb** soweit möglich ausgeschlossen werden.

1. Einleitung: Zur Verletzlichkeit der Informationsgesellschaft

Seit einiger Zeit nehmen in der öffentlichen Berichterstattung die Meldungen über Computer-Unfälle und Angriffe auf DV-Systeme und Computernetze einen zunehmend größeren Raum ein. Anfänglich waren die Meldungen in traditionellen und neuen Medien, sicher auch mangels qualifizierter Berichterstatter, geeignet bei unbedarften Lesern, Hörern und Zuschauern vor allem Horrorvorstellungen von einer unbeherrschbaren Technik zu provozieren; so etwa, als die Bildzeitung über das erste lokale Auftreten des (inzwischen weltweit verbreiteten) Jerusalem-Virus berichtete: "Erster Computer im Sterben". So sind die sensationellen Berichterstattungen über die Angriffe junger, höchst begrenzt kompetenter "Hacker" auf Sparkassen, Wissenschafts- und Militär-Rechner (BTX/HASPA-Fall, NASA- und KGB-Hack) sowie über die Welle der Computer-Viren von vielen Laien und DV-Anwendern zunächst mit hilflosem Entsetzen aufgenommen worden.

Seit kurzem scheint sich das Klima zu verändern; die zum Teil qualifiziertere Berichterstattung beginnt, bei vielen Anwendern den Wunsch nach Vorbeugung und Maßnahmen gegen die offenbare Bedrohungen der eingesetzten Informations- und Kommunikations-Techniken zu stärken. So haben im Oktober 1989 die übertriebenen (und zum Teil fachlich inkorrekten) Warnungen vor dem massiven Auftreten neuer Computer-Viren am Freitag, dem 13. Oktober 1989 immerhin dazu geführt, daß viele Anwender am Arbeitsplatz und privat, vermutlich erstmals in ihrem Leben eine vorbeugende Datensicherung vorgenommen haben; während das Ausbleiben der viralen Vernichtungstätigkeit (leider nicht ganz zutreffend) in der öffentlichen Berichterstattung mit Erleichterung aufgenommen wurde, ist der fruchtbare Nebeneffekt solcher Vorbeugungsaktionen allerdings kaum öffentlich bemerkt worden.

Ein solcher Umschwung hin zu einer Erkennung und vorbeugenden Abwehr von Bedrohungen der Informations- und Kommunikations-Techniken (I&K-Techniken) ist auch dringend geboten. Computer der unterschiedlichsten Ausstattung sind inzwischen derart wichtige Bestandteile vieler Funktionen des wirtschaftlichen, staatlichen, gesellschaftlichen und individuellen Lebens geworden, daß **Bedrohungen dieser Technologien unmittelbare Folgen für jeden Einzelnen, die Arbeitsplätze und das staatliche Leben haben.**

Die Ausbreitung der I&K-Techniken, in Geschwindigkeit und Wirkungstiefe höchstens der (viel langsameren) Entwicklung der Industriegesellschaft vergleichbar, ist heute, im 55. Jahr nach Konrad Zuses grundlegendem Patent (1936), soweit fortgeschritten, daß ganze Unternehmen und Staaten durch Bedrohung ihrer I&K-Techniken verletzt werden können. Oft machen sich diese Bedrohungen unvorhergesehen und ohne gezielte Absicht bemerkbar. Das Versagen von Börsenprogrammen und die Börsencrashes 1987/1989 (mit Wertverlusten von Billionen DM, in günstiger Situation ohne gravierende Folgen für die Weltwirtschaft), der Abschuß eines zivilen Airbusses durch ein militärisches Expertensystem sowie andere computer-gestützte Unfälle zeigen ebenso wie die tägliche Erfahrung, beginnend beim morgendlichen Ampelstau wegen eines ausgefallenen Verkehrsrechners bis hin zu fehlerhaften Rechnungen oder unverständlichen Computerformularen, welche **unerwarteten Nebenwirkungen** die dramatische Zunahme eingesetzter Groß-, Mittel- und Kleinstrechner in Wirtschaft und Staat für jedermensch haben kann. Gezielt eingesetzt, können solche Bedrohungen auch als "**D-Waffen**" benutzt werden, zu **kriminellen Zwecken oder als Teil militärischer Aktionen**, wie übereinstimmend die Entwicklung der Computerkriminalität sowie Überlegungen von Militärs zum Einschleusen von Computer- "Viren" in gegnerische Computer zeigen.

Erst heute wird breit erkennbar, daß die I&K-Techniken in ihren grundlegenden Konzepten, ihren Realisierungsformen sowie in ihrem Gebrauch erhebliche Lücken aufweist, die es **in ihren Bedrohungspotentialen zu erkennen und zu beherrschen** gilt. Nach den unfruchtbaren Kontroversen extremer Befürworter und Kritiker der I&K-Techniken (man denke an die zahlreichen Streitgespräche über "Computer als Job-Killer oder Job-Knüller") kommt die Wende von Euphorie und Schock zur rationalen Einschätzung und hoffentlich zur Beherrschung zum letztmöglichen Zeitpunkt.

Da diese Technik (von kleinen akademischen Zirkeln abgesehen) als nicht mehr rückholbar gilt, zumal die technische Entwicklung und ihre lokalen und überregionalen wirtschaftlichen Implikationen weiterhin ein starkes Wachstum zeigen, müssen alle Beteiligten - Politik und Staat, Wirtschaft und Wissenschaft, Bildungswesen und gesellschaftliche Einrichtungen - verstärkt gemeinsame Anstrengungen unternehmen, die Qualität der technischen Produkte und Verfahren zu heben, ihre sachgerechte Benutzung zu gewährleisten und damit ihre Bedrohungen zu minimieren. Auf diesem Wege ist es erforderlich, **die Natur der Bedrohungen gründlich verstehen und Maßnahmen zur Vermeidung ihrer potentiellen Schäden zu konzipieren.**

2. Bedrohungsformen und Bedrohungspotentiale

In der öffentlichen Berichterstattung nehmen verschiedene Formen von Computer-Unfällen und Computer-Kriminalität längst einen breiten Raum ein. Die weltweite, computer-gestützte Nachrichtenvermittlung (etwa als elektronischer Versand einschlägiger Artikel der New York Times und Washington Post) macht neuerliche **Einbrüche australischer Hacker in US-Netze** (im März 1990 dingfest gemacht), das massenhafte Auftreten von **Computer-"Viren" in der Volksrepublik China** (jüngst am Karfreitag, den 13. April 1990), den Versand einer "**Trojanischen Diskette**" mit einem (mangelhaften) **AIDS-Informationsprogramm** (Dezember 1989) an 28.000 Empfänger oder die Verbreitung des **Computer-"Wurmes" WANK** (Worm against Nuclear Killers) von Gegnern der Galileo-Experimente (die deren Start mit gerichtlichen Mitteln nicht verhindern konnten) in einigen hundert VAX-Rechnern zur weltweit einheitlichen Schlagzeile der nächsten Tage.

Das zumeist nur kurzfristige Interesse führt aber nur in Ausnahmefällen, etwa bei einem der seltenen Gerichtsverfahren, zu einer vertieften Darstellung der Vorkommnisse und ihrer Hintergründe. Durch derart kurzsichtige Berichterstattung hat sich der Eindruck festgesetzt, solche Angriffe zeugten von überragenden Kenntnissen und Begabung, ja sogar von Genialität der oft

Jugendlichen Hacker; auf deren Jäger fällt dann auch ein Abglanz solcher journalistischer "Wert-Schätzung". Die Wahrheit ist allerdings viel banaler: **heutige Bedrohungsformen sind auf Denkfehler der Erfinder dieser Technik zurückzuführen!**

Zu den schmerzlichen, aber notwendigen Erkenntnissen gehört es, **die Ansätze der Bedrohungspotentiale korrekt einzuordnen.** So wird ja oft - wie für andere Techniken so auch für die Informationstechnik - argumentiert, die Technik sei an sich wertfrei; erst durch ihren positiven oder negativen Gebrauch entwickle eine Technik ein Übergewicht auf der Seite der Chancen oder der Risiken; das Risiko liege nicht in Konzepten der Technik, sondern entweder in ihrem **konzept-widrigem Versagen** ("technisches Versagen") oder in **Schwächen ihrer Benutzung durch die Menschen** ("menschliches Versagen"). Diese Position geht davon aus, daß **in den Grundlagen erfolgreicher Techniken im wesentlichen alle für ihre positive, allgemein akzeptable Nutzung liegenden Merkmale vorbedacht seien.**

Diese Annahme trifft bei genauerer Analyse jedenfalls für die I&K-Techniken nicht zu. Bereits in seiner grundlegenden Schrift (1945: "First Draw of an EDVAC") beschreibt der ungarisch-amerikanische Mathematiker John von Neumann die heute dominante, nach ihm benannte **Architektur der Von Neumann Maschinen als im wesentlichen dem menschlichen Gehirn vergleichbar.** Dieses Postulat, welches auch Grundlage von Begriffen wie "Elektronen-Gehirn" oder "Künstlicher Intelligenz" wurde, hält einer tieferen Analyse nicht stand. Da das menschliche Gehirn nicht derart (algorithmisch) wie die von-Neumann-Maschine funktioniert (von den technischen Unterschieden des menschlichen Gehirns mit seinem Dominanz der Elemente Kohlenstoff, Wasserstoff und Sauerstoff gegenüber dem Computer mit seiner Silizium- und Metall-Dominanz völlig abgesehen), muß **die Übersetzung menschlicher Informationsverarbeitung in maschinelle (I&K--) Formen bei komplexeren Aufgaben zu Ergebnissen ("Programme", "Systeme") führen, die von den sie benutzenden Menschen besonders in kritischen Situationen nicht immer verstanden oder beherrscht werden können.**

Den Denkfehler des John von Neumann, der Computer sei von jedermensch einfach beherrschbar, weil er Abbildung seiner eigenen Intelligenz sei, erkennen die beteiligten Wissenschaften angesichts ihrer Konzentration auf technische Aufgaben erst allmählich. In (allzu) **konsequenter Verfolgung der von Neumann-Konzepte haben** nämlich **die beteiligten Disziplinen** - Mathematik, Elektrotechnik und Elektronik, Informatik und deren "Ableitungen" wie Betriebsinformatik, Medizininformatik, Rechtsinformatik u.a.m. - **die Basistechniken und deren Anwendungssysteme in einer Weise realisiert, daß die heute zutage tretenden Bedrohungen praktisch unvermeidbar** (sozusagen "programmiert") waren.

Ein eindrucksvolles Beispiel der Defizite heutiger von Neumann-Maschinen ergibt sich im Bereich der "**Computer-Sicherheit**", die Hauptgegenstand dieser ersten deutschen Konferenz über Computer-Sicherheit sowie der Tätigkeit der Zentralstelle für Sicherheit in der Informationstechnik (ZSI) ist. Obwohl viele Computer bereits der ersten Generation für militärische Anwendungen konzipiert waren, bei denen der **Schutz der gespeicherten Informationen und Programme gegen unbefugten Zugriff von vornherein wichtig** gewesen wäre, erfüllen selbst heute (in der vierten Generation) **nur wenige Rechner in Hardware und Betriebssystemen die Anforderungen an Zugriffskontrolle und Vertrauenswürdigkeit.** Obwohl (zuerst mit dem "Orange Book" des US-Verteidigungsministeriums jüngst mit den "IT-Sicherheitskriterien" der ZSI) eine Klassifikation dieses Aspektes der Rechnersicherheit vorhanden ist, werden **heute im Verteidigungsbereich weltweit Hunderttausende PCs, UNIX-Rechner und andere Systeme eingesetzt, deren Vertrauenswürdigkeit nur als ungenügend** (Orange Book-Klasse "D") bezeichnet werden kann. Selbst die eingesetzten Großrechner erreichen allenfalls in Teilen eine begrenzte, noch sehr niedrige Klassifikation ("C2/B1").

Dabei ist diese Konzentration auf die Kontrolle des Zugriffs auf vertraulich zu haltende Daten nur <u>ein</u> Aspekt methodisch "sicherer" Informationsarbeit. So enthält der deutsche Begriff, "Sicherheit" neben dem **Vertrauen in den Zugriffsschutz (englisch:**

Security) auch Aspekte wie die Korrektheit von Programmen und Daten (Integrity) sowie die Verläßlichkeit (Reliability) und die Verfügbarkeit (Availability) der Informationstechnik. Diese Aspekte der Sicherheit (englisch: **Safety**) sind im "Orange Book" völlig vernachlässigt worden; erstmals werden sie im Katalog der "IT-Sicherheitskriterien" detailliert berücksichtigt. Der Begriff "Computer-Sicherheit" ist historisch (durch militärische Anwendungen) und gesellschaftlich (beim Schutz personenbezogener Daten) stark geprägt, im folgenden werden die **Aspekte von Zugriffsschutz, Korrektheit, Verfügbarkeit, Verlässlichkeit als "Qualität der Informationstechnik" (IT-Qualität) bezeichnet.**

So richtungsweisend die "IT-Sicherheitskriterien" zweifelsohne sind, so bringen sie zugleich neue Probleme. Zunächst muß nüchtern festgestellt werden, daß es **für die neuen Aspekte der IT-Qualität kaum (theoretische) Vorstellungen**, geschweige denn solche für die Messung der (graduellen) Erfüllung von Qualitätskriterien gibt. Vor allem die Informatik hat mit ihrer Ausrichtung auf die von-Neumann-Maschinen und deren theoretische Grundlagen (mit der Automaten- und Komplexitätstheorie) zu diesen Aspekten bisher nichts Wesentliches beigetragen; übrigens orientiert sich auch die Beurteilung des Zugriffsschutzes nach dem Bell-La Padula-Modell, Grundlage sowohl des Orange Books wie der IT-Sicherheitskriterien, an vereinfachten Modellen, die nicht einmal die Organisationsprobleme modernisierter von Neumann-Maschinen, etwa von Multiprozessor-Systemen, beschreiben können.

Angesichts solcher **theoretischer Defizite** ist das Vorgehen der ZSI, **pragmatische Kriterien für die Verfügbarkeit, Verläßlichkeit und Korrektheit in Computer-Systemen sowie in deren Erweiterung auch in Computer-Netzen vorzuschlagen**, ein wichtiger Ansatzpunkt für Entwicklung von IT-Qualitätsmerkmalen. Nach dem langen Zeitraum, welchen das Orange Book bis zu einer gewissen Beeinflussung des Sicherheitsverhaltens moderner Betriebssysteme und deren Anwendungen brauchte, könnte und müßte die Durchsetzung der Maßstäbe des ZSI-Kataloges schneller verlaufen, insbesondere wenn die noch bestehenden systematischen Defizite zügig ausgeräumt werden können; bei der Durchsetzung eines Bewußtseins der IT-Qualität dürften **aktuelle Bedrohungen bewußtseinsfördernd** wirken.

In einer Situation, in der die Bedrohung wesentlich auf die Konzepte der Technik sowie die Gestaltung der nicht kurzfristig ersetzbaren Anwendungssysteme zurückzuführen ist, wird man nämlich **noch einige Zeit mit dem Informatik-Bestiarium der "Wanzen" und Computer-"Viren", der "Trojanischen Pferde", "Maulwürfe" und Computer-"Würmer"** leben müssen. So sehr man die Hoffnung teilen mag, die Vorlage der IT-Sicherheitskriterien würde künftig Vorfälle wie den KGB-Hack unmöglich machen, so dürfte der Zeitpunkt der Erfüllung solcher Hoffnungen noch in einiger Zukunft liegen. Denn die hier angesprochenen Anomalien wurzeln zutiefst in der Architektur der von Neumann-Systeme wie insbesondere in Aspekten der Zweckmäßigkeit ihrer Nutzung.

So sind Schichten-Modelle der Realisierung von Computer-Systemen architektonisch plausibel wie in der Anwendung nützlich:

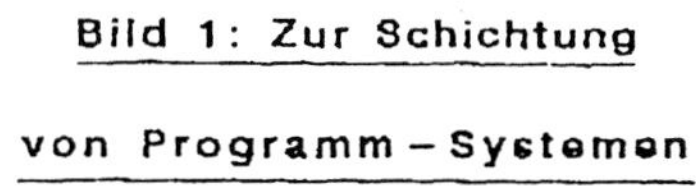

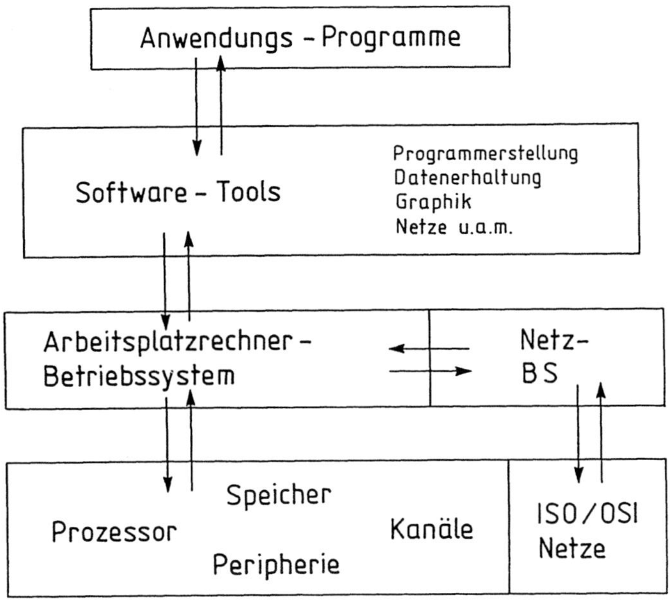

Über der untersten Schicht der **Hardware** versorgt das **Betriebssystem** die verschiedenen Anwenderprogramme mit spezifischen Dienstleistungen, etwa der Speicherung und dem Zugriff auf Daten, der Durchführung von Programmen und der Kommunikation mit der Außenwelt; sowohl für die Entwicklung der Anwendungsprogramme wie für deren spezielle Zwecke (etwa wie Datenspeicherung, wie Darstellung von Ergebnissen u.a.m.) stehen spezielle

Systemprogramme zur Verfügung, welche sich ebenfalls auf das Betriebssystem abstützen.

Für die Anwendung ist eine solche schichtenweise Realisierung von erheblichem Vorteil. So können beliebige **Anwendungsprogramme** auf der Grundlage der angebotenen Dienstleistungen (Hardware, Betriebssystem, Hilfsprogramme) leicht entwickelt werden. Wird eine neue Maschinenarchitektur entwickelt, so kann oft zunächst das alte Betriebssystem solange weiterbenutzt werden, bis die Anpassung der Anwendungsprogramme passiert ist (Z.B.. MS-DOS aus PS2-Rechnern). Auch können bei unveränderter Hardware neuere Versionen des Betriebssystems oder der Dienstprogramme benutzt werden, ohne daß die Anwendungsprogramme dauernd geändert werden müssen.

Diese **nützliche Philosophie der Schichtenbildung** sorgt - im wesentlichen durch Festlegung sogenannter "Schnittstellen" zwischen den einzelnen Schichten - dafür, daß die jeweiligen Schichten einzeln betrachtet und - jedenfalls in begrenztem Umfang - separat ausgetauscht werden können. So vorteilhaft eine solche "auf Lücke konzipierte" Architektur auch ist, so bietet sie zugleich geradezu **Schlupflöcher für Programm-"Anomalien"**.

Bild 2: Gefährdung von System- und Anwendungs-Software

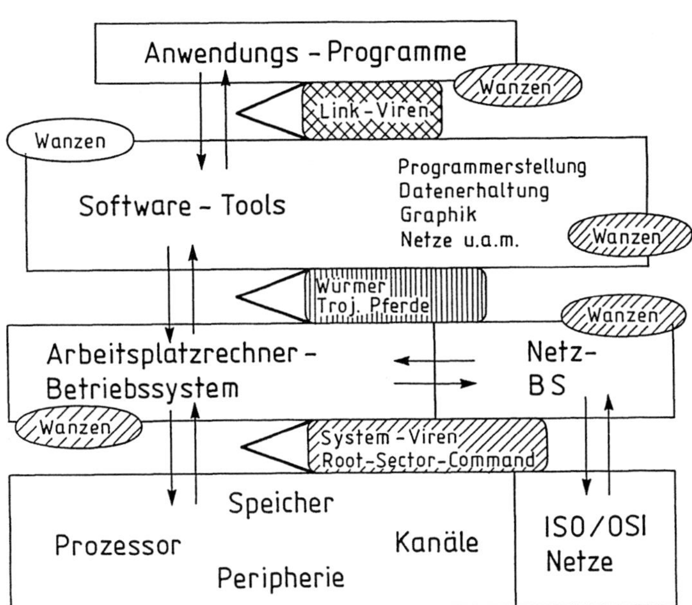

Wenn es gelingt, durch Modifikation einzelner Moduln des Betriebssystems oder von Dienstprogrammen deren Leistungen zu verändern, so werden die Anwendungsprogramme der obersten Ebene gegen solche Veränderungen machtlos, für die Anwender stellen so modifizierte Dienstprogramme dann **"Trojanische Pferde"** dar, welche neben ihren erwarteten Dienstleistungen noch andere, unerkannte Dienste vollbringen. Leider sind in manchen Situationen (auch durch das Verschulden von Herstellern bei Betriebssystemfehlern) sogar junge Leute begrenzter informatischer Kompetenz in der Lage, für ihre eigenen, zumeist spielerischen und bisweilen kriminellen Zwecke solche zusätzlichen Dienstleistungen in

Betriebssysteme einzubauen, wie diverse Hacks (NASA, KGB) beweisen.

Die **Einbrüche deutscher Hacker** in das Space Physics Analysis Network (SPANet, zugänglich über die NASA-Eingangsrechner CASTOR und POLLUX, daher "**NASA-Hack**" genannt) und in das übergreifende US-Rechnernetz INTERNET beim "KGB-Hack" benutzten simple Trojanische Pferde. oben ungesicherte deutsche Eingangsrechner - im NASA-Fall über VAMPI, den Rechner eines Heidelberger Max-Planck-Institutes, im KGB-Fall alternativ Rechner von Informatik-Instituten in Bremen und Karlsruhe - erlangte man mit einfachen Kochrezepten ("Set host = ...") Zugang zu zahlreichen Computern, die zumeist bereits bei der Anwahl ihre Identität mitteilen (mit einem "Willkommensgruß": "Welcome to .., This is ..."). In beiden Fällen reichten Kenntnisse in der Benutzung des Betriebssystems (jeweils VAX-VMS, beim KGB-Fall auch UNIX) aus, um interessant erscheinende Programme und Daten zu inspizieren und zu kopieren sowie in einzelnen Fällen ungeschützte Programme zu verändern (etwa die LOGINOUT- Prozedur des VAX-Betriebssystems). Es gibt zu denken, daß schon solch primitive Handlungen und derart begrenzte Kenntnisse von Informatik-Freaks zu derart beachteten Folgen wenn auch mit noch begrenzten Schäden führte.

Bei **Computer-"Würmern"** nutzen deren Programmierer Eigenschaften vernetzter Computer aus, um sozusagen "**automatisch Hackerangriffe**" durchzuführen. Bei dem bisher bekanntesten Vorfall hat ein junger amerikanischer Informatik-Student im November 1988 einige längst bekannte Schwächen des UNIX-Betriebssystems ausgenutzt, um ein "Wurm"-Programm auf rund 1.600 Rechner zu verbreiten; dessen hohe Arbeitsintensität bei der Ausbreitung legte binnen weniger Stunden die Rechner lahm, und einige konnten wegen der Aufräumarbeiten erst Wochen später wieder ans Netz gehen. Dabei enthielt dieser "Wurm" keinerlei Schadensmechanismen; er nutzte neben den Systemfehlern "nur" die von seinem berühmten Vater, Robert T. Morris sr. (jetzt wissenschaftlicher Direktor das National Computer Security Center, NCSC) bereits 1972 beschriebenen Verfahren ("Password Guessing") aus, um an legale Zugangserlaubnisse zu gelangen. Obwohl dieser Angriff tiefere Kenntnisse als bei den üblichen Hacks verlangt, beweisen doch zahlreiche Schwächen und Fehler seiner Programmierung, daß der Angreifer nur über begrenzte Kompetenz verfügte. Ähnliches gilt auch für andere Computer-"Würmer", welche die (mit DECNET) vernetzte Welt der VAXen heimsuchten.

Bei **Computer-"Viren"** werden Anwenderprogramme als Trojanische Pferde mißbraucht, welche unerkannt zusätzliche Dienstleistungen einbringen und im lokalen System verbreiten sollen. Bei der Vermittlung von Anwendungsprogrammen wird dabei das gebräuchliche Anwenderverhalten (vor allem auf PCs) ausgenutzt; viele Anwender kaufen zur Abrundung des eigenen Softwarevorrates einen Diskettenvorrat und kopieren darauf Programme aus dem Freunden- und Bekanntenkreis. Mag manchem der Befall solcher Computer-"Viren" als die **gerechte Strafe für derartiges "Klauf"-Verhalten** ("Klaufen" = Diskette kaufen, Programm klauen) erscheinen, so sind doch die Computerhersteller (die den Anwender bei einer PC-Beschaffung keineswegs ausreichend auf den erheblichen Folgebedarf an Softwarekosten hinweisen!) sowie die Programmhersteller (deren Programme voller Fehler oder "Wanzen" kaum den Anforderungen von Markenartikeln der industriellen Gesellschaft gerecht werden) wesentlich mitverantwortlich.

Besonders **gefährliche Computer-"Viren"** (zumeist "System-Viren") nutzen die Lücke zwischen Betriebssystem und Hardware aus, indem sie elementare Dienstleistungen des Betriebssystems (etwa die Durchführung von Lese-/Schreib-Operationen auf den Datenträgern) mit eigenen Routinen unterlaufen. Nachdem jüngst mit der Öffnung von osteuropäischen Ländern auch die Vermittlung von Computersystemen, Rechnernetzen und Programmen zugenommen hat, scheinen in einzelnen Ländern (auffällig in Bulgarien) auch jüngere Leute verstärkt Computer-Viren als Mittel der Erlernung dieser Techniken zu betrachten, mit teilweise gravierenden Folgen für wirtschaftliche PC-gestützte Datenverarbeitung.

Neuere Computer-"Viren" (etwa des bulgarischen Anti/Viren-Programmierers "T.P.", wie der VACSINA- oder Dark Avenger-Virus, die hierzulande auf Messen verbreitet wurden) breiten sich schnell aus und sind hochgradig zerstörerisch; einige nutzen die dargestellten Lücken so geschickt aus, daß sie **mit besten heutigen "Antiviren" nicht erkannt** werden können.

Inzwischen werden wöchentlich neue Viren auf allen verbreiteten PCs bekannt; inzwischen dürfte es **mehr als 100 Viren-"Familien" mit erheblich mehr als 250 Varianten** geben, davon auf den wirtschaftlich verbreiteten IBM- und kompatiblen PCs mindestens 150 Varianten. Allein das Virus Test Center (Fachbereich Informatik, Universität Hamburg), neben dem MICROBIT (Rechenzentrum, Universität Karlsruhe) ein Kooperationspartner des ZSI, wird bei monatlich zeitweise über 100 Fällen mit oft mehreren beteiligten PCs (mitunter lokale Netze mit über hundert PCs) um Hilfe bei der Aufklärung und Bereinigung gebeten. Angesichts der drastischen Zunahme der Fallzahlen (**Mitte der 90'er Jahre** ist mit **mehr als 1.000 Viren-Varianten auf PCs** zu rechnen, ferner mit Großrechner-Viren) wird im VTC Hamburg zurzeit **eine halb-automatische Erkennung und Klassifikation neuer Viren sowie eine maschinen-lesbare Form des '"Computer Virus Kataloges"** erarbeitet; mehr ist leider nicht möglich, da die Viren-Eigenschaft bei der von-Neumann-Technologie **grundsätzlich nicht automatisch erkannt werden** kann (man kann nur versuchen, bekannte Programme auf bekannte Viren zu prüfen!); ähnlich Versuchen von Hobby Physikern zum Bau eines (physikalisch gleichfalls unmöglichen) "**Perpetuum Mobile**" versuchen sich allerdings immer wieder Hobby-Informatiker an "**Universellen Virus Detektoren**".

Zu den erwähnten Formen solch "anomalen Systemverhaltens" ("Trojanische Pferde", "Viren", "Würmer") kommen die in von-Neumann-Systemen allgegenwärtigen "Wanzen" (englisch: bugs) hinzu. In Erweiterung des bekannten "Gesetzes von Murphy" kann die Erfahrung der Hersteller und Anwender solcher Techniken in die folgenden "**Drei Gesetze der Informationsverarbeitung (IV)**" gekleidet werden:

> **1. Gesetz der IV: "Fehlertracht der Software":**
> Jedes Programm einer gewissen Komplexität enthält mindestens einen Fehler.
>
> **2. Gesetz der IV: "Prinzip der größten Gemeinheit":**
> Fehler machen sich zum ungünstigsten Zeitpunkt mit der größtmöglichen (Schadens)Wirkung bemerkbar.
>
> **3. Gesetz der IV: "Der Teuflische Regelkreis":**
> Aufgetretene Fehler müssen korrigiert werden; dabei tritt regelmäßig mindestens ein neuer Fehler auf.

Ist schon die Bedrohung einzelner Systeme (nicht bloß der PCs) durch derartige Anomalien heute "virulent", so birgt die Vernetzung neue Klassen von Risiken. Während die Kontrolle bei einem isolierten System im Prinzip von dessen verantwortlichem Nutzer wahrzunehmen ist (welcher dann entsprechend ausgerüstet und ausgebildet werden kann), **geht beim Arbeiten im Netz mit der Lokalität ohne besondere Vorkehrung oft die Verantwortung und die Kontrolle verloren.** Mehr noch: Da nicht einmal in den einzelnen angeschlossenen Geräten nachträglich festgestellt werden kann, wer wann welche Operation an welchen Daten vorgenommen hat, ist in einem daraus aufgebauten Netz **die Kontrolle der Qualität zumindest erheblich schwieriger.** So kann nur in sehr speziellen Situationen festgestellt werden, ob eine Kommunikation zwischen Netz-Stationen durch normale Verfahren oder "anomal" durch Computer-"Würmer" erfolgt; denn solche Computer-"Würmer" nutzen nämlich die Eigenschaften der Netze und der angeschlossenen Computer in gleicher Weise aus, wie ein Anwender, der beispielsweise Daten elektronisch an einen anderen Adressaten überträgt.

Künftig dürfte ein **erhöhtes Bedrohungspotential** auch daraus resultieren, daß **einzelne Bedrohungen kombiniert** und zu komplexeren

Bedrohungen erweitert werden. So wie normale Programme als "Trojanische Pferde" für die Einschleppung von Computer-"Viren" mißbraucht werden, so dürfte künftig (auch in größeren Rechnern) die zunehmende Vernetzung dazu führen, daß **Computer-"Würmer" automatische Modifikationen von Programm- oder System-Routinen vornehmen und zusätzlich Programm- oder System-"Viren" (sogar in inhomogenen Netzen) einschleppen.** Solche **netzgestützten Anomalien** könnten entweder automatisch oder durch Signale von einzelnen Stationen ausgelöst werden, wodurch ganze Computernetze oder computergestützte Dienstleistungen (nicht bloß der elektronischen Post und der weltweiten Börsen- und Bank-Systeme) lahmgelegt werden können. (Man vergleiche auch einschlägige Artikel in militärischen Fachzeitschriften.)

Neben den technik-inhärenten Bedrohungen darf natürlich der **kriminelle Gebrauch der I&K-Techniken** nicht übersehen werden. Wie überall im täglichen Leben, werden I&K-Techniken auch für kriminelle Geschäfte eingesetzt; Kriminelle nutzen vorhandene Sicherungen sogar besser als andere, etwa wenn Drogenkriminelle die Listen ihrer "Kunden" verschlüsseln und so den Nachweis von Straftaten erschweren. Ähnlich schwer ist oft die Aufklärung von Straftaten der Computerkriminalität durch Insider-Täter; wenn diese nicht gerade eine demonstrative Tat begehen wollen, etwa um auf Sicherheitslücken oder Benachteiligung gezielt hinzuweisen, wird es infolge der Nichtbeachtung einfacher Sicherheitsregeln oft schwer sein, die Taten gerichtsfest zu beweisen.

3. Abwehr und Vorbeugung von Bedrohungen:

Sieht man von den allzu menschlichen Komponenten der Bedrohungen, von Spieltrieb und Neugier über Frustration, Verärgerung bis hin zum kriminellen Angriff - einmal ab, so können die Bedrohungen im Kern auf die Unsicherheit der heutigen Architekturen zurückgeführt werden. Bei der noch weiter zunehmenden

Abhängigkeit von Wirtschaft, Staat und Gesellschaft muß es daher das vorrangige Ziel aller Beteiligten sein, durch die Schaffung sicherer Architekturen die Bedrohungen im Kern zu minimieren. Dieses Ziel kann jedoch nur langfristig erreicht werden, zumal hier erhebliche Anstrengungen in Forschung und Entwicklung erst noch unternommen werden müssen.

Solange derartige konstruktive Sicherheitsdefizite bei heutigen Systemen vorhanden sind, wird man zwar die Bedrohung durch fahrlässiges oder böswilliges Fehlverhalten von Insidern (Insider-Kriminalität) schwerlich beherrschen können. **Gegen die überwiegende Anzahl heutiger Angriffe, von Externen mit Fleiß und bisweilen beachtlicher Intelligenz, wenn auch selten hoher Kompetenz unternommen, kann man sich bereits vor heute verbreiteten Angriffen und Programm-Anomalien schützen.** Bei Rechenzentrumsbegehungen stellt man allerdings immer wieder Verstösse geben einfachste Überlegungen fest. Insbesondere wird die Aufzeichnung wichtiger Daten, zumeist unter dem Vorwand allzu hohen Aufwandes für die Speicherung und Auswertung, gelegentlich auch unter angeblichen Datenschutzvorwänden nicht ordnungsgemäß eingesetzt; so konnten beim KGB-Hack die vermuteten Einbrüche in größere Rechenzentren deutscher Wirtschaftsunternehmen und Hochschulen nicht nachgewiesen werden, weil trotz Bitten des Bundeskriminalamtes die erforderlichen Daten nicht beigebracht wurden.

Um das allgemeine **Sicherheitsbewußtsein in Unternehmen und Institutionen** auf ein angemessenes Niveau zu heben, sind grundsätzlich **zwei Wege** denkbar. Der (zugegeben zynische) **erste Weg** geht von der sprichwörtlichen Erkenntnis aus: "**Durch Schaden wird man klug**"! Auf diesem Wege wird man, ob durch Zufall oder sogar gezielt herbeigeführt (etwa durch ein unternehmens-internes "Tiger Team") versuchen, **durch eine gezielte Schocktherapie das Sicherheits- und Qualitätsbewußtsein der Anwender zu erhöhen.** In diesem Sinne haben sich das verbreitete Auftreten von Computer-Viren und bisweilen übertriebene öffentliche Berichterstattung über gefährliche Daten

("Freitag der 13.") zur Verbesserung der Sicherheitslage in Unternehmens-PCs beigetragen.

Vorzuziehen wäre allerdings der **zweite Weg**, den Gefahren vorzubeugen, indem - öffentlich oder unternehmensintern - **das Bewußtsein der Anwender geschärft und ihnen die geeigneten Maßnahmen und Mittel nahegebracht werden.** Neben einer verbesserten Ausbildung der Anwender müßte hier auch die **öffentliche Aufklärung** und insbesondere die **Erweiterung des rechtlichen Instrumentariums** im Vordergrund stehen. Zwar hat dar Bundesgesetzgeber mit dem 2. Wirtschafts-Kriminalitäts-Gesetz bereits **spezifische Computer-Straftaten** in das Strafgesetzbuch aufgenommen; jedoch erscheint es (von den Beweisproblemen sowie der zumeist fehlenden Kompetenz von Strafverfolgern, Anwälten und Richtern einmal ganz abgesehen) erforderlich, auch **Straftatbestände** für diejenigen Anwender zu definieren, **die vorsätzlich oder fahrlässig nicht die erforderlichen und vorhandenen Sicherheitsmaßnahmen einsetzen.** Auch sollten neue Formen der Straftaten, insbesondere wenn sie sich als dauerhaft und kritisch erweisen (wie z.B. bei Computer-"Viren") zügiger entsprechend strafgesetzliche Ergänzungen eingefügt werden; die Internationale Informatik-Vereinigung IFIP hat hierzu jüngst Vorschläge unterbreitet, welche hierzulande weitgehend unbeachtet blieben (Anhang). Möglicherweise reicht es auch aus, bestehende gesetzliche Bestimmungen (etwa zur Computersabotage) entsprechend zu ergänzen, sofern durch die Entwicklung der Rechtsprechung solche Bedrohungsformen nicht ohnehin darin einbezogen werden können.

Das solche **Lücken** in den Strafgesetzen wiederum das **Bedrohungspotential steigern** können, kann am Beispiel der **Veröffentlichung von Anweisungen zur Programmierung von Computer-Viren** nachvollzogen werden. Auf dem deutschen Buchmarkt publizieren ein Autor und sein EDV-Großverlag seit langem eine Einführung in die Grundlagen der Programmierung von Computer-Viren; die darin veröffentlichte Variante des "Wiener Virus" (durch seine kleinen, angeblich gefahr- und ausbreitungsvermindernden Veränderungen eindeutig erkennbar) sind nach ernstzunehmenden Berichten zumindest in

Bulgarien die **Grundlage für eine in Entwicklungsgeschwindigkeit und zunehmender Gefährlichkeit bisher unbekannte Computer-Viren Welle.** Jüngst haben auch - mit wissenschaftlicherem Anstrich - weitere Autoren in einem anderen EDV-Großverlag systematisch mehrere Virenarten zunächst als Pseudo-Code (insofern ähnlich wie der Ur-Autor Fred Cohen), jedoch mit einer "genaueren Beschreibung des Programms" mit gezielten Hinweisen auf Details der Programmierung die Entwicklung neuer Viren-Varianten unterstützt. Da es sich bei diesen Bedrohungen (nicht nur nach Ansicht der Militärs) zweifelsfrei um "**D-Waffen**" (bereits als "Software-Bomben" bezeichnet) handelt, ist es überraschend, daß gegen derart explizite Beschreibung der Waffen-Herstellung **weder der Gesetzgeber noch die Strafverfolgungsbehörden unter Ausschöpfung des bestehenden Rechtsinstrumentariums (Computer-Sabotage) etwas unternehmen.**

Eine Ursache für dieses Zögern mag darin begründet sein, daß öffentliches Bewußtsein erst durch größere Computer-Unfälle entsteht. **Selbst wenn laufende technische Entwicklungen die Grundlagen ganzer gesetzlicher Komplexe verändern, erkennen Gesetzgeber und Rechtsexperten diese Entwicklungen oft zu spät,** zumal in der Volksvertretung entsprechender Sachverstand kaum vorhanden ist.

Ein gutes Beispiel dafür stellt die laufende Diskussion über die **Novellierung des Bundes-Datenschutz-Gesetzes** dar. In Anpassung an das grundgesetzlich abgeleitete "informationelle Selbstbestimmungsrecht", 1983 vom Bundesverfassungsgericht aus der einschlägigen Klage einiger Informatiker gegen das Volkszählungsgesetz wörtlich übernommen, geht wesentlich davon aus, daß informationelle Abbilder von einer natürlichen Person zuzuordnenden Merkmalen nur unter bestimmten Voraussetzungen gespeichert und verarbeitet werden dürfen. Während die Gesetzgeber (in Bund und Ländern) immer noch davon ausgehen, daß **Datensammlungen** (nicht bloß im Computer) **in einer Datei lokalisiert werden können**, hat die **Entwicklung zu kommunikativen und verteilt arbeitenden Systemen** (unter Mitgestalt des Staates!) **den Lokalitätsaspekt längst obsolet gemacht.** Mangels entsprechenden Aufzeichnungs- und Kontrollmöglichkeiten auf den beteiligten Rechnern können heute **wesentliche Anforderungen des technischen Datenschutzes** (die in der Anlage zu den Datenschutzgesetzen als Eingangskontrolle, Übermittlungskontrolle, Verarbeitungskontrolle u.a.m. spezifiziert) nicht gewährleistet werden. Dabei werden weitere **Veränderungen der verteilten Erfassung und Verarbeitung personenbezogener Daten in dienstintegrierenden Netzen** (ISDN) und deren Folgen für die Handhabung grundgesetzlich gewährleisteter informationeller Selbstbestimmung der Bürger künftig noch stärker wirken.

Neben der Vorsorge gegen wachsende Bedrohungspotentiale durch grundsätzliche, organisatorische und rechtliche Rahmenbedingungen kommt der **Qualitätskontrolle wichtiger I&K-Technologien** eine zentrale Bedeutung zu. Von den Problemen allein um die Definition dieser Begriffe einmal abgesehen, zeichnet sich wenigstens hier eine erfolgversprechende **Entwicklung** ab, seit die (stark auf den Geheim- und Militärbereich orientierte) Zentralstelle für das Chiffrierwesen zur "**Zentralstelle für die Sicherheit in der Informationstechnik**" (ZSI) und künftig zum Bundesamt für die Sicherheit der Informationstechnik (BSI) **weiterentwickelt** wird.

Neben der Weiterentwicklung des "Orange Books" zu den "**IT-Sicherheitskriterien" als erstem Ansatz eines universaleren Kriterienkataloges** und dem Beginn der einschlägigen Prüfung ("Zertifizierung") einiger Systemprogramme (wie auf dieser Tagung noch vorgetragen) ist vor allem die Offenheit zu begrüßen, mit der das ZSI auch aktuelle Bedrohungen nicht nur staatlicher, sondern auch wirtschaftlicher Einrichtungen verfolgt und aufzuklären hilft. So hat das ZSI im Dezember 1989 beim ersten Bekanntwerden der Verteilung eines destruktiven **Trojanischen "AIDS Informationsprogrammes"** gemeinsam mit dem BKA die Öffentlichkeit und die Betroffenen (darunter 300 Disketten-Empfängern aus medizinischen Institutionen in der Bundesrepublik) gewarnt, und es hat eine Analyse des technischen Hintergrundes gestartet; ein erster Bericht einschließlich der beiden inzwischen voll aufgeklärten Programme (INSTALL, AIDS), in Kooperation von ZSI, MICROBIT Karlsruhe und VTC Hamburg erstellt, wird demnächst vorgelegt.

Die Vorstellung der ZSI, die **Qualität sowohl staatlicher, wie auch wirtschaftlicher Informationsverarbeitung und Kommunikation** zu fördern (die ohnehin nicht voneinander zu trennen sind), verdient breite Unterstützung. Insbesondere sollte bei dieser Entwicklung eine Wiederholung der unfruchtbaren Kontroversen zwischen militärischen und Geheim-Schutz-Interessen (in den USA etwa von der NSA/NCSC dominierend vertreten) sowie zivilen Interessen (in den USA kongressnah vom NIST repräsentiert) vermieden werden. Da allerdings das künftige BSI angesichts der schnellen Entwicklung und der höchst unterschiedlichen Probleme die Qualität der Informationstechnik **schwerlich allein gewährleisten** kann, ergeben sich hier auch Herausforderungen an Wissenschaft und Wirtschaft. So könnten der **Gebrauchswert und die Qualität verbreiteter wirtschaftlich genutzter Programme** auch **durch selbständig tätige, öffentlich-rechtliche oder wirtschaftliche Institutionen** wahrgenommen werden, etwa analog zum Auto-TÜV durch einen "**Informationstechnischen Uberwachungs-Verein (ITÜV)**".

Aus einem solchen pragmatischen Ansatz, der bei der ZSI/BSI durch ein kompetent besetztes Beratungsorgan angeregt und begleitet werden könnte, würden dann auch **Anforderungen an und Strukturen von Architekturen künftig sicherer I&K-Techniken entwickelt werden**, die dann von der Informatik-Industrie zu realisieren wären. Auf dem langen Wege dahin werden sicherheitsbewußte Anwender versuchen müssen, die konzept-bedingten Bedrohungen mit den verfügbaren Mitteln und eigenen Organisationskonzepten so gut wie möglich zu beherrschen.

Anlage: IFIP Technical+General Assembly bans publication of virus code

The Technical and General Assemblies of the International Federation for Information Processing (IFIP), the international union of the national Informatics societies, held in San

Francisco on September 2-5, 1989, both unanimously adopted the following resolution:

> "In view of the potentially serious and even fatal consequences of the introduction of 'virus' programs into computer systems, the Technical and General Assemblies of IFIP urge:
>
> 1. all computer professionals to recognize the disastrous potential of computer viruses;
>
> 2. all computer educators to impress upon their students the dangers of virus programs.
>
> 3. all publishers to refrain from publication of the details of actual virus programs;
>
> 4. all computer professionals worldwide not to knowingly distribute virus code, except for the purpose of legitimate research in a controlled and laboratory environment, and all developers of virus detection and prevention systems, to stop distribution of virus code for test purposes;
>
> 5. governments, universities and computer systems manufacturers to devote more resources to research into and the development of new technologies for the protection of computer systems, and
>
> 6. governments to take action to make distribution of viruses a criminal offence."

The resolution was formulated by the chairman of IFIPs Technical Committee TC-11 'Computer Security', Professor William J. Caelli, of Queensland University, Brisbane/Australia, and the chairman-elect of IFIPs TC-9 'Computer and Society', Prof. Klaus

Brunnstein of Hamburg University. IFIP General assembly asked the president, Ashley Goldsworthy, to inform all member societies and to ask the governments to take proper actions. The immediate reason for this warning and resolution, as initiated by TC-11, were recent publications (e.g.MacAfee, Burger) of full virus programs with precise implementation prescriptions.

The full press release which (shortly) describes the potential hazards, and more information may be received either from the author of this information, or from Professor William J. Caelli, Queensland University of Technology, P.O.Box 2434, BRISBANE, Qld.4001, Australia.

Klaus Brunnstein Hamburg September 7, 1989

Computersicherheit - Einige Erfahrungen aus der Praxis

Dr. Werner Schmidt

1. Vorbemerkungen

Zur Verbesserung der Sicherheit in der Informationstechnik (IT) und zwar ohne Beschränkung auf bestimmte behördlich abgegrenzte Sicherheitsbereiche, ist von der Bundesregierung eine Reihe von Maßnahmen eingeleitet und einige davon sind auch schon getroffen worden, die grundlegende Veränderungen beim Angebot sicherer Computersysteme und Komponenten bewirken werden.

- Die Zuweisung neuer Aufgaben an die ehemalige ZfCh bietet die Gewähr dafür, daß die erforderlichen Beiträge der öffentlichen Hand zur Verbesserung oder auch erst zur Schaffung technischer Sicherheitsmaßnahmen von einer technisch kompetenten Stelle geleistet werden können.
- Die Umbenennung dieser Behörde, stärker aber die Zuordnung dieser Behörde zum Geschäftsbereich des Bundesministers des Inneren, belegen die Entschlossenheit der Bundesregierung, Sicherheit der IT nicht länger als eine Aufgabe von Geheimdiensten für Geheimdienste mit gelegentlichen Beziehungen zu zivilen Bereichen anzusehen, sondern Sicherheit auch und gerade zum Bestandteil jeder Datenverarbeitung zu machen, für die das erforderlich ist.

- Die Veröffentlichung von Sicherheitskriterien, nach denen zukünftig Produkte bewertet werden sollen, eines Evaluationshandbuches, das diese Bewertungsarbeit transparent und kalkulierbar macht, und die geplante Veröffentlichung eines für die Anwender von solchen Systemen hilfreichen Sicherheitshandbuches zielen ebenfalls auf den Markt allgemeiner Anwendungen der IT mit Sicherheitsbedarf.

All dies ist heute keineswegs ungewöhnlich; es liegt im Trend, mehr Sicherheit für alle IT-Anwendungen zu verlangen und Hilfen dazu zu erarbeiten. Es ist auch nicht extrem ungewöhnlich, daß hier Personen und Institutionen eine besondere Rolle spielen, die vorher mit der Verschlüsselung von Nachrichten zu tun hatten. Denn kryptographische Verfahren haben schon seit einigen Jahren für die Sicherheit der IT stark an Bedeutung gewonnen. Dies zeigt sich auch daran, daß das internationale Normungsgremium für Verschlüsselungsverfahren aufgelöst und stattdessen mit im wesentlichen denselben Personen ein neues Gremium zur Normung von Sicherheitsmaßnahmen in der IT gegründet wurde.

Das Transportieren von Sicherheitstechniken, Sicherheitsmaßnahmen und natürlich auch Sicherheitsbewußtsein aus Bereichen, in denen hohe Sicherheit ein beinahe selbstverständlicher Bestandteil jeder Arbeit ist, in andere IT- Anwendungsgebiete - und damit in andere Organisationsstrukturen - wird aber nur dann in vertretbarer Zeit gute Ergebnisse liefern, wenn man dabei die Sicherheitsdefizite und die sonstigen Gegebenheiten in diesen Bereichen (wie z.B. nicht sicherheitsorientierte Aufbau- und Ablauforganisation) erkennt und berücksichtigt. Nötig ist der Wandel dort, wo die Defizite bestehen; bewirkt werden kann er von denen, die ihn erkannt haben und die Mittel zur Abhilfe erarbeiten. Deshalb ist es sinnvoll, sich mit den bestehenden Defiziten und ihren Gründen zu beschäftigen.

Meine Erfahrungen auf diesem Gebiet beruhen auf Kontrollen in verschiedenen Behörden des Bundes, die sich auf die Sicherung personenbezogener Daten gegen Mißbrauch im Sinne des Bundesdatenschutzgesetzes beziehen. Es sind, ähnlich wie die Untersuchungen des Bundesrechnungshofes, Stichproben, deren Repräsentativität man bestimmt auch anzweifeln kann, die Ergebnisse sind aber erstaunlich ähnlich. Der Berichterstatter im Rechnungsprüfungsausschuß des Deutschen Bundestages führte in einer Sitzung im Januar 1990 dazu aus, die Bemerkung des Bundesrechnungshofes lasse erschreckende Mängel bei der Konzeption und Durchführung von Sicherheitsmaßnahmen in der Datenverarbeitung erkennen. Ob man, nachdem die Mängel schon lange bestehen und auch nicht verborgen geblieben sind, darüber erschrecken kann, ist fraglich; das Bestehen erheblicher Mängel kann aber nicht ernsthaft bestritten werden.

2. Sicherheitsdefizite bei zentraler Datenverarbeitung

Es ist heute üblich, auch in der Verwaltung die Rechenzentren als closed-shop-Betrieb zu führen. Es gibt aber erhebliche Abstufungen im Grad der Geschlossenheit. Manchmal gehört das Datenträgerarchiv mit dem Rechnerraum zur selben Sicherungszone mit der Folge, daß Datenträger frei und unregistriert hin und her gebracht werden oder zumindest werden können. Und wenn diese Bereiche getrennt sind und der Datenträgerverkehr geregelt ist, kommt es vor, daß für die zweite oder die dritte Schicht das Archiv nicht besetzt und deshalb für diese Zeit die Verbindung völlig offen ist. Welche Datenträger dann wie gebraucht wurden, ergibt sich allenfalls aus den Protokollierungen der durchgeführten Verarbeitungen. Diese Protokolle sind aber zu umfangreich, um sie auch noch zu lesen.

Ein weiteres Problem liegt in der Frage, wer gehört zum Rechenzentrum: Alle Programmierer oder nur einige, oder soll ein Programmierer etwa nur dann in den Rechnerraum dürfen, wenn wenigstens auch ein Operator anwesend ist? Und was gilt für Abteilungsleiter und andere Vorgesetzte oder für den Hausmeister? Gewiß ist das für eine Tagung wie diese eigentlich kein Thema, aber wenn es die für die IT-Sicherheitsfragen Zuständigen nicht ändern können, daß der Hausmeister und einige weitere Personen mit Generalschlüsseln auch den unkontrollierten Zugang zu allen Räumen und DU-Anlagen haben, dann zeigt das eine Einstellung, eine Interessenlage und ein reales Kräfteverhältnis, das man beachten muß, "wenngleich auch nur mit dem Ziel der Änderung. Etwas mehr technik-orientiert sind die Probleme der Führung von Datenträgerarchiven Hier gibt es seit langem Verfahren, die z.T. mit Daten aus der RZ-Produktion die Datenträgerverwaltung erleichtern. Ich habe bisher aber noch keine Verwaltung angetroffen, in der regelmäßig unregelmäßige Inventuren durchgeführt wurden um zu prüfen, ob die Datenträger sich dort befinden, wo sie gerade sein sollen. Bei kleinen Stichproben, die wir gelegentlich bei Kontrollen machen, hat es zum Teil mehrere Stunden gedauert, bis ein Magnetband dann wirklich gefunden war. In einem Rechenzentrum, in dem u.a. auch sicherheitsrelevante Anwendungen liefen, fiel erst durch eine solche Kontrolle auf, daß das DU-Verfahren, zu dem die gesuchten Bänder gehörten, seit längerer Zeit geändert war, die Bänder also nicht - wie im automatisierten Nachweis angezeigt - freigegeben im Rechnerraum sein sollten, sondern an einer anderen Stelle ausgelagert waren, wo sie dann schließlich auch gefunden wurden. Hier könnte es sich schon lohnen, in Datenträgerverwaltungsprogrammen Aufforderungen zu Stichprobeninventuren einzubauen, wobei man aus Kontrollbedarf und Kontrollaufwand sicher erträgliche Kontrollanforderungen gewinnen könnte.

Ähnliche Überlegungen gelten für Programmbibliotheken: Die Lücken in der Dokumentation sind z.T. historisch verständlich, bei fremdbezogenen Programmen marktgegeben und deshalb - so bedauerlich das auch ist - in absehbarer Zeit wohl nicht zu beheben. Aber die Frage, ob ein Lademodul mit der freigegebenen Version übereinstimmt, sollte nicht mit "Treu und Glauben'' beantwortet werden müssen. Und lange bevor Systeme zum breiten Einsatz kommen, die jede nicht freigegebene Änderung zuverlässig verhindern, könnten Verfahren anwendbar sein, mit denen wenigstens stichprobenweise Kontrollen möglich sind. Solche zu entwickeln und in die Produktion zu bringen, halte ich für eine wichtige Teilaufgabe der IT-Sicherheit. Im selben Bereich liegt die Frage, wer in einem Programm welche Änderung durchgeführt und zu verantworten hat. Mir ist klar, daß ein solcher Nachweis noch sehr wenig mit Programmverifikation zu tun hat, aber der ordnungsgemäßen Datenverarbeitung käme man mit anwendbaren Verfahren dazu schon deutlich näher; und auch das gehört zur IT-Sicherheit, vielleicht nur als Vorstufe, aber in welchem großen Rechenzentrum ist die denn schon erreicht?

So wie es nach meinen Erfahrungen oft keine wirksame Programmkontrolle gibt, gibt es auch selten wirksame Benutzerkontrollen.

Nachdem man die batch-Verarbeitungen mit geregelten Auftragsverfahren gerade im Griff hatte, kam die Datenein- und -ausgabe mit lokal angeschlossenen Benutzerterminals. Wir haben bei Kontrollen festgestellt, daß bis zu zwanzig Paßwort-Eingabeversuche vorgesehen waren. Und wir haben in einem Raum mehrere aktivierte Terminals mit unterschiedlichen Bildschirminhalten - aber alle zugriffsberechtigt auf ein sicherheitsrelevantes Verfahren - gefunden, ohne daß in dem zumindest beschränkt zugänglichen Raum ein zuständiger Mitarbeiter anwesend war, denn es war Mittagspause. Natürlich durfte das eigentlich so nicht sein, aber vorher war das noch nie jemandem so aufgefallen, daß er eine Änderung veranlaßt hätte. Ich möchte hier jetzt nicht die Devise ausgeben, um die Mittagszeit Terminalkontrollen durchzuführen. Aber schön wäre eine Protokollierung und eine intelligente Protokollauswertung, mit der man aus der Fülle der protokollierten Aktionen die wenigen kritischen Ereignisse präsentiert bekommt, denen man nachgehen sollte, und sei es auch nur zur Belehrung über sicherheitsförderndes Verhalten. Es wäre auch zu überlegen, ob man Terminals nicht schon nach kurzer Zeit ohne

Benutzeraktivität durch das Betriebssystem in einen Zustand versetzt, in dem das Weiterarbeiten nur nach Eingabe des Paßworts möglich ist, dann aber genau an der Stelle, an der aufgehört wurde. Solche Mittel könnten in der Praxis viel helfen. Sie könnten auch deutlich machen, daß man ein Stück Sicherheit durch leistbare Arbeit erreichen kann. Eins der großen Probleme ist ja auch, daß so viel zu tun wäre, daß man gar nicht weiß, wo man anfangen soll und wie. In dieser Situation ist es menschlich verständlich, daß man seine Aktivitäten auf das Hoffen konzentriert, daß schon nichts passieren wird, und im übrigen die Probleme verdrängt.

3. Probleme beim Einsatz von Arbeitsplatzcomputern

Wir haben bei unseren Kontrollen schon den Fall vorgefunden, daß Arbeitsplatzcomputer in einem lokalen Netz von einem Host als "intelligente Terminals" geführt und so kontrolliert eingesetzt wurden, daß insgesamt eine angemessene Sicherheit erreicht wurde. Wir kennen auch Installationen mit Sicherheitssoftware und flankierenden Maßnahmen, die ebenfalls - gemessen an dem abschätzbaren Risiko - als hinreichend sicher anzusehen sind. Das belegt aber nur, daß man Personalcomputer (PC) am Arbeitsplatz auch sicher einsetzen kann. Es überwiegen die Fälle, in denen die Zahl der in einem Bereich eingesetzten Geräte nicht bekannt ist, in denen wir keine Nachweise über die installierte Software aber einige Programme gefunden haben, die offensichtlich weder dienstlich erforderlich noch auf vertretbare Weise beschafft waren. Ober die Daten und ihre Verarbeitung existierten keine Übersichten, und die Anzahl der beschafften Datenträger war ebensowenig bekannt wie die der zur Zeit benutzten. Um den Stellen zu helfen, wenigstens eine Übersicht über die Verhältnisse zu gewinnen, haben wir mit tatkräftiger Unterstützung durch die Bundesstelle für Büroorganisation und Bürotechnik

(BBB) ein Blatt mit den minimal erforderlichen Angaben für einen Hardware-Nachweis und ein Blatt für einen Datenträgernachweis entworfen. Diese Vorschläge zum Aufbau einer PC-Übersicht sind im 12. Tätigkeitsbericht des Bundesbeauftragten für den Datenschutz als Anlage 11 abgedruckt. Für viele Anwendungen wird das wohl nicht ausreichen, um einen sicheren Einsatz zu gewährleisten, aber wenigstens das kann man damit feststellen. Und es ist wirklich nötig, einen Anfang zu machen. Denn die Verfügbarkeit von Sicherheitssoftware - und da gibt es Produkte, die für viele Anwendungen ausreichen - allein ändert noch gar nichts. Auch dann nicht, wenn diese Produkte zertifiziert sind, womit der Einsatz sicher gefördert werden kann und auch muß.

Im übrigen ist damit zu rechnen, daß in der nächsten Zeit viele der isoliert stehenden PC über Netze mit anderen Geräten verbunden werden. Dann sind die Risiken nicht mehr auf einen Platz beschränkt, sondern ein geschickter Angreifer könnte unter Einsatz seines unkontrollierten PC Sicherheitslücken bei anderen PC mit wenig sicherheitsbewußten Anwendern ausnutzen. Auch halte ich es für keineswegs ausgeschlossen, daß mit einem manipulierten PC in einem Bus- oder Ringnetz auch der nicht für dieses Gerät bestimmte Datenverkehr aufgezeichnet wird. Wenigstens für so eingesetzte PC sind also Sicherheitsvorkehrungen dringend geboten.

Die praktische Durchführung von Kontrollen - auch von für die einzelnen Benutzer überraschend erfolgenden - in diesem Bereich erwies sich als technisch recht einfach. Man kommt mit Prüfsoftware wie z.B. Norton Utilities ziemlich gut an das heran, was tatsächlich im PC steckt. Das Risiko, daß man versehentlich etwas zerstören könnte, haben wir dadurch vermindert, daß wir nur eine Teilmenge von Möglichkeiten bei diesen Kontrollen zum Einsatz bringen. Ich könnte mir vorstellen, daß solche Kontrollen nicht nur vom BfD, sondern auch von der fachlich zuständigen Aufsicht durchgeführt werden. Und dazu wäre es nützlich, wenn es ein spezielles Werkzeug gäbe, das gerade solche Kontrollen gezielt erleichtert. Was dann als sehr ernst zu nehmendes Hindernis noch bleibt, ist die Schwierigkeit, einen Mitarbeiter, dem man nicht ohne Grund vertraut, nun so kontrollieren zu müssen. Hier könnte eine Verbindung zu der Aufgabe "Virenvorbeugung" psychologische Erleichterung bringen. Wenn es ein solches Prüfprogramm mit breiter Anwendung einmal gibt, und vielleicht noch eine Anleitung für den Prüfer, wie es ablaufen soll, dazugehört, dann könnte die Existenz eines extra dafür gedachten Hilfsmittels auch die natürliche Schwelle gegen Kontrollen überwinden helfen.

4. Ein Problem des Betriebs von Netzen

Für Netze zur Datenübertragung ist die kryptographische Verschlüsselung das entscheidende Mittel zur Sicherung, und dies gilt offenbar weitgehend unabhängig von den Eigenschaften und Zwecken der Netze. Wenn trotzdem heute z.B. in der Bundesverwaltung aber wohl auch sonst diese Verfahren nur in relativ wenigen Sonderfällen eingesetzt werden, so liegt das bestimmt nicht daran, daß es etwa keine brauchbaren Algorithmen gäbe. Die Hindernisse liegen auch keineswegs immer am Geld, das nicht da ist. Die Hauptschwierigkeiten liegen m.E. in den ungelösten Organisationsproblemen dieser Verfahren:

- Es gibt erst sehr wenige Normen auf diesem Gebiet, wodurch für die Interessenten das Risiko besteht, in ein Verfahren ohne Zukunft investiert zu haben.
- Es gibt keine ausreichende Transparenz über die Zahl der Algorithmen, und es sind keine Implementationen bekannt, die von Fall zu Fall unter mehreren Algorithmen denjenigen verwenden, auf den man sich mit dem Partner gerade verständigt hat. Auch dies erhöht das Risiko, in ein nur wenig benutzbares Verfahren zu investieren.

- Es gibt keine Infrastruktur, die eine Schlüsselverteilung unterstützt, mit der eine erste Kommunikation über Leitungen zwischen zwei Partnern schon verschlüsselt durchgeführt werden kann. Wenn man vor dem Austausch von Nachrichten erst einen Kurier mit dem Schlüssel schicken muß, wird dadurch aber der Nutzen der Datenübertragung in der Regel mehr als aufgezehrt.

Ich bestreite nicht, daß ständig viel intelligente Arbeit in die Weiterentwicklung bestehender und in die Konstruktion neuer kryptographischer Algorithmen investiert werden muß. Wenn man aber die m.E. notwendige breite Anwendung dieser Sicherungsmittel erreichen will, dann muß man auch die angesprochenen Hindernisse überwinden helfen. Auch dazu wird intelligente Arbeit zu leisten sein, und ich hoffe, daß diese Arbeit von der zukünftigen BSI geleistet oder doch wenigstens angeregt und nach Kräften unterstützt werden wird.

5. Folgerungen

Wer sich mit den tatsächlich durchgeführten Maßnahmen zur IT-Sicherheit in den existierenden DV-Verfahren gerade der Stellen beschäftigt, die von ihrer Aufgabenstellung her nichts oder nur wenig mit Sicherheit zu tun haben, wird fast überall Defizite entdecken, die auf Dauer untragbare Risiken darstellen. Er wird aber auch schnell erkennen, daß mit Sicherheitstechniken allein hier nur sehr wenig in vertretbarer Zeit geändert werden kann. Notwendig sind Hilfen zur Anwendung von Sicherheitstechniken, und notwendig sind auch technische Unterstützungen für Kontrollen, weil diese Maßnahmen jetzt in einer Umgebung eingesetzt werden müssen, in der mit guten wirtschaftlichen Gründen - und gelegentlich vielleicht auch mit anderen - der Aufwand für Sicherheit sehr kritisch betrachtet wird. Natürlich ist bei den Anwendern ungesicherter IT-Verfahren auch eine neue Einstellung zur Sicherheit erforderlich und die Bereitschaft, Erschwernisse und anderes Unangenehme zugunsten von Sicherheit hinzunehmen. Dies kann durch Schulung und Sensibilisierung der Anwender erreicht werden, aber es ist auch nötig, daß diejenigen, die das alles schon erkannt haben, durch die Ergebnisse ihrer Arbeit belegen, daß sie die Probleme auch dieser Praxis ernst nehmen. Und deshalb sollte sich kein Sicherheitsexperte zu schade sein, mehr als bisher auch für den Transfer von Sicherheitstechnik in die Bereiche zu arbeiten, die das wirklich dringend nötig haben.

ZSI: Ergebnisse und zukünftige Projekte

Dr. Heinrich Kersten

Zusammenfassung

Nach mehrjähriger Tätigkeit der Abteilung Computer-Sicherheit der ZSI soll hier ein Überblick gegeben werden über

- die Organisation dieser Abteilung,
- die fachlichen Ergebnisse,

aber auch über

- zukünftige Aktivitäten und Arbeitsschwerpunkte.

Letzteres betrifft sowohl den Rest des Jahres 1990 bei der ZSI wie auch den Zeitraum ab 1991 beim BSI.

1. Organisation und Aufgabenstellungen der ZSI

Die ZSI = Zentralstelle für Sicherheit in der Informationstechnik bearbeitet technisch-wissenschaftliche Grundlagen der Informationssicherheit (Computer Security, COMPUSEC). Sie untersteht dabei der Fachaufsicht des Bundesministeriums des Innern. Die ZSI ist

- in allgemeinen Fragen der IT-Sicherheit beratend tätig für den Behördenbereich (Bund, Länder und Gemeinden), sowie
- Ansprechpartner für IT-Hersteller hinsichtlich der Entwicklung und Prüfung von Sicherheitsprodukten.

Durch das in Vorbereitung befindliche BSI-Gesetz sollen Teile der ZSI zum 1.1.91 in das **Bundesamt für Sicherheit in der Informationstechnik (BSI)** übergehen. Die Aufgabenstellungen des BSI werden gesetzlich definiert; sie werden bis zum 1.1.91 zum großen Teil bereits von der ZSI wahrgenommen. Die Aufgaben lassen sich vereinfachend in zwei Bereiche gliedern:

Informationssicherheit	
COMSEC Communication Security	COMPUSEC Computer Security

Die einzelnen Referate der COMPUSEC-Abteilung haben folgende Aufgaben:

Referat I.

- Erstellen und Aktualisieren spezifischer Bedrohungsmodelle, Aufdecken von Schwächen in IT-Systemen, Untersuchung von Angriffsmethoden, Analyse konkreter Manipulationsfälle

Referat II.

- Definition von Kriterien bzw. Standards für die vergleichende Bewertung der Sicherheitseigenschaften von Systemen, Internationale Koordination

Referat III.

- Forschung und Entwicklung im Bereich "Sichere IT-Systeme und -Komponenten" in Zusammenarbeit mit Hochschulen und der Industrie

Referat IV.

- Prüfen und Bewerten von Hard- und Software: Evaluierung von Systemen im Hinblick auf deren Sicherheitseigenschaften, Aufbau Evaluierungsmethodik und -Werkzeuge

Referat V.

- Öffentlichkeitsarbeit
  Verstärkung des Problembewußtseins im Bereich Informationssicherheit, fachspezifische Veranstaltungen und Veröffentlichungen

2. Ergebnisse und Aktivitäten der COMPUSEC-Abteilung

Bei den skizzierten Aufgaben arbeitet die ZSI in Einzel- und Verbundprojekten mit vielen Firmen, Forschungsinstitutionen, Hochschulen, und Behörden zusammen.
Darüberhinaus ist die ZSI Initiator von verschiedenen Arbeitskreisen zu speziellen Themen und Aufgaben.
Bei den genannten Referaten der COMPUSEC-Abteilung der ZSI sind folgende Ergebnisse besonders hervorzuheben:

2.1. Referat I.

2.1.1. Arbeitskreis KITS (Kommunikationsplan IT-Sicherheit)

Aufgabe dieses Arbeitskreises ist es, bei Bedrohungen der IT-Sicherheit (Programme mit Schadensfunktion z.B. Viren, Hackerfälle, etc.) zu reagieren. Dies geschieht zum einen durch die zentrale Sammlung und Auswertung solcher Bedrohungen, zum anderen durch Unterrichtung über Warnmeldungen bei aktuellen Fällen.

Mitglieder von KITS: BMI, BKA, BfV, BRH, BMVg, ZSI. Der Standardverteiler für Warnmeldungen ist:

- alle obersten Bundesbehörden (einschließlich Bundespräsidialamt, Verwaltung des Deutschen Bundestages und Verwaltung des Bundesrates)
- Bundesbeauftragter für den Datenschutz
- Bundesverwaltungsamt (Köln)
- Bundesbank (Frankfurt)
- Bundesrechnungshof (Frankfurt)
- Bundesverfassungsgericht (Karlsruhe)
- alle Landeskriminalämter
- alle Landesämter für Verfassungsschutz (bei Bedarf)
- IT-Hersteller (bei Bedarf, einzeln oder die Verbände)

2.1.2. CERT's (Computer Emergency Response Teams)

Hierbei handelt es sich um mit der ZSI kooperierende autorisierte Stellen, die bei Bedrohungen der IT-Sicherheit Analysen von Einzelfällen durchführen sowie als Ansprechpartner für den nicht-öffentlichen Bereich fungieren. Bisher nehmen diese Funktion wahr:

- Universität Hamburg, Virus-Test-Center (Prof. Brunnstein)
- Universität Karlsruhe, MicroBit-Center (Chr. Fischer)

2.2. Referat II.

2.2.1. Arbeitskreis "Sicherheit in Expertensystemen"

Anregung von Grundlagenarbeit insbesondere Kriterien, Expertentreffen (ist abgeschlossen)

2.2.2. Zusammenarbeit auf internationaler Ebene

Die ZSI hat enge Fachkontakte zu den Computersicherheitsbehörden in den USA, Großbritannien, Frankreich und den Niederlanden.
Sie steht in Kontakt zur EG-Kommission und arbeitet in einer NATO-Arbeitsgruppe mit.
Zur OECD wurde beim "Meeting on Information Security" ein erster Kontakt hergestellt.
Zu Normungsorganisationen im nationalen, europäischen und internationalen Bereich bestehen diverse Beziehungen auf Fachebene.

2.2.3. Koordinierung bei der Entwicklung und Herausgabe folgender Dokumente:

- IT-Sicherheitskriterien
- Hinweise zur Sicherheit beim Einsatz von Arbeitsplatzcomputern
- IT-Evaluationshandbuch - Handbuch für die Prüfung der Sicherheit von Systemen der Informationstechnik (IT) - " Das Projekt ist abgeschlossen, das Handbuch liegt derzeit der Kommission der Europäischen Gemeinschaft zur "Notifizierung" vor.
- IT-Sicherheitshandbuch - Handbuch für die sichere Anwendung der IT

2.3. Referat III.

2.3.1. Arbeitskreis "Nationale Kriterien"

Besteht seit 1988: In Zusammenarbeit mit Industrie, Hochschulen und Behörden wurden hier die Entwürfe der IT-Standardwerke vor der Veröffentlichung einem Review-Prozeß unterzogen.

2.3.2. Working Group "Harmonization of IT-Security Criteria"

Teilnehmer aus UK, NL, F, D arbeiten hier zusammen mit dem Ziel, einen von diesen Nationen getragenen Kriterienkatalog für sichere IT-Produkte und -Systeme zu schaffen.

2.4. Referat IV.

2.4.1. Arbeitskreis Formale Spezifikation und Verifikation

Ziel ist es, mittelfristig Werkzeuge verfügbar zu machen, mit denen die Anforderungen der hohen Q-Stufen der IT-Kriterien erfüllt werden können, nämlich die **Design-Verifikation** (Sicherheitspolitik ./. System-Spezifikation) und die **Verifikation der Implementierung** (System-Spezifikation ./. Source-/Object-Code). Hier geht es sowohl um Zulassungskriterien wie auch um die (Weiter-)Entwicklung solcher Tools. Der Arbeitskreis ist in drei Untergruppen zu den Themen Spezifikation, Implementierung und Verifikation, Beweisertechniken unterteilt. Beteiligt sind praktisch alle Hochschul- und Forschungsinstitute aus der Bundesrepublik, die Beiträge zu diesen Themen liefern können.

2.4.2. Arbeitskreis Koordinierung externer Evaluierungsstellen

Forum für die Koordinierung aller Evaluierungsteams. Vorbereitung der Einrichtung selbstständiger Evaluierungsstellen nach dem BSI-Gesetz. Erarbeiten der technischen und organisatorischen Rahmenbedingung.

2.4.3. Evaluierungen

In der Evaluierung sind zur Zeit 6 Produkte: 1 Großrechner-Betriebssystem, 1 UNIX-System, 2 LANs, 2 PC-Sicherheitsprodukte. Diese Arbeiten werden von externen Stellen unterstützt und z.T. auch von anderen COMPUSEC-Referaten getragen.

Bereits evaluiert wurden die Produkte SOFTLOCK ZA/ZB, ENCRYPTOR Z (noch nicht auf der Grundlage der jetzt gültigen Kriterien), SAFEGUARD 3.1 Z (utimaco GmbH), Betriebssystem GUARDIAN C90 in Verbindung mit Safeguard C20 (Tandem Computer GmbH).
Bei zwei weiteren Systemen ist die Evaluierung in Kürze abgeschlossen (Siemens SINIX S 5.22, Novell Netware 2.15 C*)

2.5. Referat V.

Z. Zt. noch nicht besetzt. Die Aufgaben werden von den übrigen Referaten abgedeckt.

2.6. Ergebnisse der ZSI sind im einzelnen:

1. Standardwerke zur IT-Sicherheit
2. ZSI-eigene Publikationen, insbesondere Studien
3. regelmäßige fachspezifische Veranstaltungen
4. Veröffentlichungen (Fachzeitschriften, Bücher)

2.6.1. Standardwerke zur IT-Sicherheit

2.6.1.1. Kriterien in der Bundesrepublik

Es gibt zahlreiche **Richtlinien, Erlasse und Vorschriften** zum Thema Datenschutz, IT-Sicherheit und Fernmeldesicherheit. Sie sind trotz ähnlicher Zielrichtung **kaum harmonisiert.** Einigkeit besteht jedoch im Bereich der Behörden weitestgehend darin, daß für die **technischen Sicherheitsanforderungen** (an Geräte, Systeme, Hard- und Software) die von der ZSI herausgegebenen **IT-Sicherheitskriterien der gemeinsame Standard** sein sollen.

Die IT-Sicherheitskriterien [1] sind am 1.6.89 im Verlag des Bundesanzeigers (Postfach 10 80 06, 5000 Köln 1) erschienen. Sie wurden mit gleichem Datum an alle Abonnenten des Bundesanzeigers verschickt. Es ist ebenfalls eine englische Fassung erschienen [2].

Die IT-Sicherheitskriterien wurden im Auftrag der ZSI von einem Vertragsunternehmen entworfen. In allen Phasen der Herstellung war ein Arbeitskreis beratend tätig, der sich aus Vertretern vieler IT-Firmen, Forschungsinstitutionen und Behörden zusammensetzte.

Zielgruppen für die Kriterien sind

- Anwender und Betreiber von IT-Systemen,
- Hersteller von IT-Systemen,
- die Prüfstellen (ZSI bzw. BSI und andere Evaluierungsstellen)

Mit den Kriterien ist eine **vergleichende Bewertung der Sicherheitseigenschaften von IT-Systemen möglich.**
Stichworte zum Inhalt:

- Auflistung der relevanten Grundfunktionen sicherer Systeme,
- Bildung von zehn Funktionalitätsklassen (F-Klassen) für typische IT-Anwendungen (u.a. Betriebssysteme, Datenbanken, Prozeßrechner, Netzwerke),
- Festlegung einer Notenskala von acht Qualitätsstufen (Q-Klassen) mit steigenden Anforderungen an die Angriffsresistenz und gleichzeitig an die Tiefe und Präzision der System-Prüfungen.

Ergänzend zu den Kriterien wird in Kürze das **IT-Evaluationshandbuch** veröffentlicht. Es beschreibt den Prüfvorgang (die Evaluierung) eines Produktes und wendet sich in erster Linie an

- Hersteller von IT-Produkten
- die Prüfstellen

Stichworte zum Inhalt:

- organisatorischer Ablauf des Evaluierungsprozesses,
- fachlicher Ablauf,
- detailiierte Interpretation der IT-Sicherheitskriterien,
- Beispiele für die Bewertung von Mechanismen,
- Erläuterung der Anforderungen an die Evaluierungsdokumente.

Prüfungen nach diesen beiden Basisdokumenten werden z. Zt. durch die ZSI durchgeführt. Zukünftig werden das BSI und "akkreditierte" Prüfinstitutionen diese Aufgabe weiterführen. Die Prüfung eines Systems schließt dann in der Regel mit einem **Sicherheitszertifikat** ab.

Das dritte, in Vorbereitung befindliche Standardwerk der Informationssicherheit ist das **IT-Sicherheitshandbuch**. Es wird Hilfestellung bei allen systemspezifischen Sicherheitsproblemen **vor Ort** geben und wendet sich somit in erster Linie an den

- Anwender und Betreiber von IT-Anlagen

Stichworte zum Inhalt:

- spezifische Bedrohungsanalysen,
- Präzisierung der Sicherheitsanforderungen,
- allgemeine Sicherheitsprobleme (personell, baulich, Infrastruktur)
- Organisationskonzepte (Rollen, Verantwortlichkeiten,usw.)

Die drei Dokumente

* IT-Sicherheitskriterien
* IT-Evaluationshandbuch
* IT-Sicherheitshandbuch

müssen in regelmäßigen Abständen aktualisiert werden. Dabei spielen die im Rahmen von **Pródukt-Evaluierungen** gewonnenen Erfahrungen, die sicher umfangreiche **Kritik der IT-Anwender und -Hersteller**, die **technische Weiterentwicklung** und die (bedauerlicherweise gegebene) **Fortentwicklung der Angriffsmethoden** eine Rolle.

2.6.1.2. Übersicht über andere IT-Sicherheitskriterien:

Zum Vergleich sollen hier kurz weitere Kriterienwerke und verwandte Dokumente aus anderen Staaten und Organisationen zusammengestellt werden:

. **USA** - das 'Orange Book' mit vielen Interpretations und Guidelines

. **Großbritannien** - mehrere Formulierungen von Qualitätsstufen, Evaluierung von Systemen, nicht Typen

. **Frankreich** - s. Verzeichnis

. **Kanada** - eine verfeinerte Version des Orange Book, Unterscheidung zwischen Funktionalität und Qualität

. **NATO** - bisher das sogenannte 'Blue Book', dem Orange Book sehr ähnlich; in der NATO sind die deutschen Kriterien auf hohe Akzeptanz gestoßen. Es ist die Evaluierung eines NATO-Systems nach den deutschen Kriterien geplant.

. **EG** - Eine EG-weiter gemeinsamer COMPUSEC-Standard ist in der Diskussion. Aufgrund der bisherigen Bemühungen darf davon ausgegangen werden, daß er im technischen Teil weitgehend den deutschen IT-Sicherheitskriterien entspricht.

2.6.1.3. Literaturverzeichnis

D:

[D1] IT-Sicherheitskriterien: Kriterien für die Bewertung der Sicherheit von Systemen der Informationstechnik(IT), ISBN 3-88784-192-1, Bundesanzeiger-Verlag Köln(1989)

[D2] IT-Security Criteria: Criteria for the Evaluation of Trustworthiness of Information Technology (IT) Systems, ISBN 3-88784-200-6, Bundesanzeiger-Verlag Köln(1989)

[D3] Hinweise zur Sicherheit beim Einsatz von Arbeitsplatzcomputern, ZSI-Publikation 9021 (1990)

USA:

[U1] Trusted Computer System **Evaluation Criteria**, DOD 5200.28-STD, Department of Defense(1985)

[U2] **Passwort Management** Guideline, CSC-STD-002-85, National Computer Security Center (1985)

[U3] Computer Security Requirements: "Guidance for applying the Department of Defense Trusted Computer System Evaluation Criteria in **Specific Environments**",CSC-STD-003-85

[U4] Technical Rationale behind CSC-STD-003:"Guidance for applying the Department of Defense Trusted Computer System Evaluation Criteria in **Specific Environments**",CSC-STD-004-85

[U5] A Guide to understanding **Audit** in Trusted Systems, NCSC-TG-001/V-2 (1988)

[U6] A Guide to understanding **Discretionary Access Control** in Trusted Systems, NCSC-TG-003/V-1 (1987)

[U7] **Glossary** of Computer Security Terms, NCSC-TG-004/V-1 (1988)

[U8] Trusted **Network Interpretation** of the Trusted Computer System Evaluation Criteria, NCSC-TG-005/V-1 (1987)

[U9] A Guide to understanding **Configuration Management** in Trusted Systems, NCSC-TG-006/V-1 (1988)

[U10] A Guide to understanding **Design Documentation** in Trusted Systems, NCSC-TG-007/V-1 (1988)

[U11] A Guide to understanding **Trusted Distribution** in Trusted Systems, NCSC-TG-008/V-1 (1988)

[U12] Computer Security **Subsystem Interpretation** of the Trusted Computer System Evaluation Criteria, NCSC-TG-009/V-1 (1988)

[U13] Guidelines for **Formal Verification Systems**, NCSC-TG-014/V-1 (1989)

[U14] COMPUSECese Computer Security **Glossary**, NCSC-WA-001-85 (1985)

[U15] **Personal Computer** Security Considerations, NCSC-WA-002-85 (1985)

GB:

[G1] Glossary of Computer Security **Terms**, CESG Computer Security Memorandum No. 1 Issue 2.0 (1989)

[G2] UK Systems Security **Confidence Levels**, CESG Computer Security Memorandum No. 3: Issue 1.1 (1989)

[G3] CESG Development Programme: TNET, CESG Computer Security Memorandum No. 4 (1989)

[G4] **Evaluations Levels Manual**, Department of Trade and Industry (DTI) Commercial Computer Security Centre, Version 3.0 (Draft) (1989)

[G5] **Security Functionality** Manual, DTI Commercial Computer Security Centre, Version 3.0 (Draft) (1989)

[G6] Overview of **Documentation**, DTI ,Version 3.0 (1989)

[G7] **Glossary**, DTI, Version 3.0 (1989)

[G8] Users Code of Practice, DTI, Version 13.0, (1989)

[G9] **Evaluation and Certification** Manual, DTI, Version 3.0, (1989)

[G10] Vendors Code of Practice, DTI, Version 3.0, (1989)

F:

[F1] **Glossaire Anglais-Francais** rélatif a la Securité des Systèmes d'Information, Version 2 (Draft) (1988)

Kanada:

[K1] Canadian Trusted Computer Product **Evaluation Criteria**, Version 1.0 (Draft), Systems Security Centre-Communications Security Establishment- Government of Canada (1989)

NATO:

[N1] NATO Trusted Computer System **Evaluation Criteria**, NATO AC/35-D/1027(1987)

2.6.2. ZSI-eigene Publikationen, insbesondere Studien

Die vorliegenden Studien beschäftigen sich mit

- **allgemeinen Themen** der Informationssicherheit wie Bestandsaufnahmen, Fallstudien, Abschätzung der zukünftigen Entwicklung,
- Themen aus dem **Forschungsbereich** , z.B. die Grundlagen von Sicherheitskriterien und formale Methoden der System-Entwicklung und -Verifikation,
- Sicherheitsfragen in speziellen **Netzwerken und Betriebssystemen,** die bisher nicht oder nur im Ausland (meist USA) untersucht wurden,
- Spezialgebieten, die insbesondere für zukünftige Anwendungssysteme von Bedeutung sind.

<u>Allgemeine Themen</u>

ZSI - 9000	Computersicherheit Band I / II
ZSI - 9001	Computersicherheit
ZSI - 9015	IT - Sicherheit

<u>Forschungsbereich</u>

ZSI - 9003	Grundlagen der Konzeption eines nationalen Klassifikations- und Bewertungsschemas
ZSI - 9019	Methoden zur formalen Spezifikation und Verifikation von Software

<u>Öffentliche und lokale Netze</u>

ZSI - 9002	Computersicherheit in öffentlichen Netzwerken
ZSI - 9008	LAN - Sicherheitsvergleich
ZSI - 9013	Sicherheitseigenschaften der Novell - Netzwerksoftware
ZSI - 9022	Analyse des LAN-Managers von Microsoft unter Datensicherheitsaspekten

ZSI - 9023 Sicherheitsaspekte bei der Vernetzung von UNIX-Rechnern über Ethernet

Personal Computing

ZSI - 9011 Der Sicherheits - PC

ZSI - 9017 System-Unterschiede bei PC des Industrie-Standards im Hinblick auf Sicherheit und Zuverlässigkeit

ZSI - 9018 Innovative Entwicklung der MS-DOS-Rechner des Industriestandards

ZSI - 9021 Hinweise zur Sicherheit beim Einsatz von Arbeitsplatzcomputern

Betriebssysteme

ZSI - 9004 Das Betriebssystem MS-DOS

ZSI - 9005 Studie über die Sicherheit des Betriebssystems UNIX

ZSI - 9007 Sicherheit des Betriebssystems VAX/VMS

ZSI - 9014 Untersuchung des Betriebssystems OS/2

ZSI - 9016 Studie zur funktionalen Sicherheit von PS 2 bzw. OS/2-Systemen

ZSI - 9020 386/iX und SCO-UNIX Studie der Betriebssystemimplementation

Expertensysteme

ZSI - 9009 Sicherheit von Expertensystem - Shells und Expertensystemen "Empirische Analysen"

ZSI - 9010 Sicherheit von Expertensystem - Shells und Expertensystemen "Nationale Sicherheitskriterien"

2.6.3. Fachspezifische Veranstaltungen

Es wurden bisher eine Reihe von fachspezifischen Veranstaltungen durchgeführt - insbesondere für Teilnehmer aus dem Bereich der Behörden.

Übersicht über die bisherigen Veranstaltungen:

Aspekte der PC-Sicherheit	Mai 1987
Sicherheit in IBM-Produkten	Mai 1988
Sicherheit in PC-LANs	Jan 1989
Formale Methoden der Spezifikation und Verifikation	Nov 1989
Intrusion Detection Monitoring	Dez 1989
UNIX-Vernetzungen versus Sicherheit	März 1990
Neue Entwicklungen bei PC-LANs	Mai 1990
Seminar zur Sicherheit in Datenbanken	August 1990

1. Deutsche COMPUSEC-Konferenz (AFCEA/ZSI) Mai 1990
Weitere Konferenzen dieser Art sind in jährlichem Abstand vorgesehen.

2.6.4. Veröffentlichungen (Fachzeitschriften, Bücher)

Mitarbeiter der ZSI haben sich in einer Reihe von Veröffentlichungen mit den Sicherheitskriterien, PC-Sicherheitsproblemen, Netzwerksicherheit und formalen Methoden auseinandergesetzt. Das Verzeichnis gibt die entsprechenden Zitate.

[1] Essen, U. van: Sicherheitskriterien für IT-Anlagen, Computerwoche vom 28.4.1989

[2] Essen, U. van: IT-Sicherheitskriterien, Computer und Recht (10)1989

[3] Kersten, H.: Probleme der Datensicherheit bei Arbeitsplatzrechnern, online/ÖVD 8(1988)50-54

[4] Kersten, H.: Der deutsche Kriterienkatalog für die Bewertung von Sicherheit und Vertrauenswürdigkeit von IT-Anlagen, Recht der Datenverarbeitung 2(1989) 11-17

[5] Kersten, H.: Sicherheitskriterien für die Verarbeitung sensitiver Daten, Sicherheitsberater 3(1989) 26-29

[6] Kersten, H.: Aktivitäten der ZSI und die IT-Sicherheitskriterien: Sicherheitsstandard im internationalen Bereich ?, Online 90 Kolloquium A (Computer-Sicherheit), ISBN 3-89077-082-7, 6.01-6.18

[7] Baader,H.-R., Kersten, H., van Wickeren, E. : Werkzeuge zur formalen Spezifikation und Verifikation sicherer Software, in [8](1990)

[8] Kersten, H. (Hrsg.): Sichere Software: Formale Spezifikation und Verifikation vertrauenswürdiger Systeme, Hüthig, Heidelberg(1990), ISBN 3-7785-1983-2

[9] Kersten, H.: Staatliche Initiativen zur IT-Sicherheit, Computerwoche (24.März 90)

[10] Kreutz, H.: Informationssicherung in öffentlichen Netzen, in Elektronische Informationssysteme / Realisierung, Angebot und Nutzung, vde-Verlag(1989)91-103, ISBN 3-8007-1616-X

[11] Kreutz, H.: Sicherheit in öffentlichen Netzen, Informatik-Fachberichte 207 , Springer(1989)194-204, ISBN 3-540-51030-3

[12] Kreutz, H.: Umfassender Schutz ist unmöglich, Computer-Woche extra, 4(1988)31-33

[13] Kreutz, H.: Ein "deutsches Orange-Book", DFN-Mitteilungen 16(1989)11-12

3. Projekte 1990 und f.

Die folgende Liste gibt einen Überblick über Projekte, die gerade in Angriff genommen wurden bzw. für die nähere Zukunft geplant sind.

Allgemeine Themen

1. PC-gestütztes Informationssystem zu den Standardwerken/IT-Sicherheit

2. Informationsbank ("IBIS") Compusec-Literatur,- Veranstaltungen, Fälle und Lösungen

3. Schriftenreihe der ZSI (des BSI)

4. Bedrohungsanalysen und -Modelle PC / UNIX / LAN / KI-Systeme

Betriebssysteme

1. OS/2-Komponenten (hier: Communications-, Database- , Presentation-Manager)
2. SVS-System von DEC
3. Konzeption eines UNIX-Systems hoher F-/Q-Stufe
4. Untersuchungen zum SCOMP / Honeywell
5. Untersuchung A/UX (Macintosh)

Personal Computing

1. Erfassung und Aktualisierung der Sicherheitsprodukte für PC des Industriestandards
2. Sicherheitsfragen und -Produkte beim Apple Macintosh
3. Guidelines für Hersteller zur Entwicklung von Sicherheitsprodukten

Verschlüsselung

1. zugelassenes Verschlüsselungsprodukt für den Micro-Channel
2. Verschlüsselung von Speichern bei Mainframes
3. Verschlüsselung auf 386-Rechnern unter DOS OS/2 UNIX
4. Erfassung / Untersuchung von Chip-Karten-Systemen

Netzwerke

1. Sicherheit im ISDN
2. Sicherheit von div. Vernetzungsarten unter UNIX
3. Konzeption und Entwicklung eines sicheren LANs

IT - Evaluationshandbuch

Dr. Hartwig Kreutz

Zusammenfassung

Als "Meßlatte" zur Beurteilung der Sicherheit informationstechnischer Systeme hat die Zentralstelle für Sicherheit in der Informationstechnik (ZSI) unter Beteiligung von Wirtschaft und Wissenschaft und öffentlicher Verwaltung "IT-Sicherheitskriterien" erarbeitet und veröffentlicht Das "IT-Evaluationshandbuch" stellt eine Ergänzung zu den "IT-Sicherheitskriterien" dar und regelt die Prüfung informationstechnischer Systeme oder selbständiger Komponenten und die Vergabe von Sicherheitszertifikaten. Es soll vor allem eine Gleichbehandlung der an einem Zertifikat interessierten Hersteller und ihrer Produkte gewährleisten.
Es ist Bestandteil der Standardwerke zur IT-Sicherheit und enthält Aussagen und Hinweise, die sich mit organisatorischen Fragen im gesamten Umfeld einer Evaluation befassen.
Wenn erforderlich, wird es fortgeschrieben, damit praktische Erfahrungen aus abgeschlossenen Evaluationen genutzt werden können.
Von 12 Kapiteln orientieren sich die ersten vier Kapitel an den IT-Sicherheitskriterien, die restlichen Kapitel enthalten eigenständige Aussagen zum Umfeld und Ablauf einer Evaluation.

Kapitel 1 gibt zur Einführung der Bewertung von Mechanismen detaillierte Beispiele.

Kapitel 2 erläutert die einzelnen Funktionalitätsklassen und weist besonders darauf hin, daß die Anzahl der Funktionalitätsklassen erweiterbar ist.

Kapitel 3 gibt detaillierte Erläuterungen zu den einzelnen Punkten jeder Qualitätsstufe. Dieses Kapitel steh in engem Zusammenhang mit den Qualitätsstufen der IT-Sicherheitskriterien.

Kapitel 4 enthält detaillierte Ausführungen zum Inhalt und Umfang der bei einer Evaluation vorzulegenden Dokumentation.

Kapitel 5 gibt Erläuterungen zum Qualitätsaspekt "Qualität der Abgrenzung zu nicht zu evaluierenden Systemteilen".

Kapitel 6 beschreibt das Umfeld einer Evaluation und Zertifikation.

Hier werden insbesondere Aussagen gemacht zu Evaluationsstellen, zur Anmeldung einer Evaluation, zum Evaluationsvertrag, zu den Kosten einer Evaluation, zum Sicherheitszertifikat und zum Schiedsverfahren bei Streitfragen zwischen Evaluationsstelle und Hersteller.

Die anschließenden Kapitel 7 bis 12 beziehen sich auf den Evaluationsvorgang.

So beschreibt Kapitel 7 den Ablauf einer Evaluation, den möglichen organisatorischen Aufbau des Evaluationsteams und gibt Hinweise zum Reviewprozeß, Kapitel 8 die Besonderheiten von begleitenden Evaluationen und Kapitel 9 erläutert, wann eine Reevaluation notwendig wird, und wie in allen anderen Fällen verfahren wird.

Kapitel 10 behandelt die Evaluation von IT-Systemen, die bereits evaluierte Komponenten enthalten.

Kapitel 11 beschreibt den Aufbau einer Werkzeuge- und Methodenliste, die für die Hersteller von IT-Systemen der höheren Qualitätsstufen unbedingt notwendig ist.

Kapitel 12 beinhaltet die Abbildung auf andere Kriterienkataloge, dies wird exemplarisch dargestellt durch die Abbildung auf

die Klassen der "Trusted Computer System Evaluation Criteria" des amerikanischen Verteidigungsministeriums.
Es schließt sich ein Glossar der wichtigsten im IT-Evaluationshandbuch verwendeten Begriffe an.
Im Folgenden werden die einzelnen Kapitel in stark verkürzter Form auszugsweise dargestellt.

1. Erläuterungen zur Bewertung von Mechanismen

Ziel bei der Bewertung von Mechanismen ist, die in einem System verwendeten Mechanismen bzw. Algorithmen daraufhin zu untersuchen, ob sie in der eingesetzten Form in der Lage sind, die Teile der Sicherheitsanforderungen, die sie erfüllen sollen, mit ausreichender Stärke abzudecken.
Werden Schwächen gefunden, so kann eine Abwertung des Mechanismus erfolgen.
Im Evaluationshandbuch folgen Beispiele, die einige Mechanismen für unterschiedliche Grundfunktionen grob skizzieren und ihre Schwachstellen aufzeigen. Sinn der Beispiele ist, den Vorgang der Bewertung von Mechanismen zu erläutern. Eines der Beispiele wird hier im Detail beschrieben, die anderen werden nur aufgezählt.

Beispiele zur Bewertung von Mechanismen

Grundfunktion Identifikation und Authentisierung

Beispiel: Identifikation und Authentisierung mittels eines maschinenlesbaren Ausweises und einer persönlichen Kennziffer, die nicht frei wählbar ist.
Der Ausweis sei nur mit sehr großem Aufwand zu fälschen.

Inhärente Schwächen des Mechanismus:

Kennziffern können außerhalb des Systems weitergegeben werden. Ausweise können außerhalb des Systems an Unbefugte gelangen. Beide Bedingungen müssen gleichzeitig eintreten, um die Bedrohung der falschen Identifikation und Authentisierung wirksam werden zu lassen.

Der Mechanismus kann wegen dieser Schwachstelle nicht besser als mit "sehr stark" bewertet werden.

Beschreibung des Mechanismus

Jeder Ausweis trägt ein eindeutiges Identifikationskennzeichen. Dieses ist maschinell lesbar. Die Kennziffer bestehe aus genau vier Dezimalziffern. Damit ergibt sich ein Paßwortraum von 10000 möglichen Kennziffern. Die Anzahl der erlaubten Identifikationsversuche ist auf 3 begrenzt. Die Kennziffer wird vorgegeben, ist also nicht vom Benutzer frei wählbar.

Von dem Mechanismus abzudeckende Sicherheitsanforderungen

Der Mechanismus soll Benutzer identifizieren und authentisieren. Authentisierungsinformationen sind vor unbefugter Kenntnisnahme zu schützen. Der Ausweis ist gegen Fälschung und unbefugte Manipulationen zu schützen.

Bewertung anhand der Kriterien

Jeder Ausweis ist eindeutig identifizierbar. Somit ist die Eindeutigkeit gegeben.

Ein Gutachten bestätigt, daß die Herstellung eines falschen Ausweises nur mit sehr hohem Aufwand möglich ist.

Da der Raum der möglichen Kennziffern auf 10000 beschränkt ist, ergibt sich die Wahrscheinlichkeit einer falschen Identifikation durch Ausprobieren von Kennziffern ungefähr zu 3/10000. Der Ausweis kann auch leicht gestohlen werden.

Wegen dieser Schwachstelle kann der Mechanismus daher noch maximal mit "stark" bewertet werden.

Untersuchungen ergaben, daß sich durch relativ einfache Manipulationen an dem Ausweis die Zahl der möglichen Fehlversuche bei der Identifikation und Authentisierung beliebig steigern läßt. Dies führt zu einer weiteren Abwertung.

Bewertung des Mechanismus

Wegen der gefundenen Schwachstellen kann der Mechanismus nur mit "mittelstark"" bewertet werden.

Auswirkungen auf die Gesamtbewertung des Systems

Wegen dieser Bewertung kann das System maximal noch die Qualitätsstufe Q2 erreichen, da die Identifikation und Authentisierung von Benutzern als wichtige Sicherheitsanforderung angesehen wird.

Beispiel: Identifikation und Authentisierung von Benutzern durch eine Kombination von Benutzerkennung und Paßwort

Grundfunktion Rechteverwaltung

Beispiel: Rechteverwaltung mit Zugriffskontrollisten

Beispiel: Capabilities

Grundfunktion Rechteprüfung

Beispiel: Prüfung der Rechte beim Aufbau einer logischen Verbindung

Grundfunktion Beweissicherung

Beispiel: Beweissicherung auf normalen Dateien über Systemfunktionen

Grundfunktion Wiederaufbereitung

Beispiel: Überschreiben der Daten von gelöschten Dateien mit binären Nullen.

Grundfunktion Fehlerüberbrückung
Beispiel: Behandlung von Programmfehlern durch das Betriebssystem
Beispiel: Fehlerüberbrückung bei der Datenfernübertragung durch fehlererkennende und fehlerkorrigierende Übertragungsprotokolle.

2. Erläuterungen zu den Funktionalitätsklassen

Ein Anwender wird vor der Auswahl eines Systems aufgrund der Erkenntnisse aus der Bedrohungsanalyse bestimmte Sicherheitsfunktionen fordern. Will er nun aus der Liste der evaluierten Produkte ein für seine Zwecke geeignetes auswählen, so ist es zweckmäßig, ihm Anhaltspunkte zu geben, welche Produkte seine funktionalen Anforderungen erfüllen können. Dies ist der Zweck der Funktionalitätsklassen.
Für die Evaluation ist eine detaillierte Auflistung der Sicherheitsanforderungen zwingend notwendig. Diese müssen die abstrakten Forderungen der angestrebten Funktionalitätsklasse(n) abdecken und Präzisierungen und Erweiterungen dieser Anforderungen sein.

3. Erläuterungen zu den Qualitätskriterien

Es werden Erläuterungen zu den einzelnen Qualitätsstufen gegeben, die einerseits zum besseren Verständnis der Qualitätskriterien beitragen sollen, andererseits aber auch Hinweise für die Handhabung der Kriterien bei der Evaluation sein sollen. In der vorliegenden Zusammenfassung werden stellvertretend die Erläuterungen zu Q2 wiedergegeben.

Qualitätsstufe Q2

Erläuterungen zu den Kriterien

Die Qualitätsstufe Q2 ist vorgesehen für Systeme bzw. Einzelkomponenten, an die mäßige Anforderungen bezüglich der Qualität der Erfüllung der Sicherheitsanforderungen gestellt werden. Ziel der Evaluation ist es, ein recht hohes Maß an Vertrauen zu gewinnen, daß die Sicherheitsfunktionen nicht durch Fehler umgangen oder außer Kraft gesetzt werden können. Systeme der Qualitätsstufe Q2 sind für Bereiche mit geringen bis mittleren Sicherheitsanforderungen häufig ausreichend.

Die Evaluation soll zeigen, daß in diesem System bei einfach gearteten Penetrationsversuchen keine Fehler gefunden wurden, durch die Sicherheitsanforderungen des Systems nicht mehr erfüllt sind.

Qualität der Sicherheitsanforderungen

Erläuterungen zu den Kriterien

Die Sicherheitsanforderungen werden für die Qualitätsstufe Q2 im allgemeinen nur in natürlicher Sprache abgefaßt und sind die Zielsetzungen für die Sicherheitsfunktionen. Der Bezug zu den möglichen Bedrohungen und zu den Grundfunktionen ist in den Sicherheitsanforderungen darzustellen. Eine formale Konsistenzprüfung ist in diesem Fall nicht möglich. Daher kann nur nach verbalen Widersprüchen gesucht werden. Falls ein solcher Widerspruch entdeckt wird, muß mit dem Auftraggeber über diesen Punkt diskutiert werden, da es sich unter Umständen um das Ergebnis einer Fehlinterpretation der Sicherheitsanforderungen handeln kann. Auf jeden Fall sind die Sicherheitsanforderungen in einer Form neu zu formulieren, in der die gefundenen Widersprüche und Unklarheiten nicht mehr auftreten.

Auf diese Weise müssen alle verbalen Unstimmigkeiten aus den Sicherheitsanforderungen beseitigt werden.

Qualität der Spezifikation

Erläuterungen zu den Kriterien

Die Spezifikation darf zwar eine recht oberflächliche natürlichsprachliche Beschreibung der Implementierung sein, jedoch dürfen keine Unklarheiten über die verwendeten Algorithmen und Mechanismen bestehen. Außerdem muß sich die Spezifikation auf die Sicherheitsanforderungen beziehen und erläutern, welcher Teil der Sicherheitsanforderungen mit welchen Algorithmen und Mechanismen abgedeckt werden soll. Nur auf diese Weise ist es dem Evaluationsteam möglich, mit vertretbarem Aufwand die Konsistenz zwischen den Sicherheitsanforderungen und der Spezifikation zu prüfen.

Treten bei dieser Prüfung Unklarheiten auf, so sind diese mit dem Auftraggeber oder dem Hersteller zu klären. In einigen Fällen kann allerdings die Klärung auch durch Tests erreicht werden. Nach der Klärung aller Unklarheiten ist vom Auftraggeber eine bereinigte Version der Spezifikation vorzulegen.

Nebeneffekte, durch die Sicherheitsfunktionen umgangen oder außer Kraft gesetzt werden können, sind in einer verbal formulierten Spezifikation natürlich nur recht schwer zu finden. Allerdings deuten Unklarheiten beim Verständnis der Spezifikation häufig auf solche Nebeneffekte hin. Dies sind dann Bereiche, die besonders sorgfältigen Tests unterzogen werden müssen. Zu solchen Unklarheiten gehören insbesondere Parameterwerte der Sicherheitsfunktionen, deren Effekte in der Spezifikation nicht oder nur unvollständig beschrieben sind.

Qualität der verwendeten Mechanismen

Erläuterungen zu den Kriterien

Die Bewertung eines Mechanismus mit "mittelstark" besagt, daß er bereits einen brauchbaren Schutz bei mutwilligen Verstößen gegen die Sicherheitsanforderungen bietet. Daher ist ein solcher Mechanismus für die Zielrichtung der Qualitätsstufe Q2 durchaus als ausreichend zu betrachten.

Qualität der Abgrenzung zu nicht zu evaluierenden Systemteilen
Erläuterungen zu den Kriterien

Die Qualität der Abgrenzung zu nicht zu evaluierenden Systemteilen ist ein sehr wichtiger Aspekt bei der Beurteilung der Penetrations- und Manipulationssicherheit von Systemen oder Einzelkomponenten. Viele Systempenetrierungen beruhen auf Schwachstellen in diesem Bereich. Solche Schwachstellen sind insbesondere:

- unzureichende Parameterprüfung an den Schnittstellen,
- unzureichender Schutz von Datenbereichen,
- unzureichender Schutz vor Mißbrauch der erlaubten Funktionen.

In der Spezifikation muß daher angegeben sein, welche Schutzmechanismen zur Abgrenzung benutzt werden. Das Evaluationsteam muß diese Schutzmechanismen, die oft durch Hardware-bzw. Firmware realisiert sind, sorgfältig prüfen und bewerten. Danach ist an Hand der Spezifikation zu prüfen, ob diese Schutzmechanismen adäquat eingesetzt werden. Unklarheiten oder vermutete Schwachstellen dienen dabei als Grundlage für die Generierung von Penetrationstests.
Zusätzlich muß in der Spezifikation begründet sein, warum die Sicherheitsfunktionen von nicht zu evaluierenden Systemteilen nicht umgangen werden können. Es muß klar erkennbar sein, daß nur die zur Evaluation vorgelegten Systemteile die zur Realisierung der Sicherheitsfunktionen benötigten Privilegien besitzen. Auch dies muß durch spezielle Penetrationstests bei der Evaluation untermauert werden.

Qualität des Herstellungsvorganges
Erläuterungen zu den Kriterien

Die Prüfung der Implementierungsqualität beschränkt sich auf die Durchführung von Tests aus der vom Auftraggeber bereitgestellten Testbibliothek und solchen, die bei der Prüfung der Sicherheitsanforderungen und der Spezifikation formuliert wur-

den. Diese Tests müssen ausreichend sein, zu zeigen, daß die in der Spezifikation aufgeführten Sicherheitsfunktionen vorhanden sind und entsprechend der Spezifikation und Dokumentation benutzt werden können.
Stichprobenartig sind außerdem durchzuführen:

- Benutzung der Sicherheitsfunktionen mit unzulässigen oder unsinnigen Parameterwerten.
- Suche nach nicht dokumentierten Funktionen
- Benutzung der Sicherheitsfunktionen mit Parameterwerten, die im Grenzbereich der zulässigen Parameterwerte liegen.

Werden dabei Widersprüche zur Spezifikation gefunden (dazu gehören auch Funktionen, die in der Spezifikation nicht erwähnt sind), so sind entweder die Spezifikation und, falls erforderlich, auch die Sicherheitsanforderungen oder aber die Implementierung so abzuändern, daß die Konsistenz zwischen Sicherheitsanforderungen, Spezifikation und Implementierung erreicht wird. Durch solche nachträglichen Korrekturen wird im allgemeinen der Evaluationsaufwand erhöht, da bereits geprüfte Teile nochmals untersucht werden müssen. Daher sollten solche Nachbesserungen nur in geringem Umfang zugelassen werden.

Betriebsqualität

Erläuterungen zu den Kriterien

Unter die Betriebsqualität fallen alle die Aspekte, die die Einhaltung der Sicherheitsanforderungen im laufenden Betrieb gewährleisten sollen. Diese Aspekte können je nach Art des IT-Systems sehr unterschiedlich sein.
Auf der Grundlage der Sicherheitsanforderungen sind für das zu evaluierende System alle relevanten Bereiche festzulegen und zu prüfen.
Haben unterschiedliche Konfigurationen Auswirkungen auf die Sicherheitsanforderungen, so müssen diese auch in der Spezifikation der Sicherheitsfunktionen erkennbar sein. Zusätzlich sind alle Konfigurationsmöglichkeiten zu dokumentieren, um dem

Anwender des Systems, die Auswirkungen unterschiedlicher Konfigurationen transparent zu machen.
Es muß möglich sein, Eingriffe bei der Generierung des Systems zu protokollieren. Die Untäuschbarkeit der Protokollierung ist durch geeignete Tests nachzuprüfen.
Um sicherzustellen, daß bei der Einspielung der Software keine unerkannten Übertragungsfehler auftreten, muß ein von der Evaluationsbehörde zugelassenes Verfahren eingesetzt werden, das derartige Fehler erkennen kann.
Hardwarewartung und Änderungen an der Software der Sicherheitsfunktionen sind oft Bereiche, bei denen die volle Funktionalität der Sicherheitsfunktionen nicht kontinuierlich aufrecht erhalten werden kann. Bei der Evaluation des Systems sind auch diese Bereiche zu untersuchen und eventuell an Hand von speziell konstruierten Beispielen durchzuspielen. Als Ergebnis dieser Untersuchungen sollten organisatorische Maßnahmen vorgeschlagen werden, die auch im Wartungsfall noch ein Maximum an Sicherheit gewährleisten.
Für einige Hardwarekomponenten muß das System Selbsttesteinrichtungen besitzen, um ein korrektes Ablaufen der Sicherheitsfunktionen zu gewährleisten.

Qualität der anwenderbezogenen Dokumentation

Erläuterungen zu den Kriterien

Die Qualität der für den Anwender bestimmten Dokumentation wird am Ende der Evaluation bewertet. Das Evaluationsteam sollte zu diesem Zeitpunkt genügend Erfahrungen mit dem System gesammelt haben, um die Korrektheit, Verständlichkeit und Vollständigkeit dieser Dokumentation beurteilen zu können.
Abweichungen zwischen dem realen Systemverhalten und der Dokumentation sind dem Auftraggeber bekannt zu geben. Dieser muß dann die Dokumentation nachbessern bevor die Zertifikation erfolgt.

4. Erläuterungen zu den geforderten Dokumenten

Die folgenden Erläuterungen sollen einen Überblick darüber geben, was in den Dokumenten, die in der Beschreibung der einzelnen Qualitätsstufen gefordert werden, stehen muß. Der tatsächliche Inhalt dieser Dokumente hängt stark von dem zu evaluierenden System und von der angestrebten Qualitätsstufe ab. Es werden vorerst nur Erläuterungen zu den Forderungen in den Qualitätsstufen Q1 bis Q3 gegeben.
In den höheren Qualitätsstufen gelten diese Erläuterungen ebenfalls, zum Teil sind dann aber strengere Forderungen zu berücksichtigen.

4.1. Beschreibung der Sicherheitsanforderungen

Die Sicherheitsanforderungen legen fest, welche Sicherheitsfunktionen von einem IT-System gefordert werden. Sie bilden somit die Grundlage für die Evaluation.
Die Sicherheitsanforderungen werden normalerweise vom Hersteller eines Systems formuliert. Da es aber auch möglich ist, daß ein Anwender die Evaluation eines Systems in Auftrag geben kann, ist es denkbar, daß der Anwender die Sicherheitsanforderungen definiert.
Erläuterungen zu den Forderungen in den IT-Sicherheitskriterien:
In den Sicherheitsanforderungen muß beschrieben sein, welche Sicherheitsfunktionen und -teilfunktionen ein System oder eine Einzelkomponente beinhaltet.

4.2. Spezifikation der zu evaluierenden Systemteile

Eine Spezifikation muß die Realisierung der Sicherheitsfunktionen eines IT-Systems vollständig, verständlich und nachvollziehbar beschreiben.

Bei komplexen Systemen muß diese Beschreibung aus mehreren Beschreibungsebenen (Hierarchiestufen) aufgebaut sein.
Die oberste Beschreibungsebene wird (in Anlehnung an die IEEE-Definitionen) "Design", die unterste Ebene "Designspezifikation" genannt.
In den IT-Sicherheitskriterien wird unter "Spezifikation" die Beschreibung des Systems über alle Hierarchiestufen verstanden.
Erläuterungen zu den Forderungen in den IT-Sicherheitskriterien:
Inhalt und Umfang der Spezifikation sind von der angestrebten Qualitätsstufe und von der Komplexität des zu evaluierenden Systems abhängig. Auf der obersten Hierarchiestufe der Spezifikation muß allgemein die Funktionalität des IT-Systems beschrieben werden, und welche Sicherheitsanforderungen auf welche Weise umgesetzt werden. Bei einem kleinen System oder einer kleinen Einzelkomponente können hier auch schon die verwendeten Algorithmen beschrieben werden, bei einem komplexeren System hat dies in einer niedrigeren Hierarchiestufe zu geschehen.
Es ist weiterhin zu beschreiben, wie die Verteilung der Sicherheitsfunktionen auf einzelne Funktionseinheiten des Systems vorgenommen wurde.
Die Benutzeroberfläche und somit die Schnittstellen der Sicherheitsfunktionen nach außen sind vollständig zu beschreiben.
Der Kontroll-und Datenfluß zwischen System und Umwelt und zwischen den einzelnen Funktionseinheiten ist genau zu beschreiben.
Es folgt eine stichpunktartige Aufzählung von Mindestanforderungen an eine Spezifikation.

4.3. Beschreibung der Abgrenzung zu den nicht zu evaluierenden Systemteilen und der Schnittstellen zu diesen Teilen

Wenn eine Sicherheitsfunktion praktisch nicht überwindbar ist und es dennoch einen Weg gibt, das System unter Umgehung dieser

Sicherheitsfunktion zu kompromittieren, so ist diese Sicherheitsfunktion praktisch wertlos.

Erläuterungen zu den Forderungen in den IT-Sicherheitskriterien:

Die in Kapitel 4.2 aufgestellten Forderungen bezüglich der Spezifikation der zu evaluierenden Systemteile gelten sinngemäß auch für die Abgrenzung realisierenden Mechanismen und die Schnittstellen zwischen zu evaluierenden und nicht zu evaluierenden Systemteilen.

Hierbei ist insbesondere darauf zu achten, daß die Beschreibung der Abgrenzungsmechanismen vollständig ist, und daß erläutert wird, warum diese nicht umgangen werden können.

4.4. Dokumentation für den Anwender

Erläuterungen zu den Forderungen in den IT-Sicherheitskriterien:

Die hier aufgestellten Forderungen beziehen sich auf die Sicherheit des Systems betreffenden Funktionen, wobei mit Anwender sowohl der normale Benutzer als auch der Systemverwalter gemeint ist.

In der entsprechenden Dokumentation muß auch auf Sicherheitsprobleme bei Generierung, Installation, Start, Wartung des Systems eingegangen werden.

4.5. Beschreibung der verwendeten Hard-und Firmware mit Darlegung der Funktionalität der in Hardware bzw. Firmware realisierten Schutzmechanismen

Erläuterungen zu den Forderungen in den IT-Sicherheitskriterien:

Die Beschreibung von Hardware und Firmware ist notwendig für das Verständnis der Spezifikation von hardwarenahen Systemteilen und auch für die Bewertung von Mechanismen und die Bewertung der Abgrenzung zu nicht zu evaluierenden Systemteilen. Es werden bestimmte Mindestanforderungen angegeben.

4.6. Testdokumentation

Forderungen bezüglich der Testdokumentation sind im Abschnitt "Qualität des Herstellungsvorganges" zu finden.
Erläuterungen zu den Forderungen in den IT-Sicherheitskriterien:
In der Dokumentation zu den Systemtests müssen sämtliche Informationen stehen, die zum Nachvollzug der einzelnen Tests durch das Evaluationsteam notwendig sind.
Auch hier werden Mindestanforderungen definiert.

5. Erläuterungen zur Abgrenzung

Dieses Kapitel enthält Erläuterungen zu dem in den Qualitätsstufen aufgeführten Qualitätsaspekt "Qualität der Abgrenzung zu nicht zu evaluierenden Systemteilen".
Bei einer Evaluation wird zunächst davon ausgegangen, daß das zu evaluierende IT-System aufgeteilt werden kann in zu evaluierenden Systemteile und nicht zu evaluierenden Systemteile.
Dabei sind unter den zu evaluierenden Systemteilen alle die Teile des IT-Systems zu verstehen,

1. die Sicherheitsfunktionen realisieren,
2. die für Sicherheitsfunktionen notwendige Systemdienste erbringen,
3. die nicht ausreichend von 1. und 2. getrennt sind und
4. die Abgrenzungsmechanismen realisieren.

Am Anfang einer Evaluation ist im allgemeinen noch unklar, wie die genaue Aufteilung des IT-Systems in die zu evaluierenden und die nicht zu evaluierenden Systemteile ist.
Deshalb ist zu Beginn einer Evaluation vom Hersteller des IT-Systems ein Dokument vorzulegen, indem beschrieben ist, wie aus der Sicht des Herstellers, die zu evaluierenden Systemteile von den nicht zu evaluierenden Systemteilen getrennt sind. Aus die-

sem Dokument ergibt sich eine erste Aufteilung des IT-Systems, die im Verlauf der Evaluation ergänzt wird.
Ein wichtiges Kriterium bei der Bewertung der Qualität eines IT-Systems ist die Stärke der Abgrenzungsmechanismen. Diese sind im Verlauf der Evaluation zu untersuchen.
Als Beispiele für Abgrenzungsmechanismen werden

- Zustandswechsel in einem Betriebssystem und
- Virtuelle Adreßräume genannt.

6. Evaluations-und Zertifikationsumfeld

In diesem Kapitel werden die Rahmenbedingungen für die Evaluation und Zertifikation von IT-Systemen/IT-Komponenten festgelegt und beschrieben. Dies betrifft insbesondere die Fragen:

- Welche Evaluationstellen gibt es ?
- Wer ist autorisiert Evaluationen von IT-Systemen/IT-Komponenten durchzuführen ?
- Wer vergibt das Sicherheitszertifikat für ein IT-System/IT-Komponente ?
- Wie kann ein IT-System/IT-Komponente zur Evaluation angemeldet werden ?
- Welche vertraglichen Regelungen müssen zwischen der Evaluationsstelle und dem Hersteller getroffen werden ?
- Wer trägt die Kosten für eine Evaluation ?
- Welche Konsequenzen hat die Erteilung eines Sicherheitszertifikates ?
- Wie werden Divergenzen bei der Evaluation zwischen der Evaluationsstelle und dem Hersteller beigelegt ?

7. Beschreibung des Evaluationsprozesses

Allgemeine Bemerkungen
Die folgenden Kapitel geben Hinweise unterschiedlicher Art, z.B. wie die Evaluation eines Systems ablaufen sollte, welche organisatorischen Vorkehrungen zu treffen sind und welche Vorgehensweise adäquat erscheint.

7.1. Organisatorischer Aufbau des Evaluationsteams

Ein Evaluationsteam setzt sich zusammen aus:

ORGANISATORISCHER PROJEKTLEITER (OPL)
Er ist verantwortlich für den gesamten Ablauf und die Durchführung der Evaluation. Als Projektverantwortlicher muß er sicherstellen, daß der Zeitplan der Evaluation eingehalten wird und die Kosten der Evaluation den vorgegebenen Rahmen nicht überschreiten.

TECHNISCHER PROJEKTLEITER (TPL)
Er ist verantwortlich für den technischen Ablauf der Evaluation. Er verteilt die anstehenden Aufgaben an die Evaluatoren. Dabei berücksichtigt er die speziellen Vorkenntnisse der einzelnen Evaluatoren.

EVALUATOREN
Ihnen obliegt die Durchführung der Evaluation.

MODERATOR
Er ist verantwortlich für die Planung und Durchführung von Reviews.

7.2. Der Reviewprozeß

Am Ende einer Evaluation steht eine Entscheidung an, ob das evaluierte System ein Zertifikat erhält oder nicht. Diese Entscheidung ist natürlich immer in Zusammenhang mit den zu erfüllenden Kriterien zu sehen.
Um den Einfluß von subjektiven Entscheidungen auf den Gesamtprozeß der Evaluation so gering wie möglich zu halten, wird für die Evaluation eine Vorgehensweise empfohlen und im Detail beschrieben.

7.3. Starten einer Evaluation

Prinzipiell gibt es zwei Möglichkeiten eine Evaluation zu starten.

1) Durch einen Hersteller, der ein Produkt anbietet oder

2) durch einen potentiellen Anwender eines Produktes.

Es wird auf die Vorarbeiten eingegangen, die Hersteller oder Anwender leisten müssen, bevor sie den Antrag auf Evaluation eines Produktes stellen.

7.4. Ablauf einer Evaluation

Der Ablauf einer Evaluation wird in fünf Phasen mit mehreren Teilschritten ausführlich beschrieben.
Vorgesehen sind:

Phase 1 KONTAKTAUFNAHME
Phase 2 DOKUMENTENPRÜFUNG
Phase 3 INHALTLICHE DOKUMENTEN-UND OBJEKTPRÜFUNG
Phase 4 VORARBEITEN FÜR DIE ZERTIFIKATERSTELLUNG
Phase 5 ERSTELLEN ZERTIFIKAT

7.5. Bewertungsschritte bei einer Teilevaluation

Während der Evaluation eines IT-Systems werden die zu evaluierenden Systemteile, aufgeteilt in einzelne Arbeitspakete für die Evaluatoren, gemäß der IT-Sicherheitskriterien bewertet.
Die Bearbeitung eines Arbeitspaketes erfolgt in mehreren Bewertungsschritten; sie ist ein iterativer Prozeß. Ein mögliches Vorgehen bei der Bearbeitung eines Arbeitspaketes wird im Evaluationshandbuch ausführlich dargestellt.

7.6. Das Zertifikat

Das auszustellende Zertifikat ist das Abschlußdokument einer Evaluation. Es besteht aus drei Teilen. Erstens dem Zertifikat selbst, welches die grundsätzlichen Aussagen über das evaluierte System enthält und als öffentliches Dokument verfügbar ist. Zweitens einem Anhang 1, der detaillierte Angaben zum evaluierten System enthält und ebenfalls öffentlich ist. Drittens einem Anhang 2, der ebenfalls Angaben zum evaluierten System enthält, aber nicht öffentlich ist, sondern nur für den Hersteller und die Evaluationsbehörde bestimmt ist.

7.7. Konsequenzen für den Hersteller

Ist für ein System ein Zertifikat erteilt worden, so ergeben ich daraus für den Hersteller zwei wichtige Konsequenzen.

1) Die im Kapitel Reevaluation aufgezeigten Regeln sind zu befolgen, d.h. Änderungen unterliegen einer strengen Kontrolle durch die Evaluationsbehörde.

2) Will der Hersteller Änderungen am evaluierten System vornehmen, die die Evaluationsbehörde, aus welchen Gründen auch immer, nicht abnehmen kann oder will, so muß das System eine neue Versionsnummer ohne Zertifikat bekommen.

8. Begleitende Evaluation

Die Evaluationsstellen können neben der Evaluation eines fertigen Produktes auch begleitende Evaluationen durchführen. Bei einer begleitenden Evaluation ist das zu evaluierende Produkt noch kein fertiges Produkt, sondern es wird während der Evaluation noch entwickelt bzw. weiterentwickelt.

In höheren Qualitätsstufen hat eine begleitende Evaluation mehr den Charakter einer Qualitätssicherung, da alle Phasen des Entwicklungsprozesses durch das Evaluationsteam überwacht werden und aufgetretene Probleme direkt im Entwicklungsprozeß berücksichtigt werden können.

9. Reevaluation

Ist ein System einmal einer Evaluation unterzogen worden, so ist es unrealistisch anzunehmen, daß es deswegen fehlerfrei ist oder keinen weiteren Änderungen unterliegt.

Es stellt sich somit die Frage, wie diese Softwareänderungen eines evaluierten Systems zu behandeln sind.

Es ist zu bedenken, daß mit einem Zertifikat eine Aussage zum Erfüllungsgrad bestimmter Kriterien ausgesprochen wurde. Die Evaluationsbehörde hat nun das Problem, daß sie einerseits Änderungen zulassen muß, andererseits aber weiterhin eine Art "Garantie" für Sicherheitseigenschaften übernehmen soll.

Beim Ablauf einer Evaluation eines Systems werden insbesondere jene Teile untersucht, die unmittelbar zur Erfüllung der Sicherheitsanforderungen notwendig sind. Werden diese nicht verändert, ist im allgemeinen keine aufwendige Reevaluation nötig.

Änderungen, gleich welcher Art, am lauffähigen, als fix deklarierten Code eines evaluierten Systems heben die Gültigkeit des Zertifikates auf.

Für die Reevaluation werden Regeln angegeben und diese an Beispielen erklärt.

10. Evaluation von IT-Systemen, die bereits evaluierte Komponenten enthalten

Ziel der IT-Sicherheitskriterien ist es, ein möglichst weites Spektrum von IT-Systemen abdecken zu können. So ist es einerseits möglich, Systeme mit sehr speziellen Einsatzmöglichkeiten zu evaluieren, andererseits sollen auch komplexe Systeme, die aus mehreren Komponenten bestehen, evaluierbar sein. Dabei kann es dann vorkommen, daß einzelne Komponenten eines solchen komplexen Systems bereits evaluiert worden sind.
Die Evaluationsstelle prüft dann, ob die Sicherheitsanforderungen an die Einzelkomponenten eine Teilmenge der bei der Evaluation dieser Einzelkomponente geprüften Sicherheitsanforderungen sind, und ob die Einzelkomponente in eine Qualitätsstufe evaluiert wurde, die gleich oder besser ist, als die für das Gesamtsystem angestrebte Qualitätsstufe.
Diese Vorgehensweise wird an einem Beispiel erklärt.

11. Werkzeuge und Methoden

In den höheren Qualitätsstufen werden immer stärkere Anforderungen an den Herstellungsvorgang, an die Darstellung der Sicherheitsanforderungen und die Spezifikation gestellt. Die Vielzahl der in diesen Bereichen anwendbaren Methoden und der dazugehörigen Werkzeuge muß auf längere Sicht von der Evaluationsbehörde geordnet und gelistet werden.
Es wird beispielhaft der Aufbau einer Methoden-und Werkzeugliste angegeben.

12. Abbildung auf andere Kriterienkataloge

Es ist bekannt, daß neben den USA in anderen Nationen ebenfalls Kriterienkataloge zur Bewertung von IT-Systemen entwickelt wurden, so z.B. in Großbritannien und Kanada, die jedoch nicht offiziell herausgegeben worden sind.
Im folgenden soll nur die Abbildbarkeit auf den Katalog der Amerikaner behandelt werden.
Das amerikanische Kriteriendokument, genannt "Trusted Computer System Evaluation Criteria", besser bekannt unter dem Namen "Orange Book", erschien in seiner ersten Version 1983. In ihm werden sieben Klassen (D, C1, C2, B1, B2, B3 und A1) definiert. Ein nach dem Orange Book evaluiertes System erfüllt aber nicht immer eine Qualitätsstufe, da im allgemeinen noch zusätzliche Kriterien erfüllt sein müssen. Speziell in den niedrigeren Qualitätsstufen sollte dies nicht zu großen Problemen führen, wenn der Hersteller kooperativ ist.
Nachstehende Tabelle zeigt, wie die F/Q-Bewertungen auf die "Orange Book"-Klassen abgebildet werden können.
Wie eine Abbildung in beiden Richtungen im Detail aussieht, bedarf noch einer genauen Abstimmung mit den Amerikanern.

IT-Sicherheitskriterien		Orange Book Klasse
Q0	--------------------->	D
F1, Q2	--------------------->	C1
F2, Q2	--------------------->	C2
F3, Q3	--------------------->	B1
F4, Q4	--------------------->	B2
F5, Q5	--------------------->	B3
F5, Q6	--------------------->	A1
Q7		Beyond A1

Tabelle 1: Abbildung zwischen den zwei Kriterienkatalogen

Glossar

Das Glossar erläutert die Bedeutung der Begriffe, so wie sie im Evaluationshandbuch verstanden werden. Es sind dies: Authentisierung, Bedrohung, Bell-LaPadula-Modell, Benutzer, Betriebsqualität, Beweissicherung, Capability, Datenübertragung, Debugger, Design, Designspezifikation, Evaluation, Evaluationsbehörde, Evaluationsbericht, Evaluationshandbuch, Evaluationsstelle, Falltür, Formaler Beweis, Formales Modell, (formales) Sicherheitsmodell, Funktionalitätsklasse, Identifikation, Integrität, IT-System, Kanal, verdeckter, Konfigurierung, Mechanismus, Nebeneffekt, Objekt, Penetration, Penetrationstest, Qualität, Qualitätsstufen, Rechteprüfung, Rechteverwaltung, Rolle, Schwachstelle, Sicherheitsanforderungen, Sicherheitsfunktionen, Sicherheitskritisches Ereignis, Spezifikation, Subjekt, Systemverwalter, Trojanisches Pferd, Verfügbarkeit, Verifikation, Wiederaufbereitung.

Evaluation: Ein Erfahrungsbericht

Erwin Geiger

1. Zusammenfassung

Die Sicherheit von Rechnersystemen ist in vielen Anwendungsbereichen zu einem zentralen Faktor geworden. Die Zentralstelle für Sicherheit in der Informationstechnik (ZSl) hat, unter Beteiligung von Wirtschaft und Wissenschaft, IT-Sicherheitskriterien zur Bewertung von IT-Systemen im Auftrag der Bundesregierung definiert und am 1. Juni 1989 veröffentlicht. Neben der Herausgabe dieser Kriterien fungiert die ZSI auch als Evaluierungs- und Zertifizierungsbehörde. Das von der Siemens AG entwickelte SINIX-System (SINIX ist das UNIX-System von Siemens) wird derzeit bei der ZSI evaluiert. Der nachfolgende Bericht beschreibt die Vorgehensweise und die Erfahrungen, die sich aus der Evaluation des SINIX-Systems gezeigt haben.

2. Einleitung

Informationstechnische Systeme kommen in immer mehr Anwendungsgebieten zum Einsatz. Mit der damit steigenden Abhängigkeit der Anwender von diesen Systemen steigen auch die Anforderungen nach der Sicherheit dieser Systeme. Sicherheit bedeutet dabei, zum einen die Verfügbarkeit des Rechnersystems und zum anderen die Vertrauenswürdigkeit. Vertrauenswürdigkeit heißt, daß das Rechnersystem die in ihm gespeicherten Daten vor unberechtigtem Zugriff schützt, sowie deren Integrität und Verfügbarkeit garantiert. Damit der Grad der Zuverlässigkeit für Betreiber und Her-

steller von Rechnersystemen transparent wird, wurden in der Bundesrepublik von der Zentralstelle für Sicherheit in der Informationstechnik (ZSI) Anforderungen in den IT-Sicherheitskriterien definiert. Analog dem Vorgehen in anderen Wirtschaftszweigen, wo z.B. der TÜV technische Gerätschaften prüft, ist es in der Informationstechnik ebenso notwendig, Rechnersysteme durch eine unabhängige, neutrale Stelle prüfen zu lassen. Eine solche Evaluation und Zertifikation wird durch die ZSI durchgeführt.
Das Referat versucht aus der Sicht des Herstellers, am Beispiel des Systems SINIX, die Vorgehensweise und Erfahrungen einer Evaluation darzustellen. Das System wurde dabei mit der Qualitätsstufe Q2 und den dazu relevanten Mechanismen nach den IT-Sicherheitskriterien geprüft.

3. Warum Evaluation?

Ein Aspekt eines globalen Sicherheitskonzeptes, das sich ein Anwender für seine Belange erarbeiten muß, ist die Frage nach einem, für den Grad an Sicherheit notwendigen, geeigneten Rechnersystem. Anhand der Meßlatte, den IT-Sicherheitskriterien, kann er die Funktionalität und die qualitative Ausprägung des Rechnersystems bestimmen. Er benötigt jedoch in aller Regel einen Nachweis für die Garantie der Vertrauenswürdigkeit des Rechnersystems. Diesen kann er entweder den Angaben des Herstellers entnehmen, selbst erarbeiten, oder sich auf ein neutrales Urteil stützen. Zukünftig wird er in vielen Fällen jedoch auch vermehrt vom Gesetzgeber gezwungen, für sensitive Einsatzfälle nur offiziell geprüfte Rechnersysteme einzusetzen. Dieses ist in anderen Bereichen des täglichen Lebens eine Selbstverständlichkeit, z.B. im Straßenverkehr. Vom Gesetzgeber ist dort vorgeschrieben, daß Fahrzeuge vor und während des Einsatzes einer TÜV-Zusage bedürfen. Damit ist gewährleistet, daß die Fahrzeuge gegebenen Sicherheitsvorschriften entsprechen.

Ein Hersteller ist bemüht, seine Systeme sicher zu machen. Es scheint nun auf den ersten Blick selbstverständlich, daß ein Hersteller auch alle seine Rechnersysteme mit einem Prüfsiegel versieht. Betrachtet man jedoch die Problematik näher, ist dies eine theoretische, in der Praxis nicht realisierbare Vorgehensweise. Es zeigt sich, daß dem für eine Evaluation notwendigen Aufwand Grenzen gesetzt sind, seitens des Herstellers und nicht zuletzt auch der prüfenden Behörde oder Institution. Ein Hersteller wird daher nur solche Systeme prüfen lassen, für die Bedarf besteht oder wo dies gesetzliche Bestimmungen vorschreiben. Für alle weiteren Systeme, die u.U. direkt oder indirekt von dem geprüften System abgeleitet sind, wird der Hersteller auf seine eigens dazu durchgeführten Tests hinweisen, die firmeninterne Qualitätssicherung.
Neben dem Aufwand für die Qualitätssicherungsmaßnahmen der Funktionalität eines Systems, entsteht durch die besondere Betrachtung von sicherheitstechnischen Aspekten eine Verzögerung zwischen der Fertigstellung einer Version beim Hersteller und dem Zeitpunkt der Verfügbarkeit beim Kunden. Bei einem zertifizierten System verzögert sich die Auslieferung, da zwischen den oben genannten Zeitpunkten der Zeitraum der Evaluation liegt. Ein solches System, durch Hersteller und Evaluationsbehörde geprüft, wird damit zwangsläufig einer nicht zertifizierten Version zeitlich hinterherhinken. Die unmittelbare Verfügbarkeit für den Betreiber verzögert sich.

4. Die Vorbereitung

Hat sich der Hersteller zu der Evaluation eines Systems entschieden, sind u.a. folgende Fragen vorab zu klären.

- **Welcher Sicherheitsstufe soll das System genügen?**
  Aus der Beurteilung der angenommenen Bedrohungen denen das System ausgesetzt ist, die sich durch die Einsatzumgebung, die operationale Funktionalität und sonstige Einflußfakto-

ren ergeben, können die sicherheitsrelevanten Anforderungen ermittelt werden. Anhand der dazu korrelierenden Sicherheitsstufe der IT-Sicherheitskriterien ergeben sich Anforderungen funktioneller als auch qualitativer Art. Das System ist dahingehend zu überprüfen, ob es die geforderten Mechanismen in der jeweiligen Stärke besitzt und den geforderten architekturellen Bedingungen genügt. Nicht zuletzt ist zu beantworten, ob die für die Evaluation notwendige Dokumentation in der geforderten Detailtiefe und Ausprägung vorhanden ist.
Durch die Ergebnisse dieser Prüfungen ist ein erster Anhaltspunkt gegeben, ob die Evaluation Aussicht auf Erfolg hat oder nicht.

- **Welche Kosten entstehen durch eine Evaluation?**
  Dazu sind u.a. Kosten für die Hardware, die Erstellung spezieller Dokumentation sowie die Begleitung der Evaluation zu sehen. Die Hardwarekosten resultieren dabei aus den Rechnern, die für die Zeit der Evaluation dem Evaluationsteam zur Verfügung gestellt werden. Ein weiterer Kostenpunkt ist die Erstellung eigens für die Evaluation benötigter Dokumentation. Zuletzt ist der Aufwand zu sehen, der durch die Personalkosten für die Personen entsteht, die für die Zeit der Evaluation ganz oder teilweise zur Begleitung der Evaluation vorgesehen sind.

- **Wann wird voraussichtlich der Evaluationsprozeß beendet sein?**
  Für den Hersteller ist diese Frage neben der Kostenabschätzung der Evaluation wichtig, da das evaluierte System in der Regel in die generelle Versionsplanung mit einbezogen wird. Bedingt durch neue Anforderungen der Anwender, der allgemeinen technischen Weiterentwicklung, durch innovative Aspekte des Marktes oder herstellereigene Initiativen, unterliegen Versionen zyklischen Änderungen und Erweiterungen. Hierbei ist ein Konsens zu erzielen zwischen den Terminen der Versionsplanung und dem Ende des

Evaluationsprozesses. Damit wird erreicht, daß dem Kunden das, funktionell und technisch gesehen, geeigneteste System zur Verfügung steht, das zusätzlich mit einem Zertifikat versehen ist.

Ein Hilfsmittel zur Klärung einiger Fragen stellt ein Dialog mit der Evaluationsbehörde dar. Hierbei werden vorab die für eine Evaluation vom Hersteller zur Verfügung zu stellenden Komponenten diskutiert. Das Ergebnis ist eine globale, relativ grobe Aussage, ob die Komponenten in der inhaltlichen und qualitativen Ausprägung den Anforderungen genügen. Ferner kann, aufgrund von Erfahrungen der Evaluationsbehörde, eine grobe Aufwandsschätzung erstellt werden, anhand derer eine erste unverbindliche Terminplanung durchgeführt werden kann.
Im Falle eines UNIX-Systems sollte dabei, je nach angestrebter Sicherheitsstufe, der Zeitraum von einer Woche ausreichen. Dies resultiert daraus, daß die globalen Sicherheitsanforderungen bzw. die notwendigen Änderungen und Erweiterungen an UNIX, durch die weltweite Verbreitung des Systems weitgehend bekannt sind. Vergleichsobjekte stellen u.a. die in den USA vom National Computer Security Center (NCSC) evaluierten UNIX-Systeme dar. Die Aktivitäten des NCSC sind vergleichbar mit denen der ZSI.

5. Der Vertrag

Grundlage für die Evaluation bildet ein Vertrag zwischen der Evaluationsbehörde und dem Hersteller. Neben den allgemein vorhandenen Bestandteilen, die den Ablauf der Evaluation sowie die rechtlichen Fragen regeln, ist im Falle eines UNIX-Systems auch die Problematik der Lizenzen zu berücksichtigen.
Auf der ursprünglichen UNIX-Entwicklung der Bell Laboratories von AT&T basieren alle weltweit angebotenen UNIX Systeme. Für den Betrieb eines solchen Systems benötigt man eine Objekt-Lizenz von AT&T. Die dafür notwendigen Lizenzgebühren werden vom

Hersteller getragen und sind in der Regel anteilig im Verkaufspreis des Systems enthalten. Genügt allein der Betrieb eines UNIX-Systems nicht mehr, sondern wird der Einblick in den Source-Code des Systems notwendig, ist dazu eine Source-Lizenz nötig. Die Kosten dafür sind ein Vielfaches der Kosten einer Objekt-Lizenz. Für die Evaluation des SINIX-Systems war vereinbart worden, daß zur qualitativen Erhöhung des Prüfungsergebnisses an ausgewählten Stellen dem Evaluationsteam auch der Einblick in den Source-Code des Systems gewährt werden soll. Die dazu notwendige Source-Lizenz von AT&T wurde von der ZSI in Eigenregie besorgt, da diese Lizenz für zukünftige Evaluationen auf UNIX-basierender Systeme notwendig ist.
Bedingt durch die Komplexität des SINIX-Systems waren neben der AT&T weitere Lizenzen notwendig. Die Siemens AG mußte, um der ZSI den Einblick sowie die Archivierung des geprüften Systems zu ermöglichen, dafür entsprechende Abmachungen mit den Lizenzgebern schließen. Dazu war ein Zeitraum von einigen Monaten notwendig, da die Lizenzgeber in ihren Stammhäusern in den USA angesprochen werden mußten.

6. Der Evaluationsprozeß

Nachfolgend soll nun auf wesentliche Phasen des Evaluationsprozesses eingegangen werden. Zu Beginn der Evaluation steht der organisatorische Aufbau des Evaluationsteams. Dabei wurde der an der Evaluation beteiligte Personenkreis bestimmt, dessen Funktionen festgelegt, sowie die Zuständigkeiten und jeweilige Ansprechpartner definiert. Das gesamte Evaluationsteam bestand dabei aus 8 Personen. In dieser Zahl sind zwei Vertreter des Herstellers enthalten.
Neben den organisatorischen Festlegungen wurden auch vorab technische Aspekte berücksichtigt. So wurde z.B. das technische Format von Dokumenten festgelegt, die während der Evaluation erzeugt werden, um deren Integration und Austauschbarkeit zu

erleichtern. Dies waren im konkreten Falle Daten, die als ASCII Dateien in einem UNIX oder MS-DOS System erstellt werden können. Zur Formatierung, d.h. der Layout Gestaltung, wurde ein Subset der Funktionalität des in UNIX enthaltenen Textbearbeitungswerkzeuges nroff/troff verwendet.
Die eigentliche Prüfung, der Reviewprozeß, hat zum Ziel, daß das evaluierte System ein Zertifikat erhält oder nicht. Dies ist von einer Vielzahl von Entscheidungen abhängig. Zu Beginn steht dabei die Prüfung der Dokumentation des Systems; darin enthalten ist die Bewertung der im System verwendeten Mechanismen. Daran anschließend findet die funktionale Überprüfung des Systems statt. Sind alle Einzelergebnisse ausgewertet, kann von der zertifizierenden Stelle das Zertifikat erstellt werden. Nachfolgend werden die oben genannten Einzelschritte, aus der Sicht des Herstellers, naher erläutert.

6.1. Die Dokumentationsprüfung

Ziel der Dokumentationsprüfung ist es u.a., den Aufbau, die verwendeten Mechanismen und Algorithmen, sowie die Art der Implementierung zu verifizieren. Anhand der Prüfung sollen in erster Linie Design-Fehler erkannt, sowie Schwachpunkte des Systems ermittelt werden, die durch alleinige Funktionstests sehr schwer oder gar nicht erkannt werden würden. Es werden ebenso Testschwerpunkte abgeleitet, die für die qualitative Güte des Systems ausschlaggebend sind. Nicht zuletzt ist die Dokumentationsprüfung die Basis für die Bewertung der Sicherheitsmechanismen.
Nachfolgend werden die für die SINIX-Evaluation benötigten Dokumente aufgezeigt und wesentliche Aspekte erläutert:

6.1.1. Sicherheitsanforderungen

Das erste und damit das Ausgangsdokument stellen die Sicherheitsanforderungen dar. In den Sicherheitsanforderungen wird

dargestellt, welche Sicherheitsfunktionen im System vorhanden sind und welche Grundbedrohungen damit abgewehrt werden. Um dem Evaluator eine durchgängige Sichtweise zu ermöglichen, wurden in die Sicherheitsanforderungen Verweise einbezogen, die auf die Teile der Designspezifikation referenzieren, in denen die technische Realisierung der Funktionen beschrieben ist.
Das Dokument gliedert sich für SINIX nach den in den IT-Sicherheitskriterien aufgeführten Grundfunktionen:
- Identifikation und Authentisierung
- Rechteverwaltung
- Rechteprüfung
- Beweissicherung
- Wiederaufbereitung

6.1.2. Designspezifikation

In der Designspezifikation muß die Realisierung der Sicherheitsfunktionen vollständig, verständlich und nachvollziehbar beschrieben sein. Für die zu erreichende Qualitätsstufe war dies eine Spezifikation, die in natürlicher Sprache formuliert sein kann.
Bei der Entwicklung von UNIX in den Bell Laboratorien von AT&T stand der Aspekt der Sicherheit nicht im Vordergrund. Daher verteilen sich die Sicherheitsmechanismen auf vertrauenswürdige Prozesse und Teile des UNIX-Kerns. Da SINIX ein auf UNIX basierendes System ist, sind damit architekturelle Randbedingungen vorgegeben. Ein wesentlicher Teil des SINIX-Systems basiert auf Source-Code von AT&T und anderer Lizenzgeber. Für den Hersteller steht der Source-Code zur Verfügung, jedoch keine für eine Evaluation ausreichende Designspezifikation.
Um den Anforderungen zu genügen, wurden zwei Dokumente erstellt. Im ersten Dokument ist die Realisierung der im System vorhandenen Sicherheitsmechanismen beschrieben. Dabei sind globale UNIX-Mechanismen, wo dies möglich war, durch Verweise auf mitgelieferte Literatur abgedeckt. Ein Teil des Dokuments beschreibt die SINIX spezifischen Realisierungen, sowie die Änderungen und

Erweiterungen zu der als Basis dienenden SINIX-Version. Ein Beispiel für Erweiterungen sind die Mechanismen der Beweissicherung.
Der UNIX-Kern realisiert die grundlegenden Betriebssystemfunktionen und kontrolliert den Zugang zu den Betriebsmitteln. Die Schnittstelle zum UNIX-Kern, und damit zu einem Großteil der Sicherheitsmechanismen, bilden die Betriebssystemaufrufe, die System Calls. Es ist daher notwendig, daß alle System Calls mit ihren Funktionen und den jeweiligen Parametern dokumentiert sind. Neben dieser funktionellen Beschreibung, bestehend aus den Benutzermanualen, war es notwendig, auch die technische Realisierung der System Calls zu dokumentieren. Für dieses Dokument (das zweite Dokument) wurden u.a. einzelne Teile des Source-Code durch entsprechende Werkzeuge extrahiert, ausgewertet und aufbereitet.

6.1.3. Anwenderbezogene Dokumentation

Einen weiteren Bestandteil stellt die anwenderbezogene Dokumentation dar. Für SINIX waren dies das Security Features User's Guide und das Security Features Administrator's Guide. Diese Dokumente müssen jedem Anwender, Normal-Benutzer oder Systemverwalter, ein so ausführliches Wissen über die ihn betreffenden Sicherheitsfunktion des Systems vermitteln, daß er in der Lage ist, diese Sicherheitsfunktionen fehlerfrei anzuwenden.

6.1.4. Hard- und Firmware-Beschreibungen

Das zu evaluierende System besteht aus Hardware- und Software-Komponenten.
Da einzelne Sicherheitsmechanismen entweder ganz oder unterstützt durch Hardware-Komponenten realisiert sind, werden Hardware- und Firmware-Beschreibungen zur Evaluation benötigt. Die Beschaffung der Hardware-Beschreibungen bereitet keine Probleme, da sie in der Regel vom Hardware-Hersteller zur Verfügung gestellt werden können. Im Falle des SINIX-Systems waren dies

Beschreibungen der Firma National Semiconductor. Die Firmware-Beschreibung basiert auf firmeninternen Dokumenten.

6.1.5. Testdokumentation

Zum Nachweis der methodischen, systematischen Vorgehensweise beim Test des Systems ist die zugehörige Testdokumentation notwendig. Sie besteht zum einen aus dem Testkonzept und zum anderen aus den Testergebnissen. Auf die Einzelheiten dieser Dokumente wird im nachfolgenden Punkt "Die Funktionsprüfung" näher eingegangen.

Betrachtet man die zur Evaluation benötigten Dokumente so ist ersichtlich, daß zu deren Erstellung, oder Anpassung an die speziellen Belange der Sicherheitsprüfung, ein erheblicher Aufwand investiert werden muß. Dazu zählt ebenso die logische Durchgängigkeit der Dokumente. Dies bedeutet, daß ausgehend von den Sicherheitsanforderungen über die Designspezifikation bis hin zu den Manualen für Benutzer und Administrator dem Evaluator ersichtlich ist, welche Sicherheitsmechanismen in welchen Ausprägungen wo beschrieben sind.
Da der Umfang der gesamten Dokumentation sehr groß ist, ist es zu einer reibungslosen Abwicklung notwendig, daß sie, wo dies möglich ist, auch in maschinenlesbarer Form dem Evaluationsteam zur Verfügung gestellt wird. Dadurch können vom Evaluator z.B. anhand von bestimmten Suchmustern, oder durch entsprechende Sortierkriterien, relevante Informationen (z.B. Querverweislisten) für sein aktuelles Arbeitspaket aus der Dokumentation extrahiert werden.

6.2. Die Bewertung der Mechanismen

Eine Meßlatte der IT-Sicherheitskriterien bilden die im System verwendeten Mechanismen. Diese Mechanismen müssen, um der geforderten Qualität zu entsprechen, eine gewisse Stärke aufweisen.

Da die in den IT-Sicherheitskriterien formulierten Anforderungen keine physikalisch meßbaren Größen sein können, bleibt bei der Bewertung immer noch ein Rest Subjektivität enthalten. Sicherheit kann nicht mit allgemein normierten Meßwerkzeugen gemessen werden, wie z.B. mit einem elektrischen Meßgerät der gültige Bereich einer Spannung von +-5 Volt.
Für die Evaluation des SINIX Systems konnte man auf Vergleichswerte aus den USA zurückgreifen, da dort vom NCSC schon UNIX-Systeme mit ähnlichen Sicherheitskriterien, denen der Trusted Computer System Evaluation Criteria (des Orange Book), evaluiert wurden. Es zeigten sich jedoch Abweichungen von den Entscheidungen in den USA, da die IT-Sicherheitskriterien an einigen Stellen präziser und genauer gehalten sind.

6.3. Die Funktionsprüfung

Durch die Funktionsprüfung werden die sicherheitsrelevanten Funktionen des Systems gegen die in den Sicherheitsanforderungen gemachten Aussagen geprüft.
Dies bedeutet, daß nach der Erstinstallation des Systems sich die Evaluatoren zuerst mit dem System vertraut machen. Daran anschließend werden gezielt Tests des Herstellers nachvollzogen und neue Test durchgeführt. Die Tests ergeben sich dabei aus dem Review der verschiedenen Dokumente.
Damit es für den Evaluator nachvollziehbar ist, wie und was getestet wurde, muß vom Hersteller ein Testkonzept vorgelegt werden. Im Testkonzept ist u.a. ersichtlich mit welcher Methodik getestet wurde. Die Gliederung des Testkonzepts lehnte sich dabei an die der Designspezifikation an.
Die Bandbreite der Tests reichte von der Installation des Systems bis zu Konfigurationstests. Zusätzlich zur sicherheitsrelevanten Funktionalität mußte das SINIX-System ebenso den Anforderungen der X/OPEN (X/OPEN ist eine Vereinigung von UNIX-Herstellern und Benutzern) genügen, die in dem von der X/OPEN herausgegebenen Portability Guide III (X/OPEN XPG III) enthalten

sind. Der X/OPEN XPG III beinhaltet funktionelle Anforderungen und Festlegungen an ein System. Dies bedeutet, daß auch die dafür vorhandene XPG III Testsuite fehlerfrei ablaufen mußte. Zusätzlich zu den Testfällen die durch die XPG III Testsuite abgedeckt sind, wurden bzgl. der sicherheitsrelevanten Belange des Systems insgesamt ca. 800 Einzeltests durchgeführt.
Aufgrund der Vielfalt der durchzuführenden Tests war es erforderlich verschiedene Testmethoden anzuwenden:

- XPG III Testsuite
  Durch die Testsuite wird u.a. ein Teil der Tests der Zugriffskontrollmechanismen (Rechteverwaltung, Rechteprüfung) abgedeckt.
- Interaktive Tests
  Einige Tests, z.B. die des Bediensystems, wurden interaktiv durchgeführt. Dabei wurden u.a. Konfigurationsparameter neben dem Normalablauf hauptsächlich mit Grenzwerten, bzw. mit sich widersprechenden Parametern getestet.
- Tests mit Shell-Prozeduren
  Zur Abdeckung eines Teils des Tests wurden Shell-Prozeduren entwickelt. So wurden z.B. ein Teil der Zugriffsmöglichkeiten der im System eingetragenen Benutzer auf die Daten des Systems (ca. 3000 Dateien und Dateiverzeichnisse nach der Installation) durch Shell-Prozeduren ermittelt.
- Testprogramme
  Für spezielle Test wurden eigens Testprogramme (C-Programme) entwickelt, die z.B. vorgegebene Betriebssituationen nachvollziehen können.
- Penetrationstests
  Eine weitere Testmethode waren gezielte Penetrationstests. Das System wurde dabei gezielt Einbruchsversuchen unterzogen. Dabei mußte sich das System zum einen allen bekannten

Hackertricks gewachsen zeigen und zum anderen weiteren denkbaren Einbruchsversuchen Stand halten.

Bei den meisten Tests stellte die definierte Testumgebung eine besondere Anforderung dar. Da die Ergebnisse wesentlich von der Testumgebung abhängig sind, insbesondere dann, wenn daran mehrere Benutzer und Prozesse beteiligt sind, wurde großes Augenmerk auf die exakte Beschreibung der Testumgebung gelegt. Nur dadurch war es möglich, gezielt Testsituationen exakt nachzuvollziehen.

Der Einzelaufwand für die Tests ist sehr unterschiedlich. Er reicht von der relativ einfachen ja/nein Entscheidung z.B. der Zugriff auf eine Datei ist möglich oder nicht, bis hin zu komplexen, zeitaufwendigen Prüfungen. Ein Beispiel dazu stellt der Mechanismus der Beweissicherung dar. Durch die Beweissicherung können u.a. alle sicherheitsrelevanten System Calls mit ihren Parametern und der globalen Ergebnisaussage (erfolgreich, nicht erfolgreich) protokolliert werden. Zum Test mußten, durch Testprogramme gesteuert, alle im System vorhandenen System Calls (264 System Calls in unterschiedlichen Universen des Systems) ausgeführt werden, die Parameter sowie das Ergebnis festgehalten und mit den Aufzeichnungen der Beweissicherung verglichen werden. Trotz einiger speziell dazu erstellter Hilfsmittel war aufgrund der Komplexität eine zeitaufwendige teilweise visuelle Kontrolle notwendig.

Es erfordert organisatorische und technische Festlegungen sowie eine akribische Vorgehensweise, um die Testphase erfolgreich durchzuführen und die Ergebnisse dem Evaluationsteam zur Verfügung zu stellen. Im Fall von SINIX konnte dies in die vorhandene Qualitätssicherung der SINIX-Systeme eingebettet werden.

7. Fazit

Abschließend werden wesentliche Erkenntnisse aus der Evaluation des SINIX-Systems aufgezeigt:

- Betrachtet man den bislang aufgelaufenen Zeit- und den damit verbundenen Kostenaufwand einer Evaluation, so ist dieser nicht unerheblich. Für die Evaluation des SINIX Systems wurden dabei vom Evaluationsteam für die Dokumentationsprüfung 6 Zeit-Monate und für den Funktionstest ebenso 6 Zeit-Monate angesetzt. Neben den vom Evaluationsteam zu erbringenden Aufwand, muß noch der der Qualitätssicherung seitens des Herstellers gezählt werden. Zu berücksichtigen ist dabei, daß es sich um die erste Evaluation eines UNIX basierenden Systems handelte. Daraus folgt, daß Hersteller als auch Evaluationsteam einen gewissen Lernprozeß durchschritten haben. Der Erfahrungshintergrund spielt generell bei einer Evaluation eine große Rolle. Dies bedeutet, daß bei der Evaluation eines ähnlich gestalteten Systems der Evaluationszeitraum u.U. verkleinert werden kann.

- Ziel zukünftiger Aktivitäten muß es daher sein, auch im Hinblick auf die Verfügbarkeit des Systems beim Kunden den Zeitaufwand für eine Evaluation zu reduzieren. Daß dies natürlich nicht zu Lasten des Prüfungsergebnisses geschehen kann, liegt auf der Hand. Der Zeitaufwand ist jedoch von vielen Randbedingungen abhängig, z.B. der Architektur des Systems und der zu erreichenden Sicherheitsstufe. Beim Design und der Entwicklung neuer Systeme stellt daher der Aspekt der Überprüfbarkeit einen wesentlichen Designschwerpunkt dar.

- Generell kann ein Zeitgewinn erzielt werden, wenn die Evaluation, z.B. die Dokumentationsprüfung, schon während der Entwicklungsphase gestartet wird. Im IT-Evaluationshandbuch wird diese Vorgehensweise als begleitende Evaluation bezeichnet. Damit jedoch die Evaluation nicht zu einem langwierigen Prozeß wird, ist es wichtig, die eigentliche Dokumentationsprüfung erst zu beginnen, wenn die Dokumentation einen entsprechenden Reifegrad erreicht hat. Häufige Änderungszyklen, speziell in den Spezifikationsdokumenten, hätten zum Ergebnis, daß u.U. bereits evaluierte Dokumente ganz oder teilweise mehrmals evaluiert werden müßten. Der vermeintliche Zeitgewinn würde dann zu einer Zeitverzögerung führen.

- Durch den Einsatz von geeigneten Testsuites könnte ein Großteil der Tests automatisiert und damit der zeitliche Aufwand reduziert werden. Eine solche Testsuite ist ein komplexes Gebilde, deren Erstellung erheblichen Aufwand bedeutet. Um den Ergebnissen der Testsuite Glauben zu schenken, muß diese selbst evaluiert, d.h. auf die Korrektheit ihrer Arbeitsweise untersucht werden.

Eine Evaluation verlangt vom Hersteller einen beträchtlichen Aufwand. Dem gegenüber steht jedoch das verstärkte Bewußtsein des Entwicklungsteams gegenüber Sicherheitsbelangen, die der gesamten Systementwicklung zugute kommen. Die gewonnenen Erfahrungen gehen in künftige Evaluationen ein und können den zeitlichen Ablauf beschleunigen.

Für den Anwender hat eine Evaluation im wesentlichen zwei Auswirkungen:
Durch die Evaluation verzögert sich für ihn der Zeitpunkt der Verfügbarkeit des Systems, bedingt durch die unabhängige (doppelte) Prüfung. Er erhält jedoch dann ein System, mit einem definierten Qualitätsstand und damit die Garantie für die korrekte, geprüfte und zertifizierte Funktionsfähigkeit der Sicherheitsmechanismen des Systems. Der letzt genannte Punkt ist sicher in vielen Anwendungsbereichen höher zu bewerten.

State of the Art and Trends in Trusted DBMS

Marvin Schaefer

Abstract.

In the Summer of 1982, the Committee on Multilevel Data Management Sccurity conducted a Summer Study to identify the formal mathematical concepts, policy issues, techniques and technology required to create certifiable multilevel secure database management systems and applications. Since then, several efforts have been undertaken to apply the findings and recommendations of the published study. Also since the study was conducted, criteria have been written to identify (or mandate) requirements for the evaluation, procurement specification or certification of trusted operating systems and networks, and such criteria are currently being drafted and reviewed for trusted database management systems. This paper assesses the status and trends being taken in current trusted database management technology and applied research in the United States.

1. Introduction

Early in 1982, the Air Force Studies Board[1)] established the Committee on Multilevel Data Management Security for the purpose of "[assessing and recommending]... research and exploratory

1) The United States Air Force Studies Board is part of the Commission on Engeneering and Technical Syntems within the National Research Couucil, National Academy of Sclences.

development that will lead to the development of certifiable multilevel database management systems for application in future Command and Control systems. [27]" A thirteen-member Steering Committee was convened, which then initiated a preliminary survey of existing military database management requirements and of the state of the art, conducted a Summer Study in which 55 experts participated, and then refined the results of the study over an additional six months.

The Summer Study was conducted prior to the publication of the *Department of Defense Trusted Computer System Evaluation Criteria* [9] (TCSEC). In lieu of working within any established set of standards or guidelines, the Steering Committee chose to examine a wide range of issues that included:

- access control policies
- security requirements
- application requirements
- performance and efficiency
- access control mechanisms
- potential risks and vulnerabilities
- degrees of assurance

As is common in such studies, the working definitions were taken to be quite broad:

> In its most general interpretation, a database is a structured collection of information. A database management system (DBMS) is intended to serve as the unique means of providing access to the information in a database. [27, page 3]

This generality permitted the Committee to examine applications that included the traditional management of relations (e.g., as in logistics databases), to less orthodox examples of network control centers, message- and document-handling systems, command and control systems, etc.

1.1. Policy

In addressing the access control policy-related issues, the Summer Study distinguished between *data* and *information*. While *data* or *containers* are the traditional entity managed by a [trusted] operating system, it is the *meaning* of interrelated portions of the contents of such containers (i.e., the *information*) that is generally represented in database entities. It is over this information that specific access controls are required.

In the above sense, a sensitive file can be distinguished from a sensitive database. Access to the file is treated uniformly by a trusted operating system: a named user is either permitted to view (or otherwise access) the *entire* file or *none* of it: either the user has a justified need-to-know [and sufficient clearance] to read [modify, delete, ...] the entire file, or access is denied to any portion of the file.

The access control problem for databases is necessarily directed to permitting different users to have specific modes of access to defined *subsets* of a sensitive database. This means that the access control mechanism of the DBMS needs to base its decisions on the *meaning* of collected portions of the information content of the database.

Below, three variations on the theme of information-based access control are discussed.

1.1.1. Views

In many DBMSs a *view* is simply a subset of a database returned by a query. This subset may or may not actually exist within the database, since some queries return calculated values or construct new relationships between existing database entities (e.g., by performing joins or projections in a relational database). In more modern usage, the term 'view' has also come to mean the *query* used to produce the subset of a database referenced in the first sentence of this paragraph. Unless otherwise specified, we use the modern definition of view throughout this paper. The modern definition is commonly used, since it is then straightforward to speak of a database administrator or user defining a view (producing and naming the query), storing a view (saving the query), and defining access controls with respect to a view (placing access controls on the object containing the query). The modern definition is also used because it is dynamic, and affords one a consistent means to characterise or to reference information undergoing change.

A named view can be defined, for example, to identify all personnel working in a technical capacity on a special project in a specific city. As personnel are reassigned or move between cities, the contents of the view change, even though its definition remains constant. A view-based access control policy might require that only corporate executives be permitted to see the portion of the database defined by this view, while only product development managers be permitted to modify portions of the database defined by the view.

By themselves, traditional operating system access control mechanisms are not sufficient to implement such an access control policy. Certainly, the named view could be stored in its own operating system file, e.g., and users could access the text of the view (i.e., read it, modify it, or delete it) only if they could read the file containing it. Thus, access control lists or defined groups could be used to define rights for all executives and all product development managers. However, if users of the DBMS are permitted to formulate and execute *ad hoc* queries, this technique would *not* suffice to keep employees from accessing the data defined by the view.

Many modern DBMSs directly implement view-based access controls, and do not relegate this responsibility to the underlying operating system. The database administrator (DBA) is given the role of creating, naming, and assigning views and modes of access to named users, while the DBMS constrains the ability of users to access the database by all means except via a defined view. Should the user need to formulate new ad hoc queries, these are applied to a subset of the database defined by a view assigned to the user by the DBA.

1.1.2. Value-Based Access Controls

The view mechanism appears to be the most flexible and expressively powerful of all possible mechanisms for defining and controlling database access based on its content. However, the view mechanism is an information-based rather than container-based access control mechanism. Hence, the correctness of the basic view mechanism's implementation, as well as that of the individual definitions of specific named views can be far more complex than would be a DBMS analogue to the container-based controls of trusted operating systems. There is a fundamental difference in the intrinsic complexity of a purely *syntactic* mechanism that can restrict access based on a global characteristic (e.g., name of a database, relation contained within a database, etc.), and one that is required to correctly interpret and process the complete *semantics* of the database and its query language. Even the ability to restrict a view to globally-named attributes (fields) within one or more relations can require significantly more correct functionality than can be assured within the current state-of-the art.

1.1.3. Assurance

The following issues are among those identified with respect to the use of a view mechanism for value-dependent access control:

Complete Mediation. If policy requires users *must* access a view-protected database only using DBA-defined views, the DBMS must assure that no unauthorised user can formulate a query that is not constrained by the relevant view definitions.

Non-circumventability. It must not be possible for a user to obtain different modes of access to a protected database than those defined in the user's authorised views by employing mechanisms available *external* to the DBMS (i.e., by using properties of or utilities provided with the base operating system).

Underlying Functional Dependencies. The correct implementation, interpretation and mediation of views depends upon the correctness of the DBMS components used to parse, compile and execute queries.

Extensible Consistency. The DBMS reference validation mechanism (TCB) grows as new view definitions are added, and analysis technology is needed to assure that the addition of and interaction between new views does not undermine existing protections (i.e., any new view may be written such that it is in conflict with some other set of restrictive views).

These issues raise profound concerns about validating the claim that a view-based access control mechanism is correctly implemented. This issue is significant when one recognises that the implementation of a view definition must be processed beginning with its correct compilation (i.e., the query language parser, compiler and optimiser must act consistent with the semantics of the database(s) as well as with respect to the definition of the query language itself) and all referenced database utilities must execute correctly and consistently when invoked during every view invocation. Hence, the correctness of the reference validation mechanism may depend upon the correctness of *millions* of lines of code.

1.1.4. Dynamic Classification Labels

The Steering Committee received a number of classified briefings in the Spring of 1982 in order to identify typical requirements for multilevel data management security. Several applications were identified in which the classification of data was determined by specific data content and by context. Examples of classification by content include:

- A flight plan may be classified if the passenger list includes specific named officials, but is otherwise unclassified.
- A classified flight plan may become unclassified once the flight has been completed.
- The amount of a specific material at a site may be classified when it lies within a defined range, but be unclassified otherwise.

Examples of classification by context include:

- A user may see the records of employees he supervises, but no others.
- A user may see the records of each employee he supervises if the user's salary is greater than that of the employee, but no others.
- A user may see medical data or financial data on a specific individual, but not both.
- A user may see the records of no more than 23 employees during a week.
- A user may see data on no more than 23 project employees.
- A user may see data on project X only if he has never seen information about project Y, and conversely.

In principle, a view mechanism could be defined to enforce the requisite controls over all *direct* accesses to sensitive data. However, even a correct implementation of the more complex requirements may not be sufficient to preclude *derivation* of unauthorised values by means of inference, aggregation of data, or collusion with other authorised users. [15, 33]

While view-based access controls may be effective for controlling need-to-know *within* a single classification level, there is considerable risk and uncertainty in attempting to control access *between* classification levels with the view mechanism.

1.1.5. Static Classification Labels

The remaining form of value-based access control involves interpreting embedded classification labels explicitly placed *within* defined data structures, or on values within these structures, rather than on the *containers* of these data structures. Presumably, specifically authorised users mark the data with appropriate classification markings at the time of their creation or modification, or during identified classification review periods. Perhaps surprisingly, considerable assurances are required to support the secure interpretation of such static embedded labeling schemes. See Section 4.1.2, below. High-assurance mechanisms, such as a *trusted path* need to be employed to ensure that classification markings are correctly and consistently applied to the classified entities in accordance with the classifying official's directions. The TCB needs to assure that there is no means by which such an embedded classification label could be modified by unauthorised subjects.

2. The Air Force Summer Study

The Summer Study was conducted during an intensive three-week period. Invited participants in the Summer Study included researchers from the United States, Canada, the United Kingdom, and West Germany. In order to provide a broad coverage of the database management requirements identified to the Steering Committee during the briefings, the Summer Study participants were divided into three study groups that operated in parallel. The groups respectively addressed: Near-term Solutions to Secure Database Management, Multilevel Secure Document-Handling System Solutions, and Long-term Requirements of Multilevel Secure Database Systems.

2.1. Group I (Near-Term "Solutions") Recommendations

The need most commonly and urgently identified to the Steering Committee was

> ... the ability to control access to databases in which there are just two data classifications. In this context the individual data entries are generally explicitly labeled according to their classification. Most (95%) of the data is classified at the lower level; most of the data access requirements concern retrieving data from the database, rather than creating new data relationships or performing updates on multilevel views of the database. [27, page 7]

Group I was directed to identify technical approaches to addressing this limited problem in the near-term. Many technologies were considered, and the three that survived scrutiny involved the use of

Kernelised DBMS. Here, either an operating system security kernel (TCB) or one augmented by a small number of trusted DBMS primitives separates the database into two disjoint containers, one classified High, the other Low. The combined TCB enforces the system security policy (i.e., discretionary access controls, the simple security condition and the *-property). An existing Multics-based technological basis for this approach was published in [16,2]

Distributed DBMS. Here, a trusted operating system is connected to two (untrusted) single-level "backend" database processors: one having access only to Low data, the other having access to an integrated database containing both High and Low data. Users would connect to the trusted operating system, and the latter would pass their queries (and updates) to the backend database processor classified to the level of the user's login.

"Spray paint" DBMS. Here, the term "Spray Paint" is used to reference a cryptographic technique (also known as an 'integrity lock') for indelibly labeling data in a database. Group I proposed that every tuple in the database could be explicitly labeled with its security classification[2], and then sealed with Spray Paint such that any modification to either the label or the data in the tuple could be identified by a "security filter". The security filter would be used to apply and seal a label to new data, and to check labels on retrieved data. Clearly, the security filter would be part of the overall TCB. In the basic plan, the security filter would be placed on the communications line between the trusted host processor and an untrusted database processor. The database processor would be protected to the High level, but would contain the entire database. All queries would pass through the filter and all retrieved data would be scanned by the filter prior to release to the trusted operating system. The security filter would allow data to pass through only if the individual tuples were undamaged (i.e., the Spray Painted seal of label with data is intact) and the security level of the retrieved tuples is dominated by the clearance of the requesting process. Only selection operations could be performed on the untrusted backend processor, since joins and projections would destroy the integrity of the integrity lock. Hence, final query processing would have to be performed in the user's domain on the trusted host.

The group was able to identify preliminary principles of operation for these architectures along with a few variations on the themes. Group I recommended that the Air Force undertake near-term (3-5 year) operational prototypes of the three architectural approaches.

2) By the same token, fields within a tuple could also be labeled with their individual security classifications.

2.2. Group II (Multilevel Document Handling) Recommendations

Group II investigated the technologies required to construct a document handling system that is trusted to enforce multilevel security. Three applications were considered:

- word processing systems
- message systems (both formal military message systems and informal message systems, but not message transport mechanisms)
- bibliographic reference systems

These applications shared the common characteristic that the atom (entity) of protection was generally *larger* than its counterpart in a traditional database management system, and the operations and security risks associated with such databases are a subset of the general case (e.g., the inference and aggregation problems would not apply in full generality). One significant requirement for such systems is to permit a user to access some data within a classified container (for which the user is cleared) when the user's active process is *not* executing at a level that dominates the security level of the container. An example would include a user with a Secret clearance wanting to read Unclassified messages while logged in at the Confidential level to a trusted system.

The group found that

> ... it is feasible to build a prototype trusted document-handling system based on the software architecture developed during the study.... Although considerable work will be required, ... substantial technical advances do not seem required. [27, pages 63-64]

The TCB required for such applications is larger than that investigated by Group I.

Group II based much of its work on earlier results from the Naval Research Laboratory's Secure Military Message System

Project. [18] The use of an integrity lock was advocated as a means of detecting unauthorised modifications of data, but was not to serve as the principal means for authorising access to data. Instead, a robust set of rules for traversing nested sets of containers was formulated and subjected to analysis. The group recommended the development of a quick prototype, an unverified full-scale prototype and a verified full-scale prototype. Each of these in turn would then be subjected to analyses in controlled environments.
The Group also recommended the development of

> ... production-quality tools for software verification .. [since]... until such tools exist, there will be no possibility of maintaining code once it is verified because each change to the code requires reverification. At the present time the only verification systems available are research tools, largely at universities. [27, page 88]

2.3. Group III (Long Term Directions) Recommendations

Group III addressed the general data management security problem, including the requirements for data-dependent access controls. Among the group's principal findings are:

- Existing access control policies are often *ad hoc*, complex and inconsistent. It was recommended that well-defined subset access control policies be defined and individually addressed.
- Databases differ considerably from operating systems with respect to the entities that can and should be protected.
- Existing security models for database systems provide a finer granularity of protection than those for operating systems. However, while they provide the granularity for controlling access, they lack context for classifying data by their association with other data, or for addressing

the issues of inference, aggregation, data migration, and sanitisation.

- Complex database protection can be achieved systematically by classifying and protecting views. Group III advocated using the protected view approach to extend the approaches taken by Groups I and II.
- The inference problem cannot be ignored over the long term. It was recommended that security controls for statistical databases be studied to gain insight into methods of addressing the problem.
- Encryption was found to be useful for protecting sensitive data while in transit and for detecting unauthorised modifications to data. However, the general applicability of encryption to protecting stored multilevel data was found to be questionable because of the complexity of multilevel key management.
- Artificial intelligence and expert systems were found to have the potential to offer support critical to the operational use of a trusted DBMS (e.g., to assist a security officer to develop a precise formulation of a classification policy). However, no recommendation was made to use such systems to enforce the policy during system operation.
- Existing tools and techniques for developing and verifying secure operating systems are not readily applicable to databases, or for dealing with requirements such as inference and aggregation or of distributed database systems.
- As a caution, "trying to build a secure database system on top of a nonsecure operating system is not sound; trying to put an untrusted database system on top of a secure (e.g., kernelised) operating system is perilous." [27, page 92]

The group made detailed recommendations for long-term research in all of the above areas. Protected views were the keystone of their recommendations.

2.4. Topics not Addressed During the Study

While attention was given to inferential and statistical attacks on databases, little consideration was given to the exploitation of covert channels. The Summer Study did not address requirements or techniques in database audit, nor was there attention paid to the use of thresholds or other mechanisms to assist in intrusion detection. While the importance of database integrity was generally recognised (i.e., the establishment and maintenance of internal consistency), little attention was given to dealing with security trade-offs between controlling integrity and maintaining data confidentiality.

3. Evaluation Criteria

Approximately a year after the Air Force Summer Study, the Department of Defense Computer Security Center published a preliminary version of the TCSEC. Subsequently, a version of a *Trusted Network Interpretation* [25] (TNI) was published and, as this paper is being written, a *Trusted Database Management System Interpretation* (TDI) is being drafted.

Meanwhile, several of the recommendations from the Summer Study were initiated in limited research and development efforts.[5, 6, 20, 13, 26] In many of these efforts, recommended approaches were found to be somewhat at variance with requirements in the TCSEC and the TNI. For example, TCB minimality and modularity requirements introduced at the B2 level, appear to preclude approaches that use protected views for either mandatory or discretionary access control.

A still-controversial architectural proposal, balanced assurance, [31, 32, 30] seeks to permit mechanisms that enforce "weak" access control policies[3)] to be implemented with lesser degrees of privilege, structure and assurance than those that implement "strong" access control policies. This issue is still under debate.

"TCB subsets" is another fundamental issue under consideration by the authors of the TDI. The base question is how and when a trusted database management system may be integrated with an already-evaluated operating system TCB such that a rating may be established for the combination without requiring the latter to be completely re-evaluated? The question is important because many database vendors produce "portable" DBMSs intended to operate on a large variety of hosts. At the same time, most developers of trusted operating systems consider the internal details of their systems to be proprietary information that they are not willing to share with database vendors. Finally, vendors of trusted operating systems might be loath to participate with vendors of would-be a trusted DBMS if a new evaluation would subject their evaluated product to a new evaluation, requiring more time and potentially additional effort.

Issues about "TCB subsets" are being addressed in current drafts of the TDI and are presently under active debate.

Requirements for DBMS Audit have not been adequately addressed by existing evaluation criteria [29]. While some guidance is anticipated in this area, the notion of a "failed access attempt" takes on a considerably different meaning in the trusted DBMS context than in trusted operating systems (cf. Section 4.1.2).

---

3) Discretionary access control policies are considered to be weak because of the general inability to prove a strong safety condition for their models or implementations [14] intuitively, since any process acting on behalf of an authorised user may create objects into which it my store data that can be read or manipulated by other users. Such a process may constitute a "discretionary" trojan horse threat under a weak access control policy.

The TCSEC and TNI do not deal with *integrity* in the sense often accorded it in the database and transaction-processing communities. Early drafts of the TDI have concentrated most of their attention on information disclosure, and have not addressed integrity issues like: internal or external database consistency, referential integrity, inter-relation integrity constraints, etc. Such issues often introduce the possibility of having to tradeoff some integrity in order to preserve database confidentiality[4)], or vice versa.

4. Current Trends

Even as the National Computer Security Center proceeds with the development of a Trusted Database Interpretation, research has begun to address issues other than just the preservation of label-based confidentiality in database management system. For example, the IFIP WG 11.3 (Database Security) have begun investigations of other (dynamic) access control policies. Among these is the set of policies in use to protect medical databases. [34, 1,8,22] One characteristic of such policies as that both time and context (including who last processed or viewed a record) may determine who next (and in what role) is entitled to access data.
In anticipation of the publication of a TDI, the National Computer Security Center has not yet agreed to evaluate any trusted database management systems. However, several vendors have implemented prototype or production trusted database management systems that appear to comply with the requirements of TCSEC Class C2. [3, 36] Discretionary access control is either provided using underlying operating system access control mechanisms or through the use of protected views. The TCSEC

4) If integrity rules are not classified, a deliberate attempt to violate a rule may permit a user to infer the value of data he is not permitted to view.

provides no database-specific guidance on the interpretation of its many audit requirements, but most vendors have made conservative interpretations of the C2 requirements and produce extensive audit logs.

Limited prototypes have been developed that appear to address the B1 requirements. [28, 17]

At the higher levels of assurance, the Air Force has sponsored three research projects inspired by the Group I report: Unisys Distributed Database Security [28] and LOCK Data Views [13] were based on backend database distributions and the SeaView project (originally based on the Group III protected data views recommendations) are addressing assurance requirements for class A1.

4.1. Applications of Group I (Near-Term "Solutions") Recommendations

Projects are underway based on all three approaches recommended by Group I. These include efforts to implement a an untrusted backend DBMS architecture employing integrity lock technology and a high-assurance security sealer/filter mechanism, [17, 11, 12] single-level backend database machines hardwired to a trusted operating system, [26] and the kernelised approach. [20,13]

Given the existence of two trusted operating systems currently under evaluation by the National Computer Security Center for the B3 or A1 TCSEC levels, the LOCK Data Views and SeaView projects are both striving to satisfy A1 requirements to provide support for more than just two levels of data. The policy model developed in [27] has been extended by SeaView to allow generality in the way attributes are classified in each tuple. The extended policy, called "polyinstantiation" permits any attribute of a tuple other than the primary key to appear with potentially different values in views obtained from distinct classification levels (e.g., the destination for a specific flight may be displayed as London in an Unclassified view of a tuple, while it may be displayed as Deauville in the Confidential view). This is implemented by producing a pairing for each instance of an attribute value with its classification, subject to the constraint that the classification value dominates the classification level of the tuple's primary key. [4]

4.1.1. Embedded Classification Labels

The Group I recommendation addressed safe methods of extracting data from a classified database at classification levels strictly dominated by that of the database. That is, if a database were classified at the Secret level, but it contained some data classified only to the Confidential level, it was intended that a trusted DBMS be capable of displaying data no more sensitive than Confidential to Confidential-cleared users, and to display data classified up to the Secret level retrieved to the Secret cleared users[5)].

In some prototype trusted DBMS implementations, there has been an intention to provide visible classification labelling on the individual classified database entities, rather than just on the view. Such an ability would be useful. If, for example, each tuple were individually classified, the Secret-level analyst would be able to distinguish easily between Confidential and Secret tuples. Unfortunately, in contrast to *interpreting* internal labels during processing, the actual *display* of trusted labels on a terminal has proven to be quite difficult to achieve with high assurance. In part, the difficulty lies in ensuring that no untrusted software can illicitly modify the value of a

5) The assumption is that a Secret-cleared user is connected to the system from a terminal in an environment appropriate for processing Secret-level data, and that the user has logged in at the Secret level. If these conditions do not hold, the trusted DBMS should treat the user as though he were logged in at a lesser classification level.

trusted label between the time it is interpreted by the TCB and the time the computed impage of retrieved data is displayed.

4.1.2. Integrity Lock Limitations

The utility of integrity locks as an access control mechanism for a trusted DBMS has recently been brought into question. Recall that an integrity lock is used in order to detect unauthorised modification to a "sealed" database entity, e.g., a tuple. Such a mechanism permits a trusted security label to be strongly associated with a classified database entitity. In part, the value level of the "seal" depends on the strength of the sealing algorithm and its implementation; it also depends on the ability to ensure that only the TCB can produce a *bona fide* seal and that the TCB has sufficient information on which to base the value of the data and security label sealed into the entity.

There is also the question of how the seal is processed in deciding whether or not to release the sealed data to an untrusted subject's address space. In principle, under the scheme proposed in the Summer Study, the data to be released would be tested for its security level as compared to that of the requesting subject. The Summer Study participants did not consider the question of whether or not the retrieved data originated from the proper source (e.g., whether or not it was retrieved from the proper database, or the proper table within the database. If this consideration is important, then it would appear necessary either to vest some degree of trust in the DBMS *or* to include additional source identification data within a sealed tuple, such as the identity of the relation or database to which it belongs. In either of the latter cases, there is a requirement for additional overhead and potentially for a much more "intelligent" security filter[6].

6) For example, the security filter might have to derive parse the query prior to it's submission to the DBMS in order to be able to check the sealed names in the retrieved data.

It was also discovered that audit data based on the use of a "Spray Paint" mechanism can be quite misleading. [29] If the untrusted DBMS must search the entire database in order to reply to a user query, it is possible that some qualifying tuples will be classified higher than the clearance of the requesting subject. This will result in the security filter refusing to pass those tuples on to the user along with the less-sensitive qualifying tuples. It is required by the TCSEC that "failed access attempts" be audited, but it is unclear how one can differentiate between data illegitimately requested by a user (a failed access attempt) and restrictively-classified data the user never intended to view (but which was retrieved because it qualified for the query and needed to be filtered out by the label-checker).

4.1.3. Covert Channels

With respect to the question of covert channels, it has been observed that it is extremely difficult to determine separately, given an untrusted DBMS, whether or not retrieved data actually *satisfies* a specific query. If a backend DBMS were both untrusted and malicious, it is possible that it could return unqualifying data in response to certain illicit queries. If the unqualifying data were sealed with classification labels denoting the Unclassified level, then a label-checking security filter would always permit the data to be transmitted to its requestor. This observation leaves open the problem of identifying a class of potential covert channel in such architectures.

4.2. Applications of Group II (Multilevel Document Handling) Recommendations

Several prototypes have been built of the Military Message System. [35,23,11,12] To date, none has received a formal evaluation by the NCSC.
The manipulation of entities within containers, (e.g., messages within message files or individual paragraphs within classifed documents), has led to the need to display the accurate classification markings of the individual protected entities. In traditional multilevel systems, there has been little difficulty in finding ways to display the correct classification of a single-level object: it has sufficed to display the classification level of the subject that displays the object.
However, considerable additional complexity is introduced if both the level of the subject and the level of each classified object must be *correctly, unambiguously* and *unspoofably* displayed on a user terminal - particularly on colour or bit-mapped displays. One controversial approach to this problem may be found in [10,37].

4.3. Applications of Group III (Long Term Directions) Recommendations

At the time of this writing, only limited research studies have been conducted in this area. Several papers have been published on difficulties relating to the problems of aggregation and inference. [7, 15,33] At this time, the lack of production-quality verification tools has made it necessary to postpone investigations of more dynamic protected view-based DBMS architectures. The principal reason is the size and complexity of the anticipated TCB.

5. Conclusion

The Air Force Summer Study on Multilevel Data Management Security produced an ambitious research and development agenda. At the time the study was conducted, there were no standard evaluation criteria for trusted systems. Requirements for trusted DBMS indicated a richness of access control policy that was well beyond the 1982 state of the art.

The study produced recommendations for short- and long-term projects. Recent development projects have produced prototypes along the lines of the Group I and Group II recommendations, additional insight has developed to underscore the difficulty of the trusted database management problem. In particular, current insight suggests that:

- The TCB mechanism required to implement protected database views is functionally dependent on the correctness of the database query compiler and optimiser as well as on the underlying database engine. This introduces a complexity problem into the evaluation of the TCB, and may restrict the use of such mechanisms beyond the TCSEC B1 class until verification technology advances.

- The backend database architectures recommended by Group I appear to have been based on unanticipated limitations of the integrity lock mechanism.

- Covert channel problems were not addressed during the Summer Study but could be of considerable importance in systems that need to progress beyond the B1 level.

- Attention needs to be given to access control policies other than military access control. In particular, pursuit of limited dynamic policy applications such as medical databases may provide useful insight.

References

[1] Joachim Biskup. "Protection of Privacy and Confidentiality in Medical Information Systems: Problems and Guidelines". in Workshop on Database Security Monterey, California, September 1888. IFIP WG 11.3.

[2] David A. Bonyun, Michael J. Grohn, et al. A Model of a Protected Data Management System. Technical Report ESD-TR-76-289, ESD/Air Force Systems Command, Hanscom Air Force Base, Massachusetts, June 1976.

[3] John R. Campbell. "An Interim Report on the Development of Secure Database Prototypes at the National Computer Security Center". in Workshop on Database Security Monterey, California, September 1989. IFIP WG 11.3.

[4] D. E. Deuning et al. A Multilevel Relational Data Model. in Proc. 1987 IEEE Symp. Security and Privacy pages 220-234, Oakland, CA, 1987.

[5] D.E. Denning et al. The SeaView Formal Security Policy Model. Technical Report A003: Interim Report, SRI for RADC, July 1987.

[8] D.E. Denning et al. "The SeaView Security Model". in Proceedings, 1988 Symposium on Security and Privacy. IEEE, April 1988.

[7] Dorothy E. R. Denning. "Commutative Filters for Reducing Inference Threats in Multilevel Database Systems". in lEEE Symposium on Computer Security and Privacy. IEEE, April 1987.

[8] John Dobson. "Conversation Structures as a Means of Specifying Security Policy". in Workshop on Database Security, Monterey, California, September 1989. IFIP WG 11.3.

[9] DoD. Department of Defense Trusted Computer System Evaluation Criteria. DoD 5200.28- STD. Department of Defense, Washington, D. C., 1985.

[10] P. T. Cummings D. A. Fullam et al. "Compartmented Mode Workstation: Results through Prototyping". in IEEE Symposium on Computer Security and Privacy. lEEE, April 1987.

[11] Richard D. Graubart. "The Integrity-Lock Approach to Secure Database Management". in IEEE Symposium on Security and Privacy, Oakland, California, 1984. IEEE.

[12] Richard D. Graubart. "Design Overview for Retrofitting Integrity-Lock onto a Commercial DBMS". in IEEE Symposium on Security and Privacy, Oakland, California, 1985. IEEE.

[13] J. T. Haigh et al. Secure Distributed Data Views. Technical Report F30602-86-C-0003 CDRL A007, Honeywell Inc. Secure Computing Technology Center, June 1989.

[14] M. Harrison, W. Russo, and J. UIlman. "Protection in Operating Systems". in Communications of the ACM, pages 461-471. ACM, August 1976.

[15] Thomas H. Hinke. "Inference Aggregation Detection in Database Management Systems". in Proc. 1987 IEEE Symp. Security and Privacy, Oakland, CA, April 1988.

[16] Thomas H. Hinke and Marvin Schaefer. Secure Data Base Management System; Final Report. Technical report, Rome Air Development Center, AFSC, Griffis AFB, Rome, N.Y., November 1975.

[17] R. B. Knode and R. A. Hunt. "Making Databases Secure with TRUDATA Technology". in AIAA/ASIS/IEEE Third Aerospace Computer Security Conference; Applying Technology to Systems, Orlando, Florida, December 1988. AIAA/ASIS/IEEE.

[18] C. E. Landwehr and C. L. Heitmeyer. Military Message Systems: Requirements and Security ModeL NRL Memorandum Report 4925, Computer Science and Systems Branch, Information Technology Division, Naval Research Laboratory, September 1982.

[19] Dr. Henry C. Lefkovits et al. Multilevel Secure Entity-Relationship DBMS. Technical Report RADC-TR-88310, AOG Systems Corporation, January 1989.

[20] Teresa F. Lunt et al. "A Near-Term Design for the SeaView Multilevel Database System". in 1988 IEEE Symposium on Computer Security and Privacy, Oakland, CA, April 1988. IEEE.

[21] Teresa F. Lunt et al. "Element-Level Classification with A1 Assurance". Computers and Security, 1988.

[22] John A. McDermid and Ernest S. Hocking. "Security Policies for Integrated Project Support Environments". in Workshop on Database Security, Monterey, California, September 1989. IFIP WG 11.3.

[23] Catherine Meadows. "Constructing Containers Using a Multilevel Data Model". in Workshop on Database Security. IFIP WG 11.3, September 1989.

[24] NCSC. Proceedings of the National Computer Security Center Invitational Workshop on Database Security. National Computer Security Center, Baltimore, Maryland, June 1986.

[25] NCSC. Trusted Network Interpretation. Technical Report NCSC-TG-005, National Compater Security Center, Baltimore, Maryland, 1987.

[26] LouAnna Notargiacomo, Catherine D. Jensen, et al. Secure Distributed Database Management System (SD-DBMS). Technical Report TM-WD-8905/022, VNiSYS, February 1989.

[27] Committee on Multilevel Data Management Security. Multilevel Data Management Security. Air Force Studies Board, National Research Council, National Academy Press, Washington, D.C., 1983.

[28] P. A. Rougeau and E. D. Sturms. "The Sybase Secure Dataserver: A Solution to the Multilevel Secure DBMS. Problem". in Proceedings of the 10th National Computer Security Conference, Baltimore, Maryland, September 1987.

[29] M. Schaefer et al. "Auditing: A Relevant Contribution to Trusted Database Management Systems". in Proceedings of the Fifth Annual Computer Security Applications Conference, Tucson, Arisona, December 1989. AIAA/ASIS/IEEE.

[30] M. Schaefer and R. Schell. "Toward an understanding of extensible architectures for evaluated trusted computer system products". in IEEE Symposium on Security and Privacy, pages 41-49, Oakland, CA, April 1984.

[31] Lawrence J. Shirley and Roger R. Schell. "Mechanism Sufficiency Validation By Assignment". in Proceedings of the 1981 Symposium on Security and Privacy, pages 26-32, Oakland, CA, April 1981.

[32] William R. Shockley and Roger R. Schell. "TCB Subsets for Incremental Evaluation". in AIAA/ASIS/IEEE Third Aerospace Computer Security Conference: Applying Technology to Systems, Orlando, Florida, December 1987. AIAA/ASIS/IEEE.

[33] Gary W. Smith. "Inference and Aggregation Security Attach Analysis". Technical report, George Mason University, Fairfax, Virginia, September 1988.

[34] T. C. Ting. "Application Information Security Semantics: A Case of Mental Health Delivery". in Workshop on Database Security, Monterey, California, September 1989. IFIP WG 11.3.

[35] B. T. Tretick, M. R. Cornwell, C. E. Landwehr, et al. User's Manual to the Secure Military Message System M2 Prototype. Technical Report NRL Memorandum Report 5757, Naval Research Laboratory, Washington, DC, March 1986.

[36] Linda Vetter, Bill Maimone, et al. Oracle RDBMS Database Administrator's Guide. version 6.0. Oracle, Corp., 1989.

[37] John P. L. Woodward. "Exploiting the Dual Nature of Sensitivity Labels". in IEEE Symposium on Computer Security and Privacy. IEEE, April 1987.

[38] T. D. Wormington and C. E. Giesler. Secure DBMS. Technical Report RADC-TR-81-394, Harris Corporation, February 1982.

Entwicklungstendenzen bei formalen Methoden im Bereich der Computersicherheit

Prof. Dr. Friedrich W. von Henke

1. Zusammenfassung

Methoden der Beschreibung von Computer-Systemen und deren Eigenschaften, des Nachweises solcher Eigenschaften und generell der Analyse von Systemen nennen wir formal, wenn sie sich der Sprache und der Methoden der Mathematik, insbesondere der mathematischen Logik, bedienen. Formale Methoden spielen in der Computersicherheit eine herausragende Rolle. Die Bedeutung formaler Methoden für den Nachweis, daß ein Computer-System gewisse Sicherheitsanforderungen erfüllt, ist schon früh erkannt worden. Entsprechend wurde in den Kriterien zur Bewertung der Vertrauenswürdigkeit von Computer-System sowohl für die USA [6] wie auch später für die Bundesrepublik [15] vorgeschrieben, daß bei der Entwicklung von Systemen, die eine der höchsten Qualitätsstufen erreichen sollen, die Anwendung formaler Methoden erforderlich ist.

Dieser Beitrag erörtert formale Methoden im Zusammenhang mit Computersicherheit. Insbesondere geht er darauf ein, warum formale Methoden für den Bereich der Computersicherheit besonders wichtig sind, welche Methoden hier relevant sind, wie der derzeitige Stand des Einsatzes solcher Methoden und zugehöriger Werkzeuge gesehen wird und wie die weitere Entwicklung aussehen könnte.

2. Warum formale Methoden?

Bei der Herstellung von Software mit herkömmlichen Methoden ist es praktisch unvermeidlich, daß Fehler beim Entwurf oder der Kodierung auftreten. Normalerweise versucht man, durch Testen der fertiggestellten Software oder Software-Teile Fehler zu lokalisieren und anschließend zu korrigieren. Auf diese Weise ist es im allgemeinen möglich, die offensichtlichen Fehler zu entdecken und zu eliminieren. Es ist aber unmöglich, alle Fehler durch testen zu entdecken, da für genügend komplexe Software die Menge der möglichen Eingabedaten, und damit die Menge der möglichen verschiedenen Programmverhalten, so groß ist, daß sie durch Testen niemals hinreichend ausgeschöpft werden könnte. Hinzu kommt, daß die meisten Methoden für das systematische Testen von Software das Testen des funktionalen Verhaltens, d.h. die Relation zwischen Eingaben und Ausgaben betreffen; für das Austesten anderer Eigenschaften sind die vorhandenen Methoden noch unzulänglicher.
Normalerweise ist es möglich, mit Software, die noch ein paar Restfehler enthält, zu leben, so lange die Fehler in der normalen Benutzung nicht zu Störungen führen. Für kritische Software, zum Beispiel Software, die kritische Prozesse steuert, gibt es solche Toleranz für Fehler allerdings nicht. Insbesondere ist es im Bereich der Computer-Sicherheit gerade der Ausnahmefall, der besonders berücksichtigt werden muß. Ein typisches Beispiel ist das Einfügen eines "trojanischen Pferdes": Eine bekannte Methode des unberechtigten Eindringens in ein Computer-System ist, ein Software-Paket mit extra Code zu versehen, der im Normalfall keinen Effekt hat, sondern nur durch wenige oder einen einzigen Satz von Eingabedaten angesprochen wird und dann den gewünschten Effekt herbeiführt. Der Eindringling muß nur diese Daten kennen, während es höchst unwahrscheinlich ist, daß durch Testen die Eingabedaten, die zum abnormalen Verhalten führen, entdeckt werden. Wenn es daher darum geht, ein System daraufhin zu überprüfen, ob zum Beispiel alle Eingaben zu dem vorgeschriebenen Verhalten führen, sind offensichtlich andere Methoden notwendig.

Es gibt Analyse-Verfahren, die eine Grundlage in der Mathematik, insbesondere der mathematischen Logik, haben, und es dadurch im Prinzip erlauben, Aussagen über das Gesamtverhalten eines Computer-Systems zu verifizieren. Wir nennen solche Methoden formal, im Unterschied zu informellen Methoden wie Testen, die sich hauptsächlich auf die Intuition des Systementwicklers und Benutzers stützen; der Unterschied ist jedoch nicht streng, sondern gleitend.

Dieser Beitrag erörtert formale Methoden im Zusammenhang mit Computersicherheit. Diese Darstellung sollte jedoch nicht zu dem Schluß verleiten, daß die formalen Methoden etwas sind, dessen Bedeutung auf den Bereich der Computersicherheit beschränkt ist. Sicherheitsanforderungen sind nur eine Klasse von Eigenschaften, die formalen Methoden zugänglich sind; die meisten Methoden, die hier diskutiert werden, sind nicht auf diesen Anwendungsbereich beschränkt, sondern vielmehr sehr allgemeiner Art.

3. Spezifikation und Verifikation

Wenn man von formalen Methoden im Zusammenhang von Computer-Systemen und speziell Software spricht, so meint man im allgemeinen formale Spezifikation und Verifikation.

Der Begriff Verifikation bezeichnet generell den Nachweis, daß ein Software-Modul "tut, was er tun soll". Im Zusammenhang mit Validierung von Software ("V + V") werden damit meistens informelle Methoden gemeint wie Code-Inspektion, Testen usw. Im Gegensatz hierzu basiert formale Verifikation auf einem formalen System, bestehend aus einer formalen Sprache und einem Satz von Schlußregeln, das heißt einer Logik, in dem die Semantik der Programmiersprache ausgedrückt und Beweise formal ausgeführt werden können.

Spezifikation. Eine Eigenschaft, die für Software (ein System, eine System-Komponente, ein Programm-Fragment) nachgewiesen werden soll, muß in einer Form beschrieben werden, die der formalen Behandlung zugänglich ist. Wir nennen eine solche Beschreibung eine (formale) Spezifikation. Neben der (ausführbaren) Programmiersprache ist daher eine Spezifikationssprache notwendig.

Eine Spezifikationssprache unterscheidet sich von Programmiersprachen zum einen dadurch, daß sie direkt auf einer Logik aufbaut, zum anderen, daß in ihr ausgedrückt wird, was ein System oder Programm tun soll, nicht das wie. Eine Spezifikationssprache ist im allgemeinen unabhängig von einer bestimmten Programmiersprache. Die Logik, die einer Spezifikationssprache zugrunde liegt, ist in den meisten Fällen die Prädikatenlogik erster Stufe oder ein Fragment davon; es werden aber auch zunehmend andere Logiken benutzt, wie Logiken höherer Ordnung, modale Logiken usw., die häufig zu Sprachen mit größerer Ausdruckskraft und dementsprechend kürzeren Spezifikationen führen.

Einer formalen Spezifikation geht im allgemeinen eine informelle Beschreibung voraus, die die Intuition in Umgangssprache wiedergibt. Der Nutzen der Umsetzung der informellen Beschreibung in eine formalen Spezifikation besteht zunächst darin, daß der Benutzer gezwungen wird, die Intuition präzise auszudrücken.

In dieser Weise dient sie sowohl dem Benutzer eines Systems als Dokumentation dessen, was er vom System erwarten kann, wie dem Systementwickler als Richtschnur für die Implementierung.
Die geforderte Genauigkeit hilft, Unklarheiten und Mißverständnisse zu vermeiden. Eine formale Beschreibung kann leichter daraufhin überprüft werden, ob sie die gewünschten Eigenschaften eindeutig und vollständig beschreibt und ob sie Widersprüche enthält.

Verifikation. Formale Verifikation ist ein Konsistenz-Problem. In der traditionellen Form ist logische Konsistenz zwischen der Spezifikation und dem (ausführbaren) Programmtext nachzuweisen in dem Sinne, daß mit Hilfe der zugrundeliegenden Logik gezeigt wird, daß das Programm die Eigenschaften, die durch die Spezifikation ausgedrückt werden, tatsächlich besitzt. Die nachzuweisende Eigenschaft kann das funktionale Verhalten eines Programms sein - was oft mit dem ungenauen Begriff "Korrektheit" gemeint ist - oder eine spezielle Eigenschaft, die nicht unmittelbar Bestandteil des funktionellen Verhaltens ist, wie zum Beispiel Sicherheitsanforderungen.

Verschiedene Paradigmen, wie man zu Spezifikationen, Programmen und Konsistenz-Beweisen kommt, sind entwickelt oder vorgeschlagen worden. Der "klassische" Ansatz für formale Verifikation ist der folgende. Ein Programm wird annotiert mit Bedingungen, die von bestimmten Programmzuständen erfüllt sein müssen. Typische Annotationen sind Bedingungen (oder "Zusicherungen") an Ein- und Ausgabe oder Schleifeninvarianten. Die Annotationen bilden die Spezifikation des Programms. Das Programm wird zusammen mit den Annotationen auf Konsistenz untersucht. Das Korrektheitskriterium ist, daß die Bedingungen in allen Zuständen der Berechnung, auf die sie anwendbar sind, erfüllt sein müssen. Die Methode der "induktiven Bedingungen" [8] erlaubt es, von der Korrektheit der Programmpfade zwischen je zwei Bedingungen auf die Korrektheit des ganzen Programms zu schließen. Eine Verfeinerung dieser Methode baut auf einer axiomatischen Definition der Semantik der Programmiersprache auf [13].
Es werden logische Formeln, Verifikationsbedingungen, generiert [14], die hinreichend sind für den Nachweis der Konsistenz und deren Beweis anschließend separat versucht werden kann.
Dieser Ansatz ist historisch der erste und wurde unterstützt von den frühesten implementierten Verifikationssystemen (Stanford Pascal Verifier, Gypsy, s. unten).
Hoare-Logik ist vor allem für die Spezifikation und Verifikation von prozedurale oder zustandsorientierte Programmen geeignet.

Für funktionale Sprachen sind im allgemeinen Gleichungslogiken oder eine Logik der rekursiven Funktionen geeigneter [18,2]. Konsistenz-Beweisen können auch zusammen mit (oder unmittelbar bevor) dem Programmtext entwickelt werden im Zuge der Programmentwicklung durch schrittweise Verfeinerung, einer Methode, die von führenden Vertretern des Software-Engineering wie Dijkstra, Gries, Hoare und Wirth gelehrt wird. Zum Beispiel kann eine Programmschleife entwickelt werden, indem zuerst die Invariante der Schleife spezifiziert und daraufhin überprüft wird, ob sie eine Lösung beschreibt, und anschließend ein Schleifenrumpf, der der Invarianten entspricht, eingefügt wird. In dieser Weise dient die Invariante als eine Art Richtschnur für die Konstruktion des Schleifenrumpfs. In ähnlicher Weise kann eine Prozedur zuerst spezifiziert werden, etwa durch Ein- und Ausgabe-Bedingungen, die aus der Aufrufumgebung abgeleitet werden; der Prozedurrumpf wird dann so konstruiert, daß er die Ein- und Ausgabe-Bedingungen erfüllt. Im Prinzip wird die gleiche Art von Beweisen für die Verifikation des Programms geführt wie im ersten Ansatz, aber der Beweis beeinflußt direkt die Konstruktion des Programms. Das Resultat dieser gegenseitigen Beeinflussung von Programm- und Beweisentwicklung ist im allgemeinen ein klareres Programm mit weniger Fehlern. Die Tatsache, daß eine Spezifikation formal ist, erlaubt deren maschinelle Behandlung, zum Beispiel für die Überprüfung auf Konsistenz und Vollständigkeit. In gewisser Weise können Spezifikationen "getestet" werden durch (formale) Ableitung von erwarteten Eigenschaften in dieser Weise kann auch untersucht werden, wie weit sie mit dem intuitiven Verständnis übereinstimmen.

4. Hierarchie von Spezifikationen

Formale Spezifikationen können sich über mehrere Ebenen erstrecken. Auf der obersten Ebene werden die Anforderungen an das zu entwickelnde System spezifiziert. Das System selbst wird möglicherweise über mehrere Abstraktionsstufen spezifiziert. Der Quellcode stellt die unterste Ebene dar. Es ergeben sich also mehrere Verifikationsprobleme:

- Die oberste Hierarchiestufe der Systemspezifikation muß konsistent mit den Anforderungen sein (die Anforderungen erfüllen).
- Jede Hierarchiestufe muß konsistent sein mit der Spezifikation auf der darüberliegenden Stufe.
- Der Quellcode muß konsistent sein mit der untersten Spezifikationsebene; dieses Verifikationsproblem wird mit dem Ausdruck Code-Verifikation gemeint.

Formale Verifikation bedeutete ursprünglich Code-Verifikation. Später hat sich zumindest im Zusammenhang mit der Anwendung im Bereich der Computersicherheit der Schwerpunkt auf die Verifikation des Software-Entwurfs (des Designs) verschoben, insbesondere da Code-Verifikation als "zu schwer" galt. Entsprechend sehen die US-Kriterien bisher noch keine Code-Verifikation vor, während die IT-Kriterien in der obersten Qualitätsstufe auch Code-Verifikation erfordern.

5. Sicherheitsmodelle

Die Sicherheitsanforderungen an ein System werden spezifiziert relativ zu einem Modell, das die intendierte Bedeutung dieses Begriffs beschreibt. Die geeignete formale Modellierung von Sicherheitsaspekten ist Gegenstand intensiver Erörterungen. Das Standard-Modell von Bell und LaPadula wird nicht mehr als ausreichend angesehen. McLean [21] diskutiert die Probleme mit der exakten Modellierung von Sicherheitseigenschaften und zeigt, wie die Formalisierung die Lücken in der informellen Beschreibung aufdeckt.

6. Spezielle Methoden für Computer-Sicherheit

Zusätzlich zu den Methoden der Spezifikation und Verifikation, die von genereller Bedeutung auch für andere Anwendungsbereiche sind, gibt es Methoden und Werkzeuge für deren Unterstützung, die speziell auf Computersicherheit zugeschnitten sind. Hierzu gehört die Analyse auf multilevel security (MLS), bei der überprüft wird, wo und in welcher Form in einem System Informationsflüsse zwischen Sicherheitsniveaus stattfinden. Die MLS-Analyse identifiziert Informationsflüsse, der implizit in einer Spezifikation enthalten ist, und erzeugt Verifikationsbedingungen für die Sicherheit solcher Flüsse: Die Verifikationsbedingungen müssen als erfüllt (d.h. wahr) bewiesen werden, um sicherzustellen, daß die Flüsse sicher sind.
MLS-Analyse stellt auch sicher, daß die Spezifikationen genügend vollständig sind, so daß keine anderen Flüsse auftreten können außer denen, die in der ersten Kategorie der Analyse identifiziert wurden.

7. Werkzeuge

Der Einsatz von Spezifikations- und Verifikationsmethoden in größerem Stil erfordert maschinelle Unterstützung durch Verifikationssysteme und Entwicklungsumgebungen.

In den vergangenen 10-12 Jahren ist die Entwicklung von Verifikationsmethoden und von Systemen, die sie implementieren, in den USA fast ausschließlich vom National Computer Security Center (NCSC) unterstützt worden, entsprechend dem starken Interesse an formaler Spezifikation und Verifikation, das sich in den Kriterien (dem Orange Book) [6] widerspiegelt. Das NCSC unterhält eine Liste von Werkzeugen, die für Verifikation überprüft und genehmigt worden sind, die Endorsed Tools List (ETL), und hat Richtlinien publiziert für Verifikationssysteme, die in die ETL aufgenommen werden sollen [11]. Entsprechende Aktivitäten sind inzwischen auch in der Bundesrepublik begonnen worden.

Im folgenden geben wir einen kurzen Überblick über einige Spezifikations- und Verifikationssysteme, die (in den USA) bereits im Bereich der Computer-Sicherheit eingesetzt worden sind oder für einen solchen Einsatz gedacht sind. Die Entwicklung der meisten von ihnen ist in gewissem Umfang von diesem Einsatz beeinflußt. Die Beschreibung ist in keiner Weise als eine vollständige Aufzählung existierender Verifikationssysteme gedacht.

GVE. Die Gypsy Verifikationsumgebung GVE ("Gypsy Verification Environment") [10] ist eines der ersten Verifikationssysteme, entwickelt an der University of Texas at Austin. Die Sprache Gypsy ist eine Programmiersprache mit Zusicherungen. GVE ist wohl zur Zeit das am weitesten verbreitete und benutzte Verifikationssystem; es ist eines der Systeme auf der ETL.

HDM. HDM ("Hierarchical Development Methodology") [17], entwickelt am SRI, ist primär eine Entwurfsmethode für die hierarchische Entwicklung von Systemen und kein vollständiges Verifikationssystem. Die HDM-Werkzeuge implementieren die Sprache SPECIAL ("SPECIfication and Assertion Language"); sie dient zur Spezifikation verschiedener Abstraktionsebenen in Form von zustandsorientierten abstrakten Maschinen und der Abbildungen zwischen den Ebenen.

Das HDM-System enthält ein spezielles Werkzeug für MLS ("multilevel security") Datenflußanalyse [7]. Formeln, die bewiesen werden müssen, werden in die Eingabe-Sprache des Boyer-Moore Beweisprogramms (s. unten) übersetzt. HDM ist jetzt im wesentlichen abgelöst von der Neuentwicklung EHDM (s. unten).

FDM/Ina Jo. Das FDM (Formal Development Methodology) System besteht aus der Sprache Ina Jo und dem Beweisprogramm ITP. Ina Jo ist eine zustandsorientierte Spezifikationssprache, die die

Beschreibung abstrakter Zustandsmaschinen mit Zustandsinvarianten und, ähnlich HDM, Spezifikation auf verschiedenen Abstraktionsebenen unterstützt. Das System benutzt den VCG-Ansatz und enthält ein MLS-Werkzeug. FDM ist eines der System auf der ETL.

EHDM. EHDM ("Enhanced Hierarchical Development Methodology") [24] ist trotz des Namens eine Neuentwicklung am SRI, die mit dem ursprünglichen HDM hauptsächlich die generelle Ausrichtung gemeinsam hat. Die Sprache ist eine Spezifikationssprache, die auf einer getypten Logik höherer Ordnung aufbaut. Sie bietet sehr allgemeine Konstrukte für Modularisierung und Parametrisierung; diese Konstrukte sind besonders wichtig für die Unterstützung der Wiederverwendbarkeit von Spezifikationen. Eine Untersprache für zustandsorientierte Spezifikationen dient der Modellierung von imperativen Programmen. Das System umfaßt keine Programmiersprache; stattdessen enthält es einen Übersetzer, der die zustandsorientierte Untersprache automatisch auf äquivalente Ada-Programme abbildet.

Das EHDM-System ist eines der wenigen Systeme, die hierarchisch gegliederte Spezifikationen mit Konsistenz-Überprüfung zwischen Abstraktionsebenen unterstützen. Die Beweiserkomponente kombiniert Entscheidungsprozeduren mit einem Beweiser für volle Prädikatenlogik erster Stufe und einer Beweisprozedur für Hoare-Logik. Die integrierte Entwicklungsumgebung bietet Unterstützung für Modul-Bibliotheken und ein MLS-Werkzeug ähnlich dem von HDM.

SDVS. SDVS ("State Delta Verification System") [20] ist ursprünglich entwickelt worden für die Unterstützung von Mikrocode-Verifikation. State-deltas, Beschreibungen von Zustandsveränderungen, stellen das zentrale Spezifikationshilfsmittel dar. Das System benutzt eine Variante des Nelson-Oppen-Beweisers. SDVS wird weiterentwickelt unter anderem mit dem Ziel, die Verifikation von Ada-Programmen zu unterstützen.

Boyer-Moore-Beweiser. Der Boyer-Moore Theorem Prover [2,3] ist ein reines Beweisprogramm, das vielfach für Verifikation eingesetzt wird. Seine Sprache ist die rein funktionale Sprache der rekursiven Funktionen. Eine der Hauptstärken des Beweisers sind die Heuristiken für Induktionsbeweise.

m-EVES. m-EVES [5], in Entwicklung bei I.P. Sharp in Kanada, ist aus einem Euklid-Verifikationsprojekt hervorgegangen. Die zwei Hauptkomponenten sind die Sprache, m-Verdi, und das Beweisprogramm, NEVER. m-Verdi ist eine kombinierte Spezifikations- und Programmiersprache, im wesentlichen äquivalent zu einem Pascal-Fragment mit Annotationen. Das Schwergewicht liegt auf der Bereitstellung einer formalen, mathematisch begründeten Semantik der Sprache als Grundlage für formale Beweise. Der gewählte Verifikationsansatz ist die Generierung von Verifikationsbedingungen mit nachfolgendem Beweis.

Das Beweisprogramm NEVER kombiniert mehrere bekannte Beweistechniken. Es unterstützt Vereinfachung, Termersetzung, Reduktion und Heuristiken für Induktion ähnlich denen des Boyer-Moore-Beweisers. Das System ermöglicht sowohl interaktives wie auch automatisches Beweisen.

Andere Systeme, die für Verifikation eingesetzt worden oder einsetzbar sind, sind unter anderen:

- Unter den Systemen, die algebraische Spezifikationen und Termersetzung implementieren, ist AFFIRM [9, 22] für Anwendungen in der Computer-Sicherheit in Betracht gezogen worden.
- Larch [12] und Anna [19] sind Spezifikationssprachen, die geeignet sind, Verifikation zu unterstützen. Anna ("ANNotated Ada") ist eine Erweiterung von Ada um Spezifikationskonstrukte. Die Erweiterungen sind so weit wie möglich den Ada-Regeln für Syntax und Semantik angelehnt.

Anna ist gegenwärtig implementiert nur als ein System für die Überprüfung von Annotationen zur Laufzeit ("runtime checking"). Einige der hier genannten Verifikationssysteme wurden in vergleichenden Studien beschrieben:

Cheheyl et al. [4] wertet die Systeme HDM, Ina Jo/FDM, GVE und Affirm aus in Hinblick auf deren Anwendung für Verifikation von Computer-Sicherheit. Eine andere Studie [16] behandelt Affirm, FDM, Gypsy und EHDM.

Die hier erwähnten Verifikationswerkzeuge beschränken sich alle auf die Unterstützung sequentieller Sprachen mit höchstens rudimentären Elementen für die Beschreibung und Verifikation verteilter Systeme und nebenläufiger Prozesse; nichtsequentielles Verhalten kann im allgemeinen nur indirekt modelliert und spezifiziert werden. Es existieren eine ganze Reihe von formalen Systeme zur Beschreibung von verteilten und nebenläufigen Prozessen, aber sie haben bisher noch keinen wesentlichen Eingang gefunden in Systeme, die im Bereich der Computersicherheit eingesetzt werden, und die Implementierungen für solche Systeme befinden sich in der Regel noch in einem sehr vorläufigen Stadium und sind kaum mit den erwähnten Verifikationssystemen vergleichbar.

8. Diskussion

Formale Spezifikation hat auch ihre Grenzen. Spezifikationen sind im Prinzip genauso fehleranfällig wie die Software oder Systeme, die sie spezifizieren. Andrerseits werden Spezifikationen typischerweise auf einer höheren Abstraktionsebene gegeben, so daß es einfacher ist, sie zu überprüfen, zum Beispiel mit Hilfe der oben erwähnten Methoden. Formale Spezifikation und Verifikation ist sehr aufwendig. Der erhebliche Aufwand dafür läßt sich daher nur vertreten in speziellen Situationen, zum Beispiel wenn keine anderen Methoden zur Gewährleistung der benötigten Eigenschaften zur Verfügung stehen (z.B. wenn sie nicht realistisch getestet werden können). Eine solche Situation ist gegeben im Zusammenhang mit dem Nachweis von Sicherheitseigenschaften für Systeme, die besonders hohen Anforderungen genügen müssen.

Im allgemeinen wird ein System nicht vollständig formal behandelt, sondern man beschränkt sich auf die formale Behandlung von begrenzten, kritischen Programm- oder Systemteilen und begnügt sich mit der Spezifikation und Verifikation derjenigen Aspekte, die von besonderem Interesse oder besonderer Bedeutung sind. Im Bereich der Computersicherheit wird man sich in der Regel auf Spezifikation und Verifikation der sicherheits-relevanten Eigenschaften beschränken und andere Aspekte wie funktionales Verhalten weitgehend auslassen. Eine solche Beschränkung ist nicht allein schon wegen der Kosten notwendig, sondern ist auch methodisch sinnvoll: nicht alle Systemteile und System-Eigenschaften sind für die Sicherheit von gleicher Bedeutung.
Wegen des hohen Aufwands, den formale Spezifikation und Verifikation erfordern, sind die Kosten für deren Anwendung sehr hoch, vor allem für die Zeit, die selbst ein gut ausgebildeter Benutzer aufwenden muß. Obwohl Verifikation in großem Stil im Prinzip möglich ist, ist das Verhältnis von Kosten und Nutzen derart, daß formale Verifikation (im Sinne von maschinell unterstützten Beweisen) zur Zeit nur gerechtfertigt ist für kritische System- oder Programmkomponenten. Außerdem lassen sich die Kosten für Verifikation nicht gut im voraus abschätzen, da der notwendige Aufwand oft nicht in einem direkten Verhältnis zur Schwierigkeit des Problems steht.

In diesem Zusammenhang stellt sich die Frage, wieweit der Nutzen von FSV mit weniger aufwendigen und vielleicht weniger formalen Methoden erreicht werden kann. Die industrielle Anwendung von Z und VDM in England gibt ein Beispiel für eine mögliche Lösung. Ein anderes Beispiel ist der Clean Room von IBM.

Die Praxis der formalen Spezifikation und Verifikation ist noch nicht so weit fortgeschritten, wie die Entwicklung von Methoden und Werkzeugen über mehr als 15 Jahre hin vermuten lassen könnte. Es gibt zum Beispiel nur relativ wenige umfangreiche Fallstudien, die als Muster für Anwender dienen könnten. Der effiziente Einsatz von formaler Spezifikation und Verifikation wird auch behindert durch den Mangel (zumindest in den USA) an entsprechend ausgebildetem Personal mit den nötigen Spezialkenntnissen.

Die mechanische Unterstützung des formalen Beweisens stellt einen der größten Engpässe dar. Es ist sicher notwendig, schnellere und bessere Beweisprogramme zu entwickeln, aber nicht ausreichend. Um einen höheren Grad von Produktivität zu erreichen, müssen die Beweisprogramme zusätzlich ergänzt werden durch umfangreiche Bibliotheken von Standardkonzepten und zugehörigen Lemmata, so daß Beweise nicht bis auf die elementarste Ebene zurückgeführt werden müssen.

In den USA läßt sich eine Tendenz beobachten, die Anwendung von formaler Spezifikation und Verifikation im Bereich der Computer-Sicherheit als eine formalistische Übung ohne direkten Bezug zur Entwicklung der eigentlichen Software zu betreiben. Dies ist umso mehr bedauerlich, als die semi-formale Anwendung der Spezifikationssprachen Z und VDM vor allem in der britischen Industrie den Nutzen solcher Methoden gezeigt hat. Es ist unbedingt notwendig, Spezifikation und Verifikation in den Prozeß der Software-Entwicklung zu integrieren. Dies ermöglicht dann, die formalen Methoden mit traditionelleren, informellen Methoden wie z. B. Testen, Überwachung zur Laufzeit usw. zu verbinden, so daß die Methoden sich gegenseitig ergänzen und unterstützen können. Verifikationssysteme sollten entsprechend als offene Systeme oder kombinierbare System-Komponenten konzipiert und implementiert werden.

9. Weitere Entwicklungen

9.1. Verifikation von Werkzeugen und vollständigen Systemen

In der Bewertung der Qualität eines Systems spielt auch die Qualität der verwendeten Werkzeuge eine Rolle. Außerdem ist formale Verifikation nur so gut wie die Modellierung der Realität in der Semantik der Sprachen und Prozessoren (z.B. Laufzeit-Verhalten, Eigenschaften der unterliegenden Hardware und der Übersetzer). Es besteht immer die Gefahr, daß einem Beweises zu viel Bedeutung beigemessen wird aus Unkenntnis der (meist vereinfachenden) Annahmen, auf denen der Beweis beruht. Die Annahmen über die Ausführungsumgebung müssen zumindest explizit und exakt beschrieben werden.

Man kann versuchen, die Zuverlässigkeit und Vertrauenswürdigkeit der Werkzeuge zu erhöhen, indem man auch sie einer ähnlichen Analyse unterwirft wie die zu verifizierenden Systeme. Die IT-Kriterien enthalten für die höheren Qualitätsstufen Anforderungen an die verwendeten Werkzeuge in dieser Richtung. Hierzu gehören die Angabe einer formalen Syntax und Semantik für die verwendete Programmiersprache, der Nachweis, daß der verwendete Übersetzer die Semantik auch tatsächlich implementiert, eine formale Definition der Maschinensprache des verwendeten Prozessors, und ähnliches.

Darüber hinaus kann man versuchen, das Gesamtsystem, bestehend etwa aus Hardware, Betriebs- und Laufzeitsystem, Übersetzer und Anwender-Software, formal zu spezifizieren und zu verifizieren. Ein Versuch, eine solche Gesamt-Verifikation für ein exemplarisches, wenn auch kleines, System durchzuführen, läuft zur Zeit bei Computational Logic Inc. [1]; dasselbe Problem wird auch in einem britischen Projekt angegangen. Die formale Verifikation eines Gesamtsystems kann zum gegenwärtigen Zeitpunkt nur im Rahmen eines Forschungsprojekts angegangen werden; es ist zu hoffen, daß der Stand der Technik sich so fortentwickelt, daß sie in absehbarer Zeit nicht mehr hauptsächlich Zukunftsmusik ist.

9.2. Konstruktive Ansätze

In dem Bestreben, vollständig verifizierte Gesamtsysteme zu entwickeln, sollten Ansätze hilfreich sein, die einen mehr konstruktiven Weg verfolgen. In der systematische Entwicklung von Programmen aus Spezifikationen geht man von einer abstrakten Spezifikation aus, die über möglicherweise mehrere Zwischenebenen in ausführbaren Programmtext transformiert wird. Ein solcher Ansatz hat den Vorteil, daß der Programmierer das intendierte Programmverhalten nicht mehrfach ausdrücken muß. Die Transformationen können informell oder als formalisierte Transformationsregeln angewandt werden. Eigenschaften von Transformationsregeln können vorab so bewiesen werden, daß die erzeugten Programme aufgrund der Art, wie sie konstruiert worden sind, nachweislich den Ausgangsspezifikationen genügen. Der Konstruktionsprozeß erfordert allerdings oft zusätzliche Beweise, zum Beispiel um die Anwendbarkeitsbedingungen von Transformationen nachzuweisen. Mehrere umfangreiche Sammlungen von Transformationen sind entwickelt worden, hauptsächlich für die Manipulation von Code (für eine Übersicht siehe [23]).
Im allgemeinen sind die Transformationen nicht völlig formal behandelt worden; so fehlt meistens die formale Begründung, die die Grundlage für "Korrektheit durch Konstruktion" bildet. Vollautomatische Entwicklung von Code ("automatisches Programmieren") ist bisher in nur sehr begrenztem Umfang erfolgreich gewesen; hingegen ist die - im wesentlichen interaktive Entwicklung mit Hilfe von Transformationen erfolgversprechend.

Von unmittelbar größerer Bedeutung für die Anwendung bei der Computersicherheit ist wahrscheinlich wichtiger eine Entwurfsmethode, die von der modularen Struktur von Systemen ausgeht und unter dem Nahmen "hook-up security" bekannt ist [25]. Hierbei geht es um Methoden, die Sicherheitseigenschaften eines größeren Software-Systems aus den entsprechenden Eigenschaften seiner Teile abzuleiten, wobei nur die Art und Weise der Verbindungen zwischen Teilen in Betracht gezogen wird. Auf diese Weise können die Teile und das Gesamtsystem jeweils separat der Analyse unterzogen werden.

Insgesamt wird deutlich, daß die Technologie für formale Spezifikation und Verifikation noch lange nicht so weit ausgereift ist, daß sie routinemäßig in der System-Entwicklung angewandt werden kann; hierzu ist weitere intensive Forschung und Entwicklung notwendig. Langfristig werden sich die formalen Methoden in der Praxis durchsetzen in dem Maße, in dem sie als integraler Bestandteil des Software-Entwicklungsprozesses angesehen und akzeptiert werden und ihr Nutzen für diesen Prozeß unbestritten ist.

Literaturverweise

[1] W. R. Bevier, W. A. Hunt, J.S. Moore, und W. D. Young. An approach to systems verification. Journal of Automated Reasoning, 5(4):411-428, Dec. 1989.

[2] R. S. Boyer und J S. Moore. A Computational Logic. Academic Press, New York, 1979.

[3] R. S. Boyer und J S. Moore. A Computational Logic Handbook. Academic Press, New York, 1988.

[4] M. Cheheyl et al. Verifying security. Computing Surveys, 13(3):279-339, September 1981.

[5] D. Craigen. m-EVES. In Proc. 10th National Computer Security Conference, pages 109-117, NBS/NCSC, Baltimore, September 1987.

[6] Department of Defense Trusted Computer System Evaluation Criteria. Department of Defense December 1985. DOD 5200.28-STD (supersedes CSC-STD-001-83).

[7] R.J. Feiertag. A Technique for Proving Specifications are Multilevel Secure. Technical Report CSL-109, SRI International, Computer Science Laboratory, January 1980.

[8] R.W. Floyd. Assigning meanings to programs. In J.T. Schwartz, editor, Proceedings of a Symposium in Applied Mathematics, R.W. Floyd, American Mathematical Society, 1967. Vol. 19.

[9] S.L. Gerhart, D.R. Musser, D.H. Thompson, D.A. Baker, R.L. Bates, R.W. Erickson, R.L. London, D.G. Taylor, und D.S. Wile. An overview of AFFIRM: a specification and verification system. In Information Processing 80, S.H Lavington (Ed.), pages 343-348, October 1980. North Holland Publishing Company.

[10] D. I. Good, R. L. Akers, und L. M. Smith. Report on Gypsy 2.05. Technical Report, Computational Logic, Inc., October 1986.

[11] Guidelines for Formal Verification Systems. National Computer Security Center, April 1989. NCSC-TG-014 Version-1.

[12] J. V. Guttag, J. J. Horning, und J. M. Wing. Larch in five easy pieces. Technical Report 5, DEC Systems Research Center, July 1984.

[13] C. A. R. Hoare. An axiomatic basis of computer programming. Communications of the ACM, 12(10) 576-580, Oct 1969.

[14] S. Igarashi, R.L. London, und D.C. Luckham. Automatic program verification I: logical basis and its implementation. Acta Informatica, 4:145-182, 1975.

[15] IT-Sicherheitskriterien, Kriterien für die Bewertung der Sicherheit von Systemen der Informationstechnik (IT). hrsg. ZSI, Zentralstelle für Sicherheit in der Informationstechnik, Januar 1989.

[16] R. A. Kemmerer. Verification Assessment Study Final Report. Technical Report C3-CR01-86 National Computer Security Center, Ft. Meade, MD., 1986. 5 Volumes.

[17] H. N. Levitt, L. Robinson, und B. Silverberg. The HDM Handbook, vols. I, II,III. Technical Report, Computer Science Laboratory, SRI International, June 1979.

[18] J. Loeckx und H. Sieber. The Foundations of Program Verification. Wiley-Teubner Series in Computer Science, B. G. Teubner, Stuttgart, 1984.

[19] D. C. Luckham, F. W. von Henke, B. Krieg-Brückner, und O. Owe. ANNA - A Language for Annotating Ada programs. Lecture Notes in Computer Science vol. 260, Springer-Verlag, 1987.

[20] L. Marcus, S. D. Crocker, und J. R. Landauer. SDVS: a system for verifying microcode correctness. In 17th

Microprogramming Workshop, pages 246-255, IEEE, October 1984.

[21] J. McLean. The specification and modeling of computer security. IEEE Computer, 23(1):9-16, Januar 1990.

[22] D.R. Musser. Aids to hierarchical specification structuring and reusing theorems in AFFIRM-85. In Proceedings VERkshop III pages 2-4, Watsonville, CA., February 1985. Published as ACM Software Engineering Notes, Vol. 10, No. 4, Aug. 1985.

[23] H. Partsch und R. Steinbrueggen. Program transformation Systems. Computing Surveys, 15(3):199-236, 1983.

[24] F. W. von Henke, J. S. Crow, R. Lee, J. M. Rushby, und R. A. Whitehurst. The EHDM verification environment: an overview. In Proc. 11th National Computer Security Conference, NBS/NCSC, Baltimore, October 1988.

[25] D. G. Weber und B. Lubarsky. The SDOS project - verifying hook-up security. In Proc. 3d Aerospace Computer Security Conference, pages 7-14, 1987.

Funktionalitätsklassen von Expertensystemen und die Verifikation adaptiver Systeme

Prof. Eberhard Schöneburg

Abstrakt:

Durch die zunehmende Verbreitung von Expertensystemen in vielen industriellen Bereichen und öffentlichen Institutionen kommt der Zuverlässigkeit dieser Systeme bei der Verarbeitung sensitiver Daten immer größere Bedeutung zu. Mit dem hier vorgestellten Konzept von Funktionalitätsklassen für Expertensysteme wird ein Ansatz erläutert, der es gestattet, die Sicherheit und Zuverlässigkeit von Expertensystemen und Expertensystem-Shells zu bewerten. Darüberhinaus wird die Thematik der Verifikation lernfähiger, d.h. adaptiver Systeme (wie z.B. Neuronale Netzwerke) angesprochen. Hier ergeben sich gänzlich neuartige Problemstellungen für die Forschung.

Auf die sicherheitstechnischen Probleme beim Einsatz von Expertensystemen wurde bereits mehrfach hingewiesen (siehe [1], [2] S.62ff und [3] S. 12ff). Wegen der zunehmenden Verbreitung von Expertensystemen wird es immer wichtiger, die Sicherheit dieser Systeme beurteilen zu können und Werkzeuge zur Verfügung zu stellen, mit denen vertrauenswürdige Expertensystemanwendungen realisiert werden können. Wir wollen deshalb hier das in [1] erarbeitete Konzept der Funktionalitätsklassen vorstellen, auf deren Grundlage eine Sicherheitsbewertung von Expertensystemen und Expertensystem-Shells möglich ist.

Die sicherheitstechnische Bewertung von Expertensystemen geht zunächst davon aus, daß eine direkte Evaluation von Expertensystemen mit ihren jeweiligen konkreten Wissensbasen aus vielfältigen Gründen nicht sinnvoll ist. Das Haupthindernis dabei ist, daß bei einer Evaluation die spezielle Ausprägung der Wissensbasis des Expertensystems für die Sicherheit des Systems eine entscheidende Rolle spielen kann. Wissensbasen, die sich ihrem Inhalt nach nur in einem einzigen Element (etwa einer Regel oder einer Meta-Regel) unterscheiden, können sich dennoch hinsichtlich ihrer Sicherheitseigenschaften wesentlich unterscheiden.

Aus diesem Grund müßte jede spezielle Version, jede Veränderung, Erweiterung, Portierung etc. und der aktuelle Inhalt der Wissensbasis bei einer Evaluation berücksichtigt werden. Ein derartiger Ansatz würde jeden sinnvollen organisatorischen Rahmen einer Sicherheitsüberprüfung (und insbesondere einer Evaluationsbehörde) sprengen. Zudem ist gerade die relativ leichte Veränderbarkeit und Erweiterbarkeit von Wissensbasen gegenüber konventionellen Programmsystemen wichtig für die Akzeptanz von Expertensystemen.

Wir haben daher in [1] einen Ansatz vorgeschlagen, der die Evaluierung von Expertensystem-Shells zum Ziel hat. Da wir aber Expertensysteme lediglich als eine Betriebsart (Anwendung) von Expertensystem-Shells ansehen und definieren, können wir die Sicherheit von Expertensystem-Shells wiederum auf die Sicherheit ihrer Anwendungen zurückführen und erhalten dadurch indirekt auch eine Evaluierung der Expertensysteme (jedoch unabhängig vom aktuellen Inhalt ihrer Wissensbasen 1)

Durch die Definition der Expertensysteme als spezielle Anwendungsformen oder Betriebsweisen von Expertensystem-Shells erhalten wir eine Normierung zu betrachtender Systeme und eine Reduzierung der potentiellen Anzahl zu evaluierender Systeme. Es müssen nur noch die Entwicklungswerkzeuge für Expertensysteme, die Shells, bewertet werden und nicht etwa diverse Applikationen pro Shell.

Die Idee ist, Expertensystem-Shells als eine Art Compiler zu betrachten, die andere Programme erzeugen - hier die jeweiligen Expertensysteme. Nur durch diesen "Trick" wird die Evaluierung von Expertensystemen mit vertretbarem Aufwand durchführbar und praktikabel.

Wann ist eine Expertensystem-Shell sicher ?

Die Sicherheit von Expertensystem-Shells soll in zweierlei Hinsicht definiert werden:

1. als Sicherheit im Sinne der Nicht-Modifizierbarkeit von sicherheitsrelevanten Systemkomponenten und
2. als Sicherheit zum Zweck des Schutzes vertrauenswürdiger Daten, die mit den Shells verarbeitet werden sollen.

Die Sicherheit von Shells wird, wie oben angedeutet, auf die Sicherheit der Applikationen der Shells, also auf die eigentlichen Anwendungen, zurückgeführt. Gleichzeitig wird die Sicherheit der Anwendungen einer Shell mit der Sicherheit der Shell (dem Entwicklungstool) verknüpft. Die Shell und die mit ihr erzeugten Applikationen, die jeweiligen Expertensysteme, bilden nach diesem Ansatz sicherheitstechnisch eine Einheit. Dies ist intuitiv sinnvoll, da ein Expertensystem, das mit einer unsicheren Shell entwickelt wurde, in der Regel ebenfalls unsicher sein wird.

Damit soll jedoch nicht gesagt werden, daß es unmöglich wäre, mit einer "unsicheren" Shell "sichere" Applikationen zu erzeugen. Dies kann sehr wohl möglich sein, z.B. dann, wenn nachweislich in der Applikation alle "unsicheren" Funktionen der Shell fehlen, oder wenn in eine Applikation zusätzliche Sicherheitsfunktionen eingebunden werden, die die Mängel der Shell quasi wieder aufheben. Nur werden solche Fälle im allgemeinen eher die Ausnahme darstellen und nur schwer nachweisbar sein.

Ebenso ist es möglich, daß mit einer "sicheren" Shell "unsichere" Applikationen erstellt werden. Dies wird mit dem in [1] entwickelten Konzept nicht verhindert und kann theoretisch auch nicht verhindert werden. Denn falls beispielsweise klassifiziertes oder vertrauenswürdiges Wissen (Know-How) in der Wissensbasis eines Expertensystems nicht als solches deklariert wird, kann es eventuell selbst dann Unberechtigten zugänglich gemacht werden, wenn alle Sicherheitsmechanismen der Shell einwandfrei funktionieren.

Das Sicherheitskonzept fordert lediglich, daß es möglich sein muß, mit einer als sicher eingestuften Shell sichere Applikationen, d.h. sichere Expertensysteme, zu erstellen. Daß diese Möglichkeiten in der Praxis dann auch sinnvoll genutzt werden, kann kein Automatismus garantieren.

Die folgende Definition setzt voraus, daß Expertensysteme immer mittels Expertensystem-Shells produziert werden. Expertensysteme, die nicht auf diese Art erzeugt werden, die z.B. von Grund auf neu mit allen dazugehörigen Inferenzmechanismen etc. entwickelt werden, fallen nicht unter den Begriff "Expertensystem", sondern werden als "konventionelle" Programmsysteme verstanden, die nach den bereits existierenden Richtlinien der ZSI evaluiert werden müssen.
Würde diese Einschränkung nicht vorgenommen, könnte der Begriff "Expertensystem" nicht normiert werden (zur Definition der Begriffe siehe [1] S.8ff) und eine nachprüfbare Evaluierung wäre nicht möglich.

Sicherheitsdefinition

Eine Expertensystem-Shell ist sicher, wenn ihre Entwicklungsebene sicher ist.

Die Entwicklungsebene einer Expertensystem-Shell ist sicher, wenn es unter ausschließlicher Verwendung der funktionalen Komponenten der Entwicklungsebene möglich ist, unabhängig vom aktuellen Inhalt der Wissensbasis, sichere Applikationen der Shell zu erzeugen.

Eine Applikation der Shell ist sicher, wenn

1. es einem Benutzer der Applikation nicht möglich ist, unter ausschließlicher Verwendung einiger oder aller der ihm von der Applikation zur Verfügung gestellten funktionalen Komponenten einige oder alle sicherheitsrelevanten funktionalen Komponenten zu modifizieren, und wenn
2. der Benutzer einer Applikation nicht die Möglichkeit hat, durch Ausnutzung der funktionalen Komponenten auf Informationen zuzugreifen, die nicht für ihn bestimmt sind.

Erläuterung zur Definition

Unter einem Benutzer einer Applikation können auch andere DV-Systeme verstanden werden, die mit der Applikation kommunizieren. Welche Informationen für einen Benutzer bestimmt sind, wird durch die Schutzattribute festgelegt, die den Elementen der Wissensbasis nach den in [1] definierten Funktionalitätsklassen zugeteilt werden können müssen.

Unter "Information" wird hier immer nur die Information verstanden, die explizit in Form von Daten, Objekten, Regeln, Meta-Regeln, Texten etc. in der Wissensbasis einer Applikation enthalten ist oder über die Benutzerschnittstelle inklusive Erklärungskomponente, sofern vorhanden, einem Benutzer einer Applikation potentiell zugänglich gemacht werden könnte. Informationen hingegen, die inhaltlich aus diesen Informationen ohne Benutzung der internen Schlußfolgerungsmechanismen gefolgert werden können oder die Rückschlüsse auf weitere zu schützende Informationen zulassen, werden nicht berücksichtigt. Es werden ausschließlich die von der Inferenzkomponente der Applikation intern ableitbaren Informationen und die daraus resultierenden Ausgaben an eine der in [1] definierten Komponenten" in Betracht gezogen.

Als "sicherheitsrelevant" werden alle in [1] aufgeführten Komponenten und alle in den Funktionalitätsklassen geforderten Funktionen und Mechanismen angesehen.

Funktionalitätsklassen

Ausgehend von der obigen Sicherheitsdefinition müssen von einer Shell bestimmte Eigenschaften (Komponenten) gefordert werden, die sicherstellen, daß die Sicherheit der mit ihnen erstellten Applikationen (Expertensysteme) gewährleistet werden kann. Dies führt zwangsläufig zur Entwicklung von Funktionalitätsklassen von Expertensystem-Shells.

In [1] S.32ff wurden sieben solcher Funktionalitätsklassen, F0 bis F6, definiert. Die Funktionalitätsklassen definieren gleichzeitig Kriterien für die Einstufung (Evaluierung) von Expertensystem-Shells. Weist eine Shell alle Funktionen einer Klasse auf, erhält es den entsprechenden "Vertraulichkeitsgrad". Das Vertrauen in die Korrektheit und Zuverlässigkeit einer Shell steigt mit der Anzahl der von ihr erfüllten Kriterien Sicherheitsfunktionen).

Jede Funktionalitätsklasse Fn enthält per Definition alle Funktionen der Klasse Fn-1. Die Klasse F1 bildet die Grundlage. Der Klasse F0 sind alle Systeme zugeordnet, die bereits ein Kriterium der Minimalklasse F1 nicht erfüllen. Da eine Shell, die alle geforderten Sicherheitsfunktionen einer Klasse Fn (n>1) aufweist, auch alle Sicherheitsfunktionen der Klassen Fm mit m n erfüllt, ist für eine Sicherheitseinstufung einer Shell lediglich das größte "n" von Interesse, für das die Shell alle Funktionen der Klasse Fn enthält. Dieses "n" definiert die funktionale Sicherheitsstufe der Shell. (In [1] werden auch noch qualitative Sicherheitsstufen für Expertensystem-Shells definiert; darauf gehen wir hier jedoch nicht näher ein.)

Die unteren Funktionalitätsklassen F1 bis F3 sind ein Zugeständnis an das derzeit technisch Machbare. Expertensystem-Shells der Klasse F3 z.B. könnten mit heutigen Techniken verfügbar gemacht werden. Systeme der Klassen F4 bis F6 hingegen sind nur mit hohem technischen und finanziellem Aufwand realisierbar.

Ein Blick in die Zukunft: Adaptive Systeme und Neuronale Netze

Die in [1] definierten Funktionalitätsklassen müssen in regelmäßigen Abständen dem Stand der Technik und dem Forschungsstand auf dem Gebiet der Verifikation "intelligenter" Systeme angepaßt werden.

In diesem Zusammenhang sind insbesondere die Fortschritte und Erfolge bei der Realisierung adaptiver Systeme auf der Basis Neuronaler Netzwerke von Bedeutung. Diese auf Modellen des menschlichen Gehirns basierenden Systeme stellen die Forschung vor bislang unbekannte Probleme.

Neuronale Netzwerke werden nicht mehr wie herkömmliche Programmsysteme programmiert, sondern "nur noch" konzipiert und in ihrer Topologie festgelegt. Die Programmierung, wenn man diesen Ausdruck beibehalten will, geschieht durch manuelle oder automatische Präsentation von Beispieldaten, die an die Eingänge und Ausgänge der Netzwerke angelegt werden. Die Netzwerke "lernen" dann selbständig den funktionalen Zusammenhang zwischen den Daten, die an den Eingängen anliegen und den Daten, die an den Ausgängen anliegen. Solche heteroassoziativen Neuronalen Netzwerke können deshalb auch als eine Art Programmgenerator betrachtet werden.

Neben diesen Netzwerktypen gibt es jedoch auch noch Netzwerke, denen keine Ausgabe vorgegeben werden muß. Diese Netzwerktypen können sich teilweise sogar selbst organisieren und reorganisieren, d.h. selbständig ihre innere Struktur und Funktionsweise modifizieren.

Für die Sicherheit von Expertensystemen sind die Entwicklungen bei den Neuronalen Netzwerken in zweierlei Hinsicht relevant. Zum einen werden zur Zeit in den USA Neuronale Netzwerke entwickelt, die automatisch Regeln für Expertensysteme generieren. Die Regeln müssen dadurch nicht mehr explizit mittels einer Shell erzeugt und in eine Applikation eingebunden werden. Zum anderen ist eine generelle Tendenz erkennbar, Neuronale Netzwerke und Expertensysteme als integrierte Systeme zusammenzufügen (z.B. bei der Entwicklung autonomer Roboter).

Es ist bislang völlig unklar, wie Neuronale Netzwerke verifiziert werden können. Der Sinn Neuronaler Netzwerke besteht darin, daß sie aus Beispieldaten lernen. Legt man an den Eingang eines trainierten Netzwerkes Daten an, die das Netzwerk noch nicht "kennt", kann es generalisieren und einen Output produzieren, der bekannten Eingangsdaten entsprechen würde. Diese Fähigkeit, auf unbekannte Daten sinnvoll zu reagieren, macht Neuronale Netzwerke wertvoll, da sie damit z.B. zerstörte Daten automatisch regenerieren können oder als Assoziativspeicher arbeiten können.

Überprüfen und verifizieren kann man Neuronale Netzwerke sinnvoll bislang jedoch nur auf bekannten Daten. Hier kann man nachprüfen, ob das Netzwerk einen Output generiert, den man erwartet. Werden jedoch bei einer Anwendung zerstörte oder unbekannte Daten dem Netzwerk präsentiert, kann man in der Regel nicht vorhersagen, wie sich das Netzwerk verhalten wird und welchen Output es erzeugt.

Generell besteht bei Neuronalen Netzwerken das Problem, zu definieren, wann es sich korrekt verhält und wann nicht. In den meisten Fällen wird nur eine Definition möglich sein, der eine Wahrscheinlichkeitsabschätzung zugrunde liegt.

Was bleibt zu tun?

Die letzten Ausführungen zeigen deutlich, daß leistungsstarke und intelligente Software-Techniken in Zukunft sicher nicht einfacher zu verifizieren seien werden, sondern eher schwerer. Hier ist die universitäre und industrielle Forschung gefordert, praktikable Sicherheitskonzepte zu entwickeln und Systeme bereitzustellen, die trotz "Intelligenz" und zukunftsträchtiger Funktionalitäten verifizierbar bleiben. Eine kontinuierliche Anpassung der Funktionalitätsklassen an die Entwicklung der Technik ist erforderlich.

Von behördlicher Seite sollte dafür gesorgt werden, daß dem zunehmenden Bedarf- an "intelligenten" und gleichzeitig sicheren Systemen in allen industriellen Bereichen nachgekommen werden kann. Dies kann in einem ersten Schritt dadurch erreicht werden, daß die Funktionalitätsklassen für Expertensystem-Shells ebenso ernsthaft für vertrauenswürdige Anwendungen gefordert und durchgesetzt werden, wie dies bei konventionellen Programmsystemen durch die ZSI bereits geschieht. In einem zweiten Schritt sollte dafür gesorgt werden, daß Expertensystem-Shells entwickelt werden, die auch hohen Sicherheitsanforderungen gerecht werden.

Quellen:

[1] Sicherheit von Expertensystem-Shells und Expertensystemen: Nationale Sicherheitskriterien, E.Schöneburg, G.Hendrich Studie der ZSI, 4/88

[2] Computer-Viren Gefahren und Schutzmöglichkeiten, E.Schöneburg, F.Heinzmann, F.Namyslik, Markt & Technik Verlags AG, Haar, 1989

[3] Vorerst keine Garantie für Zuverlässigkeit von Expertensystemen, E.Schöneburg, Computerwoche 19.2.88

Zur Konzeption von Sicherheit in UNIX

Hermann Strack

1. Zusammenfassung

Zugriffsschutz ist ein tragendes Element der Sicherheit von Computersystemen. Der Zugriffsschutz in Standard-UNIX ist vor dem Hintergrund verschiedener Sicherheitsanforderungen auch aus dem kommerziellen und öffentlichen Bereich verbesserungswürdig. Die IT-Sicherheitskriterien formulieren weitere Anforderungen an Zugriffsschutz in "vertrauenswürdigen" Systemen.

Vor diesem Hintergrund beschreibt der vorliegende Beitrag Randbedingungen der UNIX-Sicherheit und eine erste Realisierung von erweitertem Zugriffsschutz in UNIX System V sowie mögliche Weiterentwicklungen.

2. Überblick

Zwei der Hauptentwicklungslinien von UNIX sind UNIX System V von AT&T und BSD-UNIX von der University of California at Berkeley - Derivate werden von verschiedenen Herstellern angeboten. Die UNIX System V Schnittstellen sind in der System V Interface Definition (SVID) von AT&T beschrieben. Standardisierungsaktivitäten im Bereich UNIX gibt es bei IEEE (POSIX) und X/OPEN, andererseits sollen im Release 4.0 von UNIX System V des Source-Lizenzgebers AT&T große UNIX-Linien aufwärtskompatibel wieder zusammengeführt werden (s. (7) Martin).
Hinsichtlich Security soll für UNIX V 4.1 eine Evaluierung in den USA nach B2-Level des Orange Book (TCSEC) erreicht werden (s. (7) Martin). Angeboten wird das Produkt UNIX V / MLS von AT&T, das in den USA nach B1-Level des Orange Book evaluiert wurde (s. Folgeabschnitt).
Aus dem Forschungsbereich wurde von der Gesellschaft für Mathematik und Datenverarbeitung mbH St. Augustin im Frühjahr 90 "BirliX" präsentiert, ein verteiltes Betriebssystem, das wesentliche Sicherheits-Merkmale anbietet und einen Emulator für BSD-UNIX 4.3 bereitstellt (vgl. (6) Kowalski).

Sicherheitsaspekte waren beim Design von UNIX sicherlich nicht die zentralen Gesichtspunkte, vorhandene Mechanismen sind jedoch für kommerzielle Bedürfnisse relativ einfach und in kompatibler Weise ausbaufähig. In vorliegendem Beitrag wird vor dem Hintergrund verschiedener Anforderungsebenen die Konzeption und Realisierung eines ersten UNIX V Prototyps für erweiterten Zugriffsschutz beschrieben, welche vom Autor bei der Mannesmann Kienzle GmbH Villingen betreut wurden. Für Weiterentwicklungen werden Vorschläge gemacht. Um den Rahmen dieses Beitrags nicht zu sprengen, werden nur ausgewählte Aspekte des Themas UNIX-Zugriffsschutz dargestellt.

Zugriffsschutz, d.h. Rechteverwaltung und -prüfung , ist eine der wesentlichen Grundfunktionen um Sicherheitsanforderungen abzudecken, andere sind Identifikation/Authentisierung, Beweissicherung, Wiederaufbereitung, Fehlerüberbrückung, Gewährleistung der Funktionalität und Übertragungssicherung (s. (13) ZSI).
Zur Gewährleistung von Authentizität in Kommunikationsvorgängen (Mensch-Rechner, Rechner-Rechner) sind am Europäischen Institut für Systemsicherheit Verfahren vorhanden, die auch auf UNIX eingesetzt werden können.

Ein attraktives Design-Merkmal von UNIX aber auch eine Quelle für Inkompatibilitäten und Sicherheitsprobleme ist die Gestaltbarkeit der UNIX-Oberfläche. Einerseits wird diese Anpassungsfähigkeit direkt vom System zur Administration angeboten (z.B. benutzerspezifische Definition von Sitzungsoberflächen in /etc/passwd), andererseits liegen zahlreiche System-Funktionen als Dienstprogramme außerhalb des UNIX-Kerns und können deshalb durch Programme mit zusätzlicher Funktionalität ersetzt werden, auch ohne UNIX-Kern-Änderung durch Aufsetzen auf dem systemcall-Interface. Letztlich ist es so möglich neue Mechanismen und Oberflächen etwa auch für Zugriffsschutz zu schaffen, allerdings bei verdeckter Verwendung von kritischen UNIX-Mechanismen wie superuser-sbit-Programmen (s.u.). Wenn jedoch realistischerweise, z.B. aus Kompatibilitätsgründen und um getätigte Software-Investitionen zu erhalten, zumindestens für einzelne Benutzer ein Escape in die Original-UNIX-Oberfläche oder Zugang zur Software-Produktion erlaubt wird, treten die gleichen Probleme wie in einem Original-UNIX auf. Die Erweiterbarkeit des UNIX-Systems sollte unabhängig vom Angebot einer angemessenen Sicherheitsfunktionalität eines UNIX-Basissystems gesehen werden.

Einige ausgewählte Probleme des Zugriffsschutzes in UNIX V Basissystemen aus Anwendersicht:

- unzureichende Restringier- und Überwachbarkeit von Superuser-Zugriffen (realisierbar durch chroot()-call und Eigenentwicklungen von Superuser-Oberflächen, geschütztes Logging)
- unzureichende Granularität sowie fehlende Kontextbindung von Rechten, als Ersatz sbit/setuid-Programme
- prozess/programmbezogene Einschränkung des Zugriffsbereiches ist i.a. nicht parametrisierbar
- universelle UNIX-Flexibilität versus Restringierbarkeit, Fehler- und Manipulations-Robustheit (mangelnde Datenkapselung und Parameterprüfungen)
- Im Sicherheitsbereich sollten problemorientierte Dokumentation (wie im X/OPEN Security Guide, s. (12)), Benutzerunterstützung durch Tools, überschaubare Mechanismen, aktive und passive Hilfesysteme und Einsatz geeigneter Repräsentationstechniken auch auf der Bedeutungsebene nicht fehlen.

Administration von Zugriffsschutz beruht auf Struktur- und Organisationswissen. Heute verfügbare Computersysteme wie UNIX-Basissysteme bieten i.a. nur implizite Möglichkeiten zur Wissensrepräsentation durch prozedurale Darstellung - der deskriptive Aspekt wird vernachlässigt. Die Verbesserung der Mensch-Computer-Kommunikation durch Methoden der Wissensverarbeitung ist Gegenstand der Forschung (vgl. (8) Riekert).
Forschungsgebiete mit großer Sicherheitsrelevanz sind Spezifikation und Verifikation bei der Systementwicklung.

3. Vertrauenswürdige IT-Systeme

Das gewachsene und weiter zunehmende Interesse für Aspekte des Themas Computersicherheit innerhalb von Industriegesellschaften dokumentiert den höheren und zunehmenden Stellenwert, den der Umgang mit Computern innerhalb dieser Gesellschaften genießt. Diese Aufwertung drückt sich nicht nur aus in der gewachsenen Aufmerksamkeit der Medien für Themen aus dem Bereich der maschinellen Informationsverarbeitung allgemein und für Aspekte von Computersicherheit im speziellen, sondern auch in Aktivitäten verschiedener nationaler Gesetzgeber und Regierungen (z.B.: USA, Bundesrepublik Deutschland).

Solche Aktivitäten beziehen sich zum einen darauf, die maschinelle Informationsverarbeitung stärker in die allgemeine Rechtsordnung einzubinden (z.B. Fragen des Datenschutzes, Urheberrechts, Strafrechts), zum anderen aber auch auf eher technische Fragen der Standardisierung und Klassifizierung informationstechnischer Systeme (kurz "IT-Systeme") gerade auch auf dem Gebiet "vertrauenswürdiger IT-Systeme". Grundlegende Dokumente auf letzterem Gebiet sind das sogenannte "**Orange Book**". (Department of Defense (DoD): Trusted Computer System Evaluation Criteria, USA 1983) und seine Folgepapiere, sowie seit kurzem die "**IT-Sicherheitskriterien**" (Zentralstelle für Sicherheit in der Informationstechnik (ZSI): IT-Sicherheitskriterien, Kriterien für die Bewertung der Sicherheit von Systemen der Informationstechnik, Bundesrepublik Deutschland 1989).
Beide Dokumente beziehen sich genauer auf "vertrauenswürdige" Systeme statt "sichere" Systeme. Erst in der Gesamtsicht verschiedener aufeinander bezogener Aspekte des Umwelt-Benutzer-System-Verhältnisses wie z.B. Benutzer-Anforderungen, Einsatzumgebung, Bedrohung ist es sinnvoll, über Sicherheit zu sprechen - so definierte und dann auch evaluierte Sicherheit mit ihrer kom

plexen Relativität wird genauer durch "Vertrauenswürdigkeit" charakterisiert.
Das Orange-Book bietet einen Anforderungskatalog nach dem DV-Systeme hinsichtlich ihrer "Vertrauenswürdigkeit" im Rahmen einer Evaluation untersucht und schließlich bewertet werden können. Bei der Bewertung werden die Systeme einer der möglichen Klassen D, C, B, A zugeordnet (die Klassen B und C sind weiter unterteilt). In der Reihenfolge D, C, B, A nehmen Anforderungen an die Sicherheitsfunktionalität und an den Prüfungsaufwand (bei der Evaluierung) zu. Die Klassen sind dabei streng hierarchisch angeordnet - jede Klasse erfüllt die Anforderungen ihrer Vorgängerin, dabei ist Klasse A die höchste Klasse (vgl. auch Bild 1).

<u>DAC</u>
Klasse D : Nichtklassifizierter Schutz
Klasse C : Benutzerdefinierbarer Schutz
C1: Zugriffsschutz
C2: Zugriffskontrolle

<u>MAC</u>
Klasse B : Vorgeschriebener Schutz
B1: Schutz durch Kennzeichnung
B2: Schutz durch Strukturierung
B3: Sicherheitsdomänen
Klasse A : Verifizierter Schutz

Bild 1: Orange Book mit zwei Zugriffsschutzpolitiken

Das Orange Book ist zwar vor einem militärischen Hintergrund entstanden, ist aber in den USA Standard für den militärischen und zivilen Bereich. Ab 1992 sollen in den USA alle Computersysteme im Behördenbereich, die mit klassifizierten oder sensitiven nicht klassifizierten Informationen umgehen, mindestens nach Klasse C2 evaluiert sein. (s. (9) Stobbe). Evaluierungen und Zertifizierungen von DV-Systemen nach dem Orange Book werden in den USA von der NCSC (National Computer Security Center, vormals DoD Computer Security Center) vorgenommen - allerdings nur für US-Hersteller.

In der Bundesrepublik Deutschland wurden die IT-Sicherheitskriterien von der ZfCh (Zentralstelle für Chiffrierwesen Bonn, Vorgänger der ZSI) unter Beteiligung von Behörden, DV-Herstellern, Verbänden, Forschungs- und Hochschulinstituten entwickelt.
Bezugspunkt war dabei das Orange-Book - die IT-Sicherheitskriterien erlauben jedoch eine differenziertere und umfassendere Sicht von "Vertrauenswürdigkeit" als das Orange Book. Während nach dem Orange Book die drei Aspekte "Funktionalität", "Qualität" und "Prüfaufwand" nicht unabhängig voneinander beurteilt werden können, bieten die IT-Sicherheitskriterien bei der Beurteilung der Vertrauenswürdigkeit von IT-Systemen die voneinander unabhängigen Dimensionen "Funktionalität" und "Qualität" an. "Qualität" und "Prüfaufwand" werden nicht unterschieden, da diese Merkmale in der Praxis als einander entsprechend angenommen werden können (s. (5) Kersten). Nach den IT-Sicherheitskriterien kann über Auswahl von Grundfunktionen und Qualitätsstufen relativ zu einsatzspezifischen Anforderungen ein zu evaluierendes Funktionalitäts- und Qualitätsprofil des Systems erstellt werden - dies ist nach dem Orange Book nicht möglich. Den Herstellern von DV-Anlagen wie auch ihren Kunden bietet Klassifikation nach den IT-Sicherheitskriterien eine größere Chance, flexibel und angemessen auf Bedürfnisse einzugehen als die Klassifikation nach dem Orange Book.
Wie man hört, soll das Orange Book vor dem Hintergrund der IT-Sicherheitskriterien neu gefaßt werden.

Die IT-Sicherheitskriterien stellen zur vergleichenden Beurteilung von IT-Systemen Funktionalitätsklassen F1 bis F10 und Qualitätsklassen Q0 bis Q7 zur Verfügung, wobei ausdrücklich Raum für die Aufnahme weiterer Funktionalitätsklassen gelassen wurde - generell können konstruktive Vorschläge aufgenommen werden. Während die Qualitätsklassen hierarchisch bis zur höchsten Stufe Q7 angeordnet sind, sind bei den Funktionalitätsklassen nur F1 bis F5 hierarchisch angeordnet und so definiert, daß sie inhaltlich den Funktionalitäts-Definitionen der Klassen C1, C2, B1, B2, B3/A1 des Orange Book entsprechen (vgl. Bild 2). Dadurch ist es möglich, Produkte, die nach den IT-Sicherheitskriterien in die Funktionalitätsklassen F1 bis F5 mit bestimmten Qualitätsstufen evaluiert wurden, direkt in die Orange Book Systematik einzuordnen (vgl. Bild 3). Die umgekehrte Abbildung ist nicht ohne weiteres möglich - die Qualitätsabstufung der Orange Book Klassen reicht nicht aus. (s. (5) Kersten).

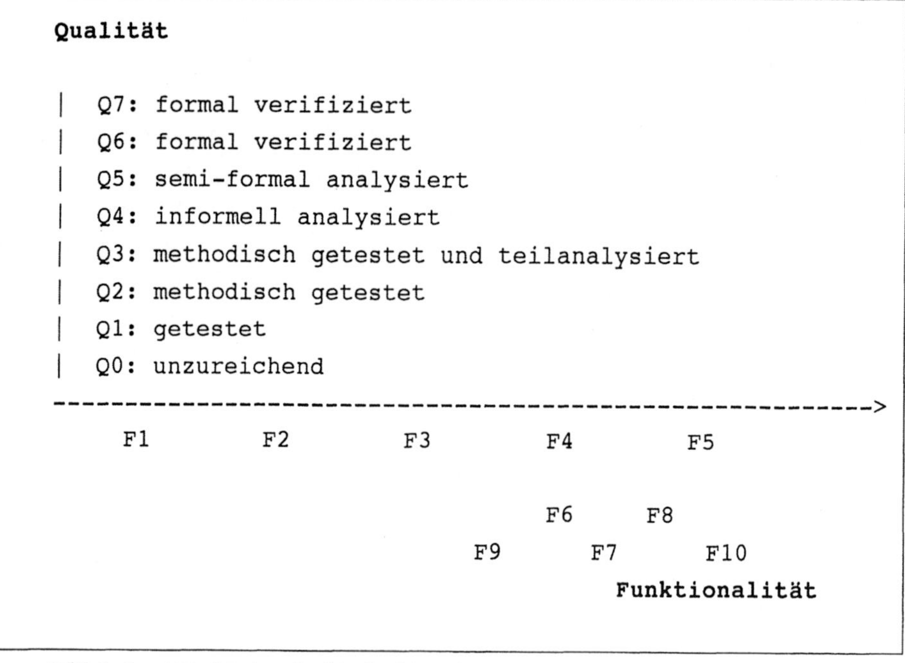

Bild 2: IT-Sicherheitskriterien

Q0	-->	D
F1,Q2	-->	C1
F2,Q2	-->	C2
F3,Q3	-->	B1
F4,Q4	-->	B2
F5,Q5	-->	B3
F5,Q6	-->	A1

Bild 3: Abbildung IT-Sicherheitskriterien ./. Orange Book

Hinsichtlich weiterer Details des Orange Book und der IT-Sicherheitskriterien sei hier auf die Originalliteratur verwiesen (s. (3) DoD, (13) ZSI), Zugriffsschutzfragen werden vor dem Hintergrund beider Dokumente im zweiten Abschnitt behandelt.

Im UNIX-Bereich arbeiten Gremien wie IEEE bzw. X/OPEN bzw. /usr/group daran, sicherheitsrelevante Anforderungen an UNIX-Systeme in ihre Standards (wie POSIX) bzw. Dokumente aufzunehmen (vgl. (12) X/OPEN Security Guide).

Das Thema Sicherheit bei Computersystemen umfaßt viele Aspekte. Neben systembezogenen Aspekten sind für den Anwender solcher Systeme auch Aspekte des Einsatzumfeldes wie organisatorische, personelle, technische und sogar bauliche Randbedingungen zu berücksichtigen. Zur Klärung einiger Begriffe sei hier aus den IT-Sicherheitskriterien zitiert (s. (13), S. 5) :

"Ausgangspunkt für Sicherheitsanforderungen an ein IT-System sind immer die Bedrohungen, denen dieses System ausgesetzt ist. Die Bedrohungen selbst sind einerseits wieder abhängig von der Umwelt, in der das System betrieben wird, andererseits von der Sensitivität der in System verarbeiteten Informationen. Betrachtet man die drei Grundbedrohungen, denen ein IT-System ausgesetzt ist, nämlich

- unbefugter Informationsgewinn (Verlust der Vertraulichkeit)
- unbefugte Modifikation von Informationen (Verlust der Integrität)
- unbefugte Beeinträchtigung der Funktionalität (Verlust der Verfügbarkeit)

so stellt man fest, daß diese Bedrohungen für unterschiedliche IT-Systeme auch sehr unterschiedlich gewichtet sein können...

...Nun läßt sich ein Teil dieser Bedrohungen durch Maßnahmen verringern, die die Umwelt, in der das IT-System betrieben wird, so gestalten, daß diese Bedrohungen im IT-System selbst nicht mehr zum Tragen kommen... Nur der dann noch verbleibenden Restbedrohung muß durch technische Maßnahmen im IT-System begegnet werden. Diese Restbedrohung hängt also von der Aufgabe des Systems, von der Sensitivität der im System verarbeiteten Informationen sowie von der Umwelt des Systems inklusive der dort ergriffenen technischen oder organisatorischen Schutzmaßnahmen ab. Dies bedeutet aber, daß auch diese Restbedrohung im allgemeinen von System zu System sehr unterschiedlich ist. Entsprechend unterschiedlich müßten demnach auch die Sicherheitsanforderungen und die daraus abgeleiteten Sicherheitsfunktionen im IT-System selbst sein." (Ende des Zitats)
Einsatz von **Zugriffsschutz** ist ein Mittel den Restbedrohungen des Systems zu begegnen. Die Grundfunktionen Rechteverwaltung und Rechteprüfung decken nach den IT-Sicherheitskriterien den Aspekt Zugriffsschutz im engeren Sinne ab.

4. Zugriffsschutz in vertrauenswürdigen IT-Systemen

Hinsichtlich der Rechteverwaltung werden sowohl im Orange Book als auch in den IT-Sicherheitskriterien zwei voneinander unabhängige Politiken unterschieden (vgl. Bild 1):

- benutzerdefinierbare Zugriffskontrolle (**Discretionary Access Control** , kurz **DAC**)
- vorgeschriebene, regelbasierte Zugriffskontrolle (**Mandatory Access Control**, kurz **MAC**).

Bei benutzerdefinierbarer Zugriffskontrolle auf Objekten können autorisierte Benutzer - im allgemeinen nur der Eigentümer dieses Objektes und ein privilegierter Administrator - frei über Vergabe und Entzug von Rechten auf diesen Objekten entscheiden. Beim Zugriff auf diese Objekte wird die Zugriffsanforderung gegen die so vergebenen Rechte geprüft und der Zugriff erlaubt oder verweigert.

Bei vorgeschriebener Zugriffskontrolle greift ein anderes Verständnis von Zugriffsschutz. Hier steht die Informationsflußkontrolle im Vordergrund (Schutz der Vertraulichkeit). Objekte (Informationen) werden nach Stufen klassifiziert, Subjekte werden zu bestimmten Stufen "ermächtigt" - ein Subjekt kann nur dann auf ein Objekt zugreifen, wenn seine Ermächtigung im Verhältnis zur Stufe des Objekts, beurteilt nach der Regelbasis, dazu ausreicht.
Insbesondere gelten bei Lese- und Schreibzugriffen von Subjekten auf Objekte folgende Regeln:

- das Subjekt kann nur dann lesend auf ein Objekt zugreifen, wenn seine Ermächtigung mindestens so "hoch" ist wie die Einstufung des Objektes

- das Subjekt kann nur dann schreibend auf ein Objekt zugreifen, wenn seine Ermächtigung höchstens so "hoch" ist wie die Einstufung des Objekts.

Die zweite Regel verblüfft vielleicht auf den ersten Blick - aber so wird verhindert, daß leseberechtigte Subjekte gelesene Informationen durch Schreiben (Kopieren) auf niedriger eingestufte Objekte ("Downgrade") an Subjekte mit geringerer Ermächtigung weitergeben können.

Erst nach erfolgreicher, regelbasierter Zugriffsprüfung finden weitere Prüfungen statt - etwa noch die Prüfung benutzerdefinierbarer Zugriffsrechte.
Dieses Modell nach Bell-LaPadula orientiert sich stark an den im militärischen und exekutiven Bereich üblichen Umgang mit geheimen und vertraulichen Informationen (Einrichtung von Geheimhaltungsstufen, Ermächtigung für solche) - Integritäts- und Verfügbarkeitsaspekte werden vernachlässigt.

Im Bild 1 ist bereits wiedergegeben, welche Zugriffsschutzpolitik die Klassen des Orange-Book bzw. die Funktionalitätsklassen F1 bis F5 der IT-Sicherheitskriterien fordern.

Für viele Bereiche des kommerziellen Einsatzes reicht DAC aus, insbesondere wenn über C2 hinaus noch erweiterte DAC-Funktionalität und Qualität nach den IT-Sicherheitskriterien angeboten wird. Forderungen an den Zugriffsschutz der höchstmöglichen DAC-Klassen mit alleiniger DAC (ohne MAC), dies sind F2 bzw. C2, seien hier einmal in Auszügen stellvertretend durch die Forderungen der IT-Sicherheitskriterien wiedergegeben (s.(13) ZSI S. 28/29) :

"Rechteverwaltung

Das System muß Zugriffsrechte zwischen Benutzern und/oder Benutzergruppen und Objekten, die der Rechteverwaltung unterliegen, kennen und verwalten. Dabei muß es möglich sein, Benutzern bzw. Benutzergruppen den Zugriff zu einem Objekt ganz zu verwehren sowie den Zugriff auf einem nicht-modifizierenden Zugriff zu beschränken. Außerdem muß es möglich sein, für jeden Benutzer separat die Zugriffsrechte zu einem Objekt festzulegen. Vergabe und Entzug von Zugriffsrechten zu einem Objekt darf nur durch autorisierte Benutzer möglich sein. Die Wiedergabe von Zugriffsrechten muß kontrollierbar sein. Ebenso darf das Einbringen neuer Benutzer sowie das Löschen bzw. Sperren von Benutzern nur durch autorisierte Benutzer möglich sein.

Rechteprüfung

Das System muß bei jedem Zugriffsversuch von Benutzern bzw. Benutzergruppen zu den der Rechteverwaltung unterliegenden Objekten die Berechtigung überprüfen. Unberechtigte Zugriffsversuche müssen abgewiesen werden.

Beweissicherung...

Das System muß eine Protokollierungskomponente enthalten, die in der Lage ist, folgende Ereignisse mit folgenden Daten zu protokollieren:

...Zugriff zu einem der Rechteverwaltung unterliegenden Objekt

Daten: Datum; Uhrzeit; Benutzer-Id.; Name des Objektes; Art des Zugriffsversuches; Erfolg bzw. Mißerfolg des Versuches.

Anlegen bzw. Löschen eines der Rechteverwaltung unterliegenden Objektes

Daten: Datum; Uhrzeit; Benutzer-Id.; Name des Objektes; Art der Aktion..." (Ende des Zitats)

Der Vergleich von UNIX System V bis Release 3.2 mit diesen Anforderungen hinsichtlich Zugriffsschutz zeigt, daß dort bezüglich Individualisierung bei der Rechtevergabe und Protokollierung von Zugriffsversuchen auf geschützte Objekte Erweiterungen des Standardsystems nötig sind. Individualisierung bei der Rechtevergabe ist in UNIX V nur in der Granularität owner-group-others möglich. Es ist nicht möglich, separat Rechte für einzelne Benutzer außer dem Owner eines Objektes bzw. separat Rechte für andere Gruppen als der Gruppe des Objektes einzustellen. Eine durchgängige Protokollierung von Zugriffsversuchen bietet UNIX V nicht an.

UNIX wurde nicht entworfen, um mit hoch sensitiven Informationen unter starker Bedrohung möglichst sicher und gleichzeitig einfach und komfortabel umzugehen. So überfordern mögliche Lösungen auf Basis des UNIX V Zugriffsschutzes wegen ihrer Unübersichtlichkeit, mangelnden Fehlertoleranz (fehlende Redundanz und Typbindung von Zugriffsschutz) und unzureichenden Benutzer-Unterstützung oft den Endbenutzer und sind dadurch eine Quelle für Sicherheitslücken. Durch relativ kleine Ergänzungen läßt sich UNIX dennoch zu einem System relativ hoher Vertrauenswürdigkeit für den Umgang mit sensitiver, nicht klassifizierter Information verbessern.

5. Anwendungsorientierter Zugriffsschutz

Im Alltag werden Rechte im allgemeinen untrennbar mit zugehörigen Kontexten verknüpft:

- Einen PKW darf man auf öffentlichen Straßen führen, wenn man einen gültigen Führerschein besitzt, verkehrstüchtig ist, der PKW verkehrstüchtig ist, usw. ... Die Benutzerberechtigung (Führerschein) allein reicht nicht aus (ein Recht unter mehreren Kontexten)
- In Firmen oder Institutionen werden Zahlungen oder Anschaffungen i.a. erst nach begründetem Antrag, Antragsbefürwortung, Genehmigung des Antrags und Auszahlungsanordnung durch Unterzeichnung von verschiedenen Formularen durch Autorisierte im definierter Weise vorgenommen. Bei anderen Entscheidungen gibt es sowohl Fälle, in denen die Zustimmung von Mitgliedern einer Hierarchie-Leiter nötig ist, als auch Fälle, bei denen Teilverantwortlichkeiten delegiert werden, als auch Fälle, bei denen gleichberechtigte Parteien (z.B. verschiedene Abteilungen) erst durch Konsens eine Entscheidung herbeiführen können. (Aspekte Kontextbezug, Machtverteilung, Hierarchie- und Agreementschemata, Delegation und Kapselung von Verantwortlichkeit).

Einfache Schichtenmodelle für Vertraulichkeit und Integrität geben sicherlich nicht alle Aspekte einer solchen unterschiedlich segmentierten Zugriffsrealität wieder.

Der Trend hin zur Unterstützung von immer mehr Aktivitäten des beruflichen Alltags durch Computersysteme bringt es mit sich, daß immer mehr Zugriffsentscheidungen unter komplizierten Kontexten in diesen Systemen gehandhabt werden müssen. Die Fähigkeit von Systemen, solche Zugriffsentscheidungen zu handhaben, wird immer mehr zu einem notwendigen Kriterium für deren Einsatz überhaupt. Kontextbezug muß daher auch im Zugriffsschutzsystem möglich sein.

Wesentliche Aspekte bei der Definition und Verwaltung von kontextbehafteten Zugriffs rechten sind (Stichwort ZUGRIFFS-KONTEXT):

- einfache und einheitliche Handhabung
- Flexibilität in Hinblick auf Definition temporärer Rechte
- Flexibilität und Granularität von Rechte- und Kontextdefinition
- Unterstützung gewachsener Organisationsstrukturen
- kompetenz- und rollengebundene Rechtevergabe
- Geheimnis-Prinzip: nur soviele Rechte wie nötig erteilen
- inhärente Fehlertoleranz gegenüber Bedienung
- Sicherheit der Mechanismen gegen Umgehung (speziell des Zugriffskontextes).

Darüber hinausgehende Anforderungen ergeben sich aus den eingangs im Abschnitt **Überblick** genannten Problemen, so fehlt z.B. ein separates Link-/Delete-Recht für einzelne Filesystem-Objekte in UNIX V.

6. Kontextbezogener Zugriffsschutz in UNIX

UNIX bietet im wesentlichen zwei Möglichkeiten zur Berücksichtigung von Kontexten bei der Rechtevergabe:

1. Übereignung der Zugriffsobjekte an privilegierte Benutzer und die Verwendung des Gruppenmechanismus.

2. Übereignung der Zugriffsobjekte an privilegierte Benutzer/Gruppen und das Programmieren spezieller Zugriffsprogramme unter Verwendung des sbit/setuid/ setgid-Mechanismusses (effektiver Benutzer- bzw. Gruppen-Wechsel):

zu 1:
Ist z.B. im Pfadnamen einer Datei, auf die ein Benutzer zugreift, ein Directory enthalten, das ihm nicht gehört und welches er nicht löschen kann, so kann durch Entzug des others-x-bits dieses Directories erreicht werden, daß der Benutzer nur dann auf die Datei zugreifen kann, wenn er zum Zugriffszeitpunkt effektiv in der Gruppe des genannten Directories ist. Der Zugriff auf zentrale Datenbestände unterhalb eines Directories kann so von einem Kontext abhängig gemacht werden (Abbildung des Kontextes auf Gruppenzugehörigkeit). Die zugriffsberechtigten Benutzer müssen vom Administrator für die Gruppe des genannten Directories zugelassen worden sein (Eintrag in der Datei /etc/group) und sich vor dem Zugriff mit dem Kommando "newgrp" in diese Gruppe begeben.

zu 2:

Durch die s-bit-Mechanismen in Verbindung mit den setuid/setgid-systemcalls ist es möglich, spezielle Zugriffsprogramme beim Zugriff mit der **effektiven User- oder Gruppen-ID** eines anderen Users (i.a. eines privilegierten Benutzers) laufen zu lassen, so daß beim Zugriff nicht die Rechte des aufrufenden Users (reale User-/Group-ID) wirksam werden, sondern die Rechte der temporär im Zugriffsprogramm angenommenen effektiven User-/Group-ID.

Wie sind dieses Möglichkeiten auf dem Hintergrund der oben genannten Aspekte zum ZUGRIFFS-KONTEXT zu beurteilen?

zu 1:
Diese recht lockere Form der Kontextbindung - die Zugriffsoperationen sind nicht spezifiziert - reicht für viele Fälle aus. Die Handhabung der Rechtevergabe ist jedoch umständlich: vom Administrator ist eine neue Gruppe einzurichten, die zugriffsberechtigten Benutzer sind von ihm in diese Gruppe einzutragen. sind die Zugriffsobjekte bereits vorhanden, sind sie von den jeweiligen Eigentümern mittels "chgrp" an die neue Gruppe zu übereignen. Letzteres verletzt aber im allgemeinen die bisherige Organisationsstruktur, da jetzt die Mitglieder der alten Gruppe der Datei auf diese nicht mehr zugreifen können.
Dies kann dadurch behoben werden, daß zusätzlich die Mitglieder der "alten" Gruppe in die neu eingerichtete mit übernommen werden - allerdings mit dem Nebeneffekt, daß die Mitglieder der "alten" Gruppe jetzt auch auf andere Dateien mit der neuen Gruppenzugehörigkeit zugreifen können, was vorher vielleicht nicht beabsichtigt war. Wie man sieht, kann von Flexibilität und einfacher Handhabung nicht die Rede sein, nicht einmal die Unterstützung bisheriger Organisationsstrukturen und das Geheimnisprinzip bleiben in bestimmten Fällen gewahrt - man ist dann zur Duplizierung von Daten oder zur Nutzung der 2. Möglichkeit gezwungen.
Für den Administrator entsteht ein Handhabungsproblem: er muß die Zweckbestimmung jeder Gruppe kennen und berücksichtigen - bei einer größeren Anzahl von Gruppen, bleibt ihre Verwaltung jedoch nur überschaubar, wenn z.B. dokumentiert ist, welche Funktion die Gruppen haben oder welche mengentheoretischen Beziehungen zwischen den verschiedenen Gruppen bestehen dürfen (in /etc/group ist aber nicht einmal der Eintrag von Kommentaren möglich). Mag das Handhabungsproblem noch beherrschbar sein, solange nur wenige Gruppen mit einem direkten Organisationsbezug

verwaltet werden müssen, so führt jedoch spätestens die ausgiebige Verwendung "konstruierter" Gruppen (als Ersatz für die in UNIX V fehlende Benutzergranularität bei der Rechtedefinition) zu unüberschaubaren Gruppenansammlungen. Größere Gruppenanordnungen bleiben nur noch durch Darstellung in Graphen überschaubar; mit dem Hinweis K User könnten nicht mehr als 2^K-1 verschiedene Gruppen bilden, wird manchmal praxisfern "hinreichende" Benutzergranularität der UNIX-Rechtevergabe begründet. Besonders bei solchen "konstruierten" Gruppen, die i.a. nicht organisatorischen Einheiten entsprechen, ist störend, daß nach dem "newgrp"-Wechsel in diese Gruppen, die Zugriffsmöglichkeit auf Objekte anderer Gruppenzugehörigkeit nicht mehr gegeben ist (bis zum nächsten "newgrp"). Letztlich ist dies eine Folge davon, daß in UNIX V 3.2 mit einem Objekt (Subjekt) effektiv jeweils nur eine einzige Gruppe und ein einziger Owner hinsichtlich der Zugriffsrechte verknüpft werden kann.

zu 2:
Die Problematik des Erstellens von s-bit/setuid/setgid-Programmen ist bekannt (vgl. (4)). Solche Programme insbesondere setuid-superuser-Programme müssen sehr sorgfältig verfaßt werden, damit sie nicht zu einer unkalkulierbaren Sicherheitslücke im UNIX-System werden (Erlangen von vollständigen Superuser-Privilegien). Zugriffsprogramme, die die genannten Mechanismen benutzen, müssen deshalb vom Systemhaus erstellt und so allgemein ausgelegt werden, etwa durch Berücksichtigung von Zugriffslisten vor dem eigentlichen Zugriff, daß obige Forderungen erfüllt werden (s.ZUGRIFFSKONTEXT).
Auf keinem Fall kann dem Endbenutzer im kommerziellen Bereich das Erstellen von solchen Programmen überlassen und zugemutet werden. Mit Hilfe solcher Zugriffsprogramme wären zwar einige der genannten funktionalen Anforderungen weitgehend abdeckbar. Grundsätzlich bleiben aber die Nachteile von sbit/setuid/setgid-Programmen:

- die Zugriffsrechte sind nicht beim Objekt definiert, dort ist nicht ersichtlich, welche Zugriffsprogramme für dieses Objekt existieren
- sbit/setuid/setgid-Programme gefährden das Geheimnisprinzip, sie stellen wegen fehlender Rechte-Granularität des Systems ersatzweise Benutzer/Gruppen-Identitäten temporär zur Verfügung, die in diesen Programmen (für den Anwender nicht nachprüfbar) wieder auf die Zielobjekte beschränkt werden sollen. Vom Prinzip her werden damit aber zunächst wesentlich mehr Rechte zur Verfügung gestellt als angefordert.

Ein weiteres Problem bei der Verwendung von solchen Zugriffsprogrammen ist die Integration vorhandener UNIX-Software. Diese greift i.a. auf Dateien über Systemcalls direkt zu, ohne Fremdprozesse zu bemühen. Hier wäre Migrationsaufwand nötig - im Betrieb müßten außerdem Performance-Verluste in Kauf genommen werden.
Andere UNIX-Zugriffsschutzprobleme wurden im Abschnitt **Überblick** genannt.

7. ACL's in UNIX V.3 - ein Ansatz bei Mannesmann Kienzle.

Die bereits unter ZUGRIFFS-KONTEXT genannten Aspekte, ergänzt um einige weitere, bildeten den Hintergrund bei der Entwicklung eines erweiterten Zugriffsschutz-Systems auf UNIX V 3.2 bei der Mannesmann Kienzle GmbH - ein erster entwicklungsinterner Prototyp liegt vor. Erweiterungen werden bearbeitet, auch um weitere Forderungen der vorliegenden IT-Sicherheitskriterien einzubringen. Folgende Aspekte wurden berücksichtigt (Stichwort UNIX-ZUGRIFFS-SYSTEM):

- bei der Entwicklung: Nutzung vorhandener Mechanismen, Minimierung von Kern-Änderungen, einfache Portierbarkeit
- Kompatibilität zu UNIX V 3.2
- Einfache und einheitliche Handhabung durch den Endbenutzer
- Flexibilität in Hinblick auf Definition temporärer Rechte
- Flexibiltät und Granularität von Rechteverteilung und Kontextdefinition
- Unterstützung gewachsener Organisationsstrukturen
- Geheimnis-Prinzip: nur so viele Rechte wie nötig erteilen
- Soweit wie möglich: inhärente Fehlertoleranz gegenüber Bedienung
- Sicherheit der Mechanismen gegen Umgehung.

Objekte des Standard-Zugriffsschutzes in UNIX V 3.2 sind Filesystem-Objekte sowie Objekte der Prozeßkommunikation (Message Queues, Semaphore, Shared Memory Bereiche).

Die Forderungen nach Kontextberücksichtigung, nach Flexibilität und Granularität von Rechteverteilung und Kontextdefinition, nach Unterstützung gewachsener Organisationsstrukturen und nach Realisierungsmöglichkeit des Geheimnisprinzips führen zu folgender Struktur der erweiterten Rechte-Definition:
für ein Objekt gibt es eine **Zugriffsliste**, kurz ACL (Access Control List), in der in Abhängigkeit von Benutzer und Kontext Zugriffsrechte definiert werden:

```
user_1 kontext_1 rechte_a
user_1 kontext_2 rechte_b
user_2 kontext_2 rechte_c
user_2 kontext_3 rechte_d
```

oder kürzer als Funktion im mathematischen Sinn:

Rechte = acl_fkt (Benutzer, Kontext).

Dabei besteht der Kontext im allgemeinen aus mehreren Spalten bzw. Parametern. Als sinnvolle Kontextspalten wurden bisher angesehen:

Gruppe, Zugriffsprogramm, Zeitdefinition

oder kürzer:

```
Rechte = acl_fkt ( Benutzer, Gruppe,
                    Zugriffsprogramm,
                    Zeitdef.
                 )
```

Rechte können auch Nicht-Rechte, d.h. verweigerte Rechte, sein.

Findet nun bei einem Zugriff eines Prozesses auf ein Objekt eine Rechteprüfung statt, so muß lediglich überprüft werden, ob der Benutzer (Prozeß-Aufrufer) und sein Kontext in irgendeiner Zeile der ACL hinterlegt sind. Ist dies nicht der Fall, findet eine DEFAULT-Behandlung statt. Wird dagegen Übereinstimmung mit den Benutzer-Kontext-Spalten einer ACL-Zeile festgestellt, so wird geprüft, ob das angeforderte Recht (z.B. "read") in der Rechtedefinition dieser Zeile enthalten ist oder nicht, mögliche Prüfungsausgänge sind: "ja", "nein", "DEFAULT".

Kurz:

```
Prüfergebnis =
acl_check (    gewünschtes Recht,
               acl_fkt (Aufrufer, Kontext)
          )
```

Durch den Kontext Zugriffsprogramm in Verbindung mit dem Kontext Gruppe werden s-bit/setuid/setgid-Programme zur Kontextberücksichtigung überflüssig. Die Rechte sind jetzt vollständig beim Objekt definierbar.

Zu entscheiden war jetzt die Frage, wie das Prüfergebnis verwendet wird, genauer wie die Kooperation zwischen ACL-Prüfung und UNIX-Rechteprüfung aussehen soll. Denkbar sind folgende Ansätze (vgl. (10)/(10a) Suttun):

- Das ACL-System löst das UNIX-Zugriffssystem vollständig ab
- Optionale ACL's statt UNIX-Zugriffs-Bits: pro Objekt entweder ACL- oder Standard-UNIX-Rechte.
- Optionale ACL's pro Objekt und UNIX-Zugriffs-Bits: pro Objekt Kooperation zwischen ACL-Prüfung und UNIX-Rechteprüfung.

Da für viele Fälle die Granularität der UNIX-Rechte-Bits ausreicht und aus Kompatibilitätsgründen wurde die letzte Lösung gewählt. ACL's können pro Objekt angelegt werden. ACL's sollen nicht umgehbare absolute Rechtedefinitionen möglich machen: auf Benutzer und Kontext zutreffende Rechteaussagen der ACL übersteuern deshalb Rechteaussagen der UNIX-Rechte-Bits, wird dagegen in der ACL keine Rechteaussage getroffen, so wird als DEFAULT-Aktion auf die UNIX-Rechte-Bits zurückgegriffen. Aus Gründen der Sicherheit gegen Umgehung soll sich die Prüfung auf die reale Benutzer-ID und nicht auf die effektive Benutzer-ID beziehen (nur der Superuser kann die reale Benutzer-ID umsetzen).

ACL's sollen möglichst für alle Arten von Rechteverwaltung eingesetzt werden (z.B. Verwaltung von Menüobjekten, von Auftragslisten des Spoolsystems, allgemein von frei definierbaren Objekten), nicht nur für die Rechteverwaltung von Objekten, des UNIX-Zugriffsschutzes. Für Verwaltungssoftware auf solchen frei definierbaren Objekten und für Benutzerschnittstellen stehen deshalb die gleichen ACL-Schnittstellen zur Verfügung wie für ACL's von UNIX-Objekten.

Folgende Grundfunktionen zur ACL-Behandlung werden angeboten:

acl_syscr	- ACL-Verzeichnis erzeugen
acl_sysdel	- ACL-Verzeichnis löschen
acl_exist	- Listen von ACL-Objekten einer Menge
acl_new	- ACL anlegen oder Überschreiben
acl_list	- ACL-Inhalt auflisten
acl_delete	- Löschen einer ACL
acl_iin	- Update in ACL oder Anlegen
acl_iout	- Löschen in ACL
acl_ivalid	- Check auf/bis zur ersten Übereinstimmung: Benutzer + Kontext + Rechte gegen ACL-Zeilen
acl_iallows	- Rückgabe der Rechte zu Benutzer + Kontext.

Auf ACL's und damit auf ACL-Verzeichnisse können normale Benutzer nur über die oben genannten "vertrauenswürdigen" Grundfunktionen zugreifen, die auch als Kommandos vorliegen. ACL-Änderun-

gen können nur vom Owner des zugehörigen Objekts und dem Administrator ausgeführt werden. Jede ACL-Änderung und jede Rechte-Prüfung werden geschützt protokolliert.
Einschränkungen für den lesenden (listenden, prüfenden) Zugriff auf eine ACL können definiert werden, indem die ACL-Verzeichnisse selber über ACL's geschützt werden (Kontext Zugriffsprogramme) . Bei ACL's auf Filesystem-Objekten wirkt sich wie in Standard-UNIX zusätzlich die hierarchische Struktur des Dateisystems aus:
Lesender Zugriff auf die ACL eines Objekts ist nur dann möglich, wenn alle über dem Objekt liegenden Directories "betretbar" sind (das x-Recht haben) und das Oberdirectory des Objekts lesbar ist.

Wie erwähnt, stehen die Grundfunktionen sowohl als Programmschnittstellen als auch als Kommandos zur Verfügung. Die Kommandos sind sowohl interaktiv als auch im Batch nutzbar. Außer bei den Grundfunktionen acl_syscr/acl_sysdel erzeugen alle Kommandos Outputs in einem übersichtlichen Steuerdateiformat (vgl. Bild 4), das wiederum von allen Kommandos als Input verarbeitbar ist (z.B. acl_exist | acl_list, acl_list | acl_new). Diese Steuerdateien unterstützen die Rechte-Administration hinsichtlich:

- Dokumentation der Rechtestruktur
- Ist-Soll-Vergleich der Rechte
- Rechte-Beschreibungen für Organisationsstrukturen
- Softwareauslieferung (Definition von Benutzerrollen beim Hersteller)
- Software-Installation
- Datensicherung.

```
# Kommentar: dies ist ein Beispiel
# für eine ACL-Steuerdatel mit einfachen
# Wildcards
@ACL: FILE
@CWD: /usr/finanz

# ACL-Objekte (teilweise relativ zu @CWD):
        lizenz/einnahmen
        lizenz/ausgaben
        rechnungen
        /usr/buchhaltung
        (
             meier      buch        r+w+Nx

# Vertretung:schmidt für schulze
             schmidt    buch        r+w+Nx

# auskommentiert wegen Urlaub:
          ^^^ schulze   buch        r+w+Nx
# Mahnabteilung:
             NN         mahn        r++Nw+Nx
# alle anderen:
             NN         NN          Nr+Nw+Nx
        )
# jetzt folgt die nächste ACL
```

Bild 4: eine ACL-Steuerdatei

Bei der ersten Realisierung des ACL-Systems wurde ein Prototyp mit eingeschränkter Funktionalität realisiert: ACL's sind auf Filesystem-Objekte und frei definierbare Objekte anwendbar. Als Kontextspalte steht zunächst nur die Gruppenspalte zur Verfügung.

Flexibilität in der Handhabung von ACL's ist wichtig für den Einsatz in der Praxis

- kurzfristige ACL-Änderungen wie auch Default-Einstellungen sollten unterstützt werden. In der realisierten Lösung werden dazu verschiedene Möglichkeiten angeboten (vgl. Bild 4/5):

1. durch zwei Klassen von Wildcards kann eine Wertung auf den ACL-Zeilen formuliert werden: priorisierte Wildcards ALLUSER / ALLGROUP übertreffen explizite Benutzer-/ Gruppennamen-Nennungen und ermöglichen so auf einfache Weise temporäre Übersteuerungen einer ACL; einfache Wildcards NN werden von expliziter Namensnennung übertroffen, so sind Default-Einstellungen einfach formulierbar
2. in der ACL können Zeilen durch "Auskommentieren" ohne Löschen temporär außer Kraft gesetzt werden
3. in ACL-Steuerdateien sind beliebige Kommentare möglich
4. bei unvollständiger Rechtedefinition in einer ACL-Zeile werden andere ACL-Zeilen zur Ergänzung herangezogen.

```
# Kommentar: dies ist ein Beispiel
# für den Einsatz verschiedener Wildcards
#
@ACL: FILE
@CWD: /usr/finanz

# ACL-Objekte (teilweise relativ zu @CWD):
        lizenz/einnahmen
        lizenz/ausgaben
        rechnungen
        /usr/buchhaltung
        (
# Revision:
             ALLUSER   buch      Nr+Nw+Nx
             ALLUSER   revision  r+Nw+Nx

             meier     buch      r+w+Nx
# Vertretung:schmidt für schulze
             schmidt   buch      r+w+Nx
# auskommentiert wegen Urlaub:
        ^^^  schulze   buch      r+w+Nx
# Mahnabteilung:
             NN        mahn      r++Nw+Nx
# alle anderen:
             NN        NN        Nr+Nw+Nx
        )
# jetzt folgt die nächste ACL
```

Bild 5: ACL-Steuerdatei mit mehreren Wildcards

Die ACL-Prüfung bei Filesystem-Objekten wurde in den Zugriffsschutz-Mechanismus des UNIX-Kerns integriert, um höchstmögliche Sicherheit gegen Umgehung zu bieten und vorhandene UNIX-Software in die ACL-Funktionalität mit einzubeziehen. Um den Entwicklungsaufwand zu minimieren und ganz in Sinne der UNIX-Kern-Philosophie "small is beautiful", wurden nur die absolut notwendigen Grundfunktionen der Rechteprüfung in den Kern gelegt. Die ACL-Änderungs-Funktionen wurden auf Prozeßebene realisiert.
Beim Zugriff auf Filesystem-Objekte durch Systemcalls wird vor der UNIX-Rechte-Prüfung die ACL ausgewertet und bei Verweigerung des Zugriffs durch die ACL der Systemcall fehlerhaft mit errno=EACCES beendet (UNIX-V-kompatibel). Ansonsten wird der Systemcall hinsichtlich der Rechteprüfung fehlerfrei durchlaufen, sofern die ACL eine Aussage über das gewünschte Recht enthält. Ist dies nicht der Fall, wird als DEFAULT-Behandlung die UNIX-Rechte-Prüfung wie üblich durchlaufen.

8. Bewertung

Bei unserem Ansatz sollte das UNIX-ZUGRIFFS-SYSTEM mit Blick auf folgende Punkte modifiziert werden:

- bei der Entwicklung: Nutzung vorhandener Mechanismen, Minimierung von Kern-Änderungen, einfache Portierbarkeit
- Kompatibilität zu UNIX V 3.2
- einfache und einheitliche Handhabung
- Flexibilität in Hinblick auf Definition temporärer Rechte
- Flexibilität und Granularität von Rechte- und Kontextdefinition
- Unterstützung gewachsener Organisationsstrukturen

- kompetenz- und rollengebundene Rechtevergabe
- Geheimnis-Prinzip: nur so viele Rechte wie nötig erteilen
- inhärente Fehlertoleranz gegenüber Bedienung
- Sicherheit der Mechanismen gegen Umgehung (speziell des Zugriffskontextes).

Hinsichtlich dieser Aspekte konnte eine wesentliche Verbesserung gegenüber Standard-UNIX erreicht werden. Die Vervollständigung der realisierten Lösung durch Erweiterung des Zugriffskontextes bietet dem Endbenutzer die Möglichkeit zu einheitlicher anwendungs-, kontext- und organisations-orientierter Zugriffsschutz-Verwaltung.

Die Lösung ist zu vorhandener UNIX-Software kompatibel. Programme, die intern mittels stat/fstat-Systemcall eine eigene Rechteverwaltung betreiben, müßten ggf. angepaßt werden - im allgemeinen kann dies aber durch ACLs auf Zwischendirectories vermieden werden.

Hinsichtlich der Bewertung nach IT-Sicherheitskriterien sehen wir wesentliche Forderungen der Funktionalitätsklasse F2 hinsichtlich Zugriffsschutz als erfüllt an.

9. Hinweise und Weiterentwicklungen

Rechtegranularität und -kontrolle:
ACLs für Filesystem-Objekte können relativ einfach um ein Link-/Delete-Recht erweitert werden.
Es sind verschiedene Strategien möglich um weitere Kontroll-Rechte für die ACL-Rechtevergabe einzuführen, insbesondere um Eigentümern Rechte entziehen zu können, ohne gleichzeitig dem

Administrator oder von ihm beliebig definierbaren Benutzern alle Rechte am Objekt zu geben (mandatory control, Restriktion des Administrators, Hierachie- und Agreement-Schemata).

Programm-/Prozeßrestriktionen:
Durch Einführung von PACLs sollte der Zugriffsbereich von Programmen beschränkt werden können, solche Definitionsrechte sollten in einen Programm-Owner-Anteil und einen diesen kontrollierenden Administrator-Anteil zerlegt werden.

Kontextgranularität:
Als Zusatzkontext zum Zugriffsprogramm sollte noch freier ACL-Kontext angebbar sein, der vom Zugriffsprogramm zu interpretieren ist. In allen Fällen mit Kontext Zugriffsprogramm muß das Zugriffsprogramm implizit vor Änderung durch Aufrufberechtigte geschützt werden.

Superuser- und ACL-Administrator-Restriktion:
Schon ohne Kernänderung lassen sich zur Zerlegung von Administrationsaufgaben verschiedene Superuser-Oberflächen unter verschiedenen Logins mit restringierten Aktionsmöglichkeiten realisieren (Austausch der Standard-Kommando-Interpreter). Für Superuser oder Privilegierte ist eine definierte und validierte Programmumgebung zu schaffen. Schon in der ACL-Prototyplösung wirken ACLs auch auf Superuser, können allerdings durch Übergang des Superusers in die ACL-Administrator-Rolle wieder umdefiniert werden (su-Kommando). Dies gilt es zu verhindern, analog muß der ACL-Administrator hinsichtlich Programmstart restringiert werden - hier sind Untersuchungen notwendig.

Repräsentationstechniken:
Beliebige Kommentare sollten auch direkt in ACLs möglich sein. Zwischen ACLs sollten Bedeutungs-Links gelegt werden können, die unabhängige Änderung dieser ACLs verhindern: Visualisierungs-

techniken zur Konfigurations- und Rechte-Repräsentation sollten entwickelt werden. Für diese Zwecke kann der Einsatz von Methoden der objektorientierten Wissensverarbeitung nützlich sein.

Literatur:

(1) Bach, Maurice: The Design of the UNIX Operating System; Englewood Cliffs, New Yersey, USA 1986; Prentice Hall

(2) Beth, T; Gollmann, D.: Formale Methoden: Korrektheitsbeweise und praktische Sicherheit; E.I.S.S. Report 90/3, Universität Karlsruhe

(3) Department of Defense : Trusted Computer System Evaluation Criteria CSC-STD-001-83; Fort George G. Meade, Maryland USA 1983

(4) Gleißner; Grimm; Herda; Isselhorst: Manipulation in Rechnern und Netzen; Addison-Wesley 1989

(5) Kersten, Heinrich: Der deutsche Kriterienkatalog für die Bewertung von Sicherheit und Vertrauenswürdigkeit von DV-Anlagen; in: Recht der Datenverarbeitung, Heft 1 1989; Datakontext Verlag Köln

(6) Kowalski, Oliver C.: Schutz im BirliX-Betriebssystem; Konzepte und Implementierung; Diplomarbeit Universität Bonn, 1989

(7) Martin, Günter: UNIX System V, Release 4.0: Die Integration bisheriger UNIX-Varianten; Tagungsband der GUUG-Jahrestagung 1989, NETWORK GmbH

(8) Riekert, Wolf-Fritz,J.: Werkzeuge und Systeme zur Unterstützung des Erwerbs und der objektorientierten Modellierung von Wissen; Dissertation Universität Stuttgart, 1986

(9) Stobbe, Christine; Stocker, Elmar: Software - Sicherheit und Bewertung; in: Informationstechnik it, Heft 1 1990, R. Oldenbourg Verlag

(10) Sutton, Steve: Can UNIX be trusted?; in: CommUNIXations Sept./Okt. 1987; /usr/group Santa Clara USA

(10a) Sutton, Steve: Trusting UNIX; in CommUNIXations May/June 1989; /usr/group Santa Clara USA

(11) Wacker,Birgit: Zugriffsschutz unter UNIX; Diplomarbeit Fachhochschule Furtwangen, 1988

(12) X/OPEN Company, Ltd.: X/OPEN Security Guide; Prentice Hall 1989

(13) Zentralstelle für Sicherheit in der Informationstechnik ZSI: IT-Sicherheitskriterien, Kriterien für die Bewertung der Sicherheit von Systemen der Informationstechnik (IT); Köln 1989; Bundesanzeiger Verlagsges.mbH

ABSTRAHLSICHERHEIT

Unbefugter Informationsgewinn (Verlust der Vertraulichkeit) durch kompromittierende Abstrahlung

Dr. Hans Peter Dorst

1. Zusammenfassung

Die kompromittierende Abstrahlung ist nahezu bei jedem informationsverarbeitendem elektrischen Gerät als unerwünschter (jedoch in der Regel die Gerätefunktion und Leistungsmerkmale nicht störender) Nebeneffekt (Schmutzeffekt) vorhanden. Die Einschätzung des Risikos einer Kompromittierung (Bewertung des Verlustes der Vertraulichkeit) ist nur möglich, wenn die Geräte komplexen Prüfmethoden der Hochfrequenzmeßtechnik unterzogen werden. Jahrzehntelange Erfahrung, hochmoderne Meßausstattungen und Prüfvorgaben sind in der Zentralstelle für Sicherheit in der Informationstechnik (ZSI) für alle Belange des staatlichen Geheimschutzes vorhanden.

Mit der Umwandlung der Zentralstelle (ZSI) in das Bundesamt (BSI) sind zusammen mit den Geräteherstellern entsprechende Abstrahlmeßvorgaben für den Datenschutz allgemein zu erarbeiten.

Wesentlich billigere abstrahlarme Geräte (für den VS- und Datenschutz) lassen sich herstellen, wenn die Abstrahlschutzmaßnahmen schon zum Zeitpunkt der Geräteentwicklung berücksichtigt werden.

2. Entstehung, Ausbreitung, Reichweite

In einem elektrischen Gerät ändern sich bei der Verarbeitung, Speicherung und Übertragung von Informationen Ströme und Spannungen, die aufgrund physikalischer Gesetze elektromagnetische Wellen erzeugen. Riese Wellen werden von dem Gerät wie bei einer Antenne abgestrahlt (Raumstrahlung) oder breiten sich entlang der Gerätekabel aus (leitungsgebundene Strahlung, z.B. entlang des Netzkabels, eines Datenkabels, einer Steuer- oder Kontrolleitung). Diejenigen Anteile der Strahlungen, die mit der zu schützenden Information verknüpft sind oder von ihr sogar direkt erzeugt werden, lassen sich eventuell mit einer Antenne oder einer Stromzange über dem Kabel wieder derart auffangen und mit Signalaufbereitungs- und Signalanalyseverfahren auswerten, daß man die zu schützende Information rekonstruieren kann. Dieser Anteil der Strahlung ist kompromittierend bzw. bloßstellend. Es handelt sich hierbei um eine kompromittierende elektromagnetische Strahlung.

Diese physikalisch-technische Freisetzung der kompromittierenden Informationen ist grundsätzlich bei allen elektronischen Geräten vorhanden. Die kompromittierenden Signale der elektronischen Schaltkreise koppeln über die Bauteile der umgebenden Elektronik, über die elektrisch leitende Geräteumgebung als Zufallsleiter (wie z.B. Kabelbäume zwischen den Schaltungsmodulen, metallene Halterungen innerhalb des Gerätes und metallene Teile des Gerätegehäuses) und verlassen das Gerät zum größten Teil aufmoduliert auf gerätespezifischen internen Signalquellen (Modulationsträger) als Raumstrahlung bzw. als leitungsgebundene Strahlung. Diese Freisetzung beruht sozusagen auf "Schmutzeffekten" (unkontrollierte Kopplung auf benachbarte geräteinterne metallische Leiter, räumlicher Geräteaufbau, Streukapazitäten und Streuinduktivitäten von Bauteilen). Da die abgestrahlten kompromittierenden Signalanteile in der Regel keinen Einfluß auf die "Elektromagnetische Verträglichkeit" des Gerätes nehmen und da sie die Funktion des Gerätes nicht stören, hatten in der Vergangenheit die Gerätehersteller keine Veranlassung, schon im Stadium der Geräteentwicklung über diese Effekte und deren kostengünstige Reduzierung nachzudenken, es sei denn, sie haben Geräte für den staatl. Geheimschutz entwickelt. Generell ist davon auszugehen, daß insbesondere bei handelsüblichen EDV-Geräten (z.B. Datensichtstationen) das Risiko der technisch auswertbaren kompromittierenden Abstrahlungen besteht. Die Ausbreitung einer derartigen Abstrahlung hängt von einer Vielzahl von Faktoren ab, so daß die Reichweite in einem hohen Maße differiert.

Derartige Einflußgrößen sind u.a.:

- Die Amplituden (elektr., magn. Feldstärke, Strom, Spannung) des von dem jeweiligen Gerät abgestrahlten Signals sowie deren Verteilung über den Frequenzbereich (Strahlungscharakteristik), die sogar innerhalb einer Serie des gleichen Gerätetyps stark variieren können.
- Die am Empfangsort vorhandenen Störfeldstärken bzw. Störspannungen die gleichfalls starken Schwankungen unterliegen. Sie können ein erfolgreiches Auffinden und Selektieren der kompromittierenden Signalfrequenzen verhindern oder machen einen hohen Aufwand für Signalaufbereitungs- und Analyseverfahren erforderlich. Zu den im o.a. Sinne zu erwartenden Störspektren zählen z.B. die Strahlungen von Rundfunksendern, Maschinen, PKW, sonstigen elektronischen Geräten, Leuchtstofflampen und unter Umständen auch die nicht kompromittierenden Strahlungsanteile des abzuhörenden Gerätes.
- Die am Installationsort vorhandene elektromagnetische Dämpfung zwischen Aufstellungs- und Empfangsort (Dämpfung des Gebäudes durch unterschiedliche Baumaterialien, Fensterarten und -größen, Dämpfung des Freiraumes bis zur Umzäunung des Werkgeländes). Hierbei beeinflussen unkontrollierte Kopplungen mit benachbarten metallischen Lei-

tern wie z.B. interne und externe Verkabelung des Gebäudes (Telefon, Strom, sonstige Metallkabel), sonstige interne und externe Versorgungsrohre aus Metall (Heizung, Wasser usw.), Metallarmierungen des Gebäudes und unterschiedliche Installationsverhältnisse der Geräte (insbesondere bzgl. der Erdung) die elektromagnetische Dämpfung so stark, daß das Dämpfungsverhalten im gesamten Strahlungsbereich der kompromittierenden Geräte in der Regel nicht berechnet oder mit dem Metermaß (Entfernung zur Gebäude- oder Grundstücksgrenze) ermittelt werden kann, sondern als elektromagnetische Größe gemessen werden muß.

Wegen der o.a. zahlreichen Variationsmöglichkeiten sind bei handelsüblichen, d.h. nicht sonderentstörten Geräten, die in einem modernen Bürogebäude installiert werden, keine allgemeinen Angaben zur Reichweite der Kompromittierung der verschiedenen elektronischen Gerätetypen möglich, wenn weder die Geräte noch die Gebäudedämpfung entsprechend vermessen sind.
Zusätzlich muß die gleichfalls von der Einsatzumgebung abhängige Bedrohung, denen die Geräte bzw. Systeme ausgesetzt sind, analysiert sein.

Verallgemeinernd läßt sich nur sagen, daß die Reichweite der kompromittierenden Abstrahlung nur dann auf ein begrenztes Umfeld um das installierte System beschränkt bleibt (Nahfeld-Risiko),

- wenn eine Einkopplung mit entsprechenden Amplituden in Übertragungssysteme verhindert wird (z.B. Einkopplung in den Modulatoreingang eines Funkgerätes, in den Dateneingang eines Modems oder durch Kabelübersprechen in die Telefonanlage der Post),
- wenn ein weitmaschig vernetztes System über Lichtwellenleiter anstelle über Metallkabel verbunden wird,
- wenn sogenannte "Erdschleifen" bei vernetzten Systemen möglichst vermieden werden.

Ein in sich abgeschlossenes kompaktes EDV-System mit Datensichtstation ("stand alone"), das z.B. einer mittleren Bedrohung ausgesetzt ist (mittlere Bedrohung: Es ist mit absichtlichen TEMPEST-Angriffen zu rechnen von Personen mit technischen Kenntnissen der Hardware des Systems und ausgestattet mit mittelgroßem technischen Aufwand zum Empfangen, Regenerieren und Auswerten der bloßstellenden Abstrahlung), wird in einem Umfeld von 20m (Radius) mit Erfolg, im Umkreis von 100m bei geringen Störfeldstärken und in einem größeren Radius nur bei günstigsten Bedingungen abzuhören sein.

3. Nachweis, Prüfung, Abstrahlrisiken

Art und Stärke der kompromittierenden Abstrahlung sind sehr abhängig von dem Aufbau und der Funktion der Elektronik, von dem Aufbau der Mechanik und der Verkabelung der verschiedenen Gerätetypen, so daß die entsprechenden Schutzmaßnahmen in der Regel gerätespezifische Maßnahmen darstellen und an der jeweiligen Hardware gezielt zu realisieren sind.

Die Entstehung der kompromittierenden Signale in dem jeweiligen Gerät und deren Ausbreitungen aus dem Gerät heraus lassen sich auch mit heutigen leistungsfähigen Rechenanlagen nicht zufriedenstellend vorab theoretisch ermitteln. Den einzig umfassenden Nachweis der kompromittierenden Signale und den Nachweis der Wirksamkeit von Schutzmaßnahmen liefert eine zeit- und kostenaufwendige Meßtechnik. Dies bedeutet für den Gerätehersteller, daß umfangreiche Abstrahluntersuchungen entwicklungsbegleitend durchzuführen sind und für die prüfende und bewertende Stelle, daß mit rasch fortschreitender Technik ein großer Forschungs- und Entwicklungsbedarf an Abstrahl-Meßverfahren, -Kriterien und Werkzeugen (Meßsystemen) besteht, die zur Prüfung des Abstrahlverhaltens vorgegeben werden müssen.

Ausgangspunkt für die Abstrahlforderungen an ein Büro- bzw. DV-System, das einen unbefugten Informationsgewinn technisch verhindern soll, ist das Ausmaß der Bedrohung, dem dieses System im Einsatz ausgesetzt wird. Auf die Bedrohungsanalyse, die neben den technischen Abstrahlrisiken zusätzliche Abhängigkeiten von der Sensitivität der im System verarbeiteten Informationen, von der Umwelt des Systems, von materiellen Schutzmaßnahmen technischer und organisatorischer Art usw. aufweisen muß, soll hier nicht eingegangen werden.

Auch der Umfang der am Gerät durchzuführenden Prüfungen (zum Nachweis der Kompromittierung) ist sehr davon abhängig, welche technischen Abstrahlrisiken bei der vom jeweiligen Benutzer der Geräte zu ermittelnden Bedrohung berücksichtigt werden müssen.

Schon eine relativ einfach aufgebaute elektronische Typenradschreibmaschine enthält ca. 10 verschiedene Signalarten, die während des Schreibvorganges bei vielen verschiedenen Frequenzwerten gleichzeitig abstrahlen (Vielfachstrahler) und mit stark unterschiedlichem Meßgeräte- und Analyseaufwand auswertbar sind. Im folgenden werden Beispiele für Abstrahlrisiken verschiedene Bewertungsstufen aufgeführt:

3.1.

Ein Abstrahlrisiko hoher Bewertungsstufe liegt sicherlich dann vor, wenn der Signaltyp in dem zu untersuchenden Gerät nach dem Einschalten des Gerätes periodisch abläuft und damit periodisch, d.h. regelmäßig und ununterbrochen abstrahlt, wie dies z.B. beim Videosignal eines Datensichtgerätes der Fall ist, das zusätzlich noch artverwandt mit dem Bildsignal des Fernsehempfängers ist.
Die Zeichen auf dem Bildschirm einer Datensichtstation sind aus einzelnen Bildpunkten aufgebaut, die zeilenweise von einem Elektronenstrahl geschrieben werden, wobei der gesamte Bildaufbau periodisch (z.B. 60 Bilder pro Sekunde) wiederholt wird. Um die

einzelnen Bildpunkte zu erzeugen) wird der Elektronenstrahl hell bzw. dunkel getastet. Das Steuersignal hierzu ist das "Videosignal". Es wird in digitalen Schaltungen erzeugt und im Videoverstärker auf mehrere 100 Volt verstärkt. Sowohl das Basisband als auch die Oberwellen des Videosignals sind als kompromittierende Abstrahlungen zu empfangen. Zur Auswertung wird ein geeigneter Empfänger auf eine Frequenz, auf der das Videosignal möglichst stark und ungestört empfangen werden kann, abgestimmt. Am Demodulationsausgang des Empfängers steht nun das ursprüngliche Videosignal des strahlenden Datensichtgerätes zur Verfügung. Wird mit diesem Signal ein Monitor, dessen Bild mit dem des Datensichtgerätes synchronisiert ist, angesteuert, ist der Bildinhalt des Datensichtgerätes wieder lesbar.

Die Synchronisation des empfangenden Bildschirms auf den abstrahlenden kann z.B. mittels eines stabilen Generators, der die Zeilenfrequenz direkt und die Bildfrequenz über einen Frequenzteiler synchronisiert, erreicht werden. Da das Bild periodisch wiederholt wird, läßt sich durch Mittelwertbildung über mehrere Bilder (z.B. in einem digitalen Speicher oder durch Photographie mit langer Belichtungszeit) der Bildschirminhalt auch aus sehr schwachen bzw. stark gestörten Signalen zurückgewinnen. Dies ist auch dann möglich, wenn die Störung durch verschiedene andere Datensichtgeräte in der Nähe verursacht wird. Da die Synchronfrequenzen verschiedener Datensichtgeräte auch bei gleicher Bauart geringfügig voneinander abweichen, liefert das Sichtgerät, auf das synchronisiert wurde, ein stehendes Bild, während alle anderen Sichtgeräte mehr oder weniger stark "durchlaufende" Bilder erzeugen, die bei langer Mittelung verwaschen.

Das beschriebene Prinzip des Empfangs und der Darstellung der Videoabstrahlung läßt sich auf alle Datensichtgeräte mit herkömmlichen Bildröhren (Kathodenstrahlröhren) anwenden, lediglich die Synchronfrequenzen müssen an das jeweilige Gerät angepaßt werden. Werden die Zeichen auf andere Art dargestellt (z.B. Flüssigkristall (LCD)-Anzeige oder Plasma-Bildschirm), läßt sich das Bild u.U. nicht auf die beschriebene Art auswerten.

3.2.

Ein mittleres Abstrahlrisiko ist zu erwarten, wenn geräteinterne Signale abstrahlen; die zwar nicht periodisch, jedoch bei vielen Geräten gleich sind, wie z.B. Tastatursignale genormter Einheitstastaturen, Signale gleichartiger Typenrad-Druckköpfe bei Schreibmaschinen, Signale von Nadeldruckern und Signale von Lochern bei Fernschreibern. Da der Druck- und Lochvorgang relativ große elektrische Ströme erfordert, sind die Amplituden der abgestrahlten Signale entsprechend hoch. Die Auswertung solcher Signale ist nur möglich bei Kenntnis der gerätespezifischen Elektronik.

Das gleiche Abstrahlrisiko ist zu erwarten für international genormte und damit bekannte Schnittstellensignale, wie z.B. V.24-Datensignal, Fernschreib-Code (Telegrafenalphabet), CCITT empfohlene Modemsignale, usw.

Betrachtet man z.B. die kompromittierende Abstrahlung einer Bildschirm-Tastatur, so unterscheidet sie sich erheblich von der des Bildschirms.

Während das Videosignal periodisch wiederholt wird, strahlt die Tastatur bei jedem Tastendruck nur einmal einen Impuls oder eine Impulsgruppe ab. Die zeitlichen Abstände zwischen den Impulsen und die Anzahl der Impulse einer Gruppe sind charakteristisch für die gedrückte Taste.
Soll eine bestimmte Tastatur abgehört werden, so müssen zunächst im Labor die charakteristischen Impulsmuster einer Tastatur des gleichen Typs aufgezeichnet und als Referenzmuster abgespeichert werden. Die Auswertung der empfangenen Signale kann z.B. auf folgende verschiedene Arten durchgeführt werden:

- Ein speziell für diesen Zweck programmierter Signalprozessor, in den auch die Referenzmuster eingespeichert sind, analysiert das empfangene Signal. Je nach Umfang der Analyse ist bei der Verwendung schneller Signalprozessoren u.U. ein Echtzeitmitlesen möglich, derart, daß eine Zeichenanalyse bereits vor Betätigung der nächsten Taste beendet ist.

- Die empfangenen Pulsmuster werden zunächst nur aufgezeichnet. Die Meßdaten werden dann später in einen Rechner übertragen, der die Analyse durchführt. Untersuchungen in der ZSI haben die Analysierbarkeit und Mitlesbarkeit von Tastatursignalen bestätigt.

Da bei jedem Tastendruck die Impulse nur einmal abgestrahlt werden, ist die Auswertung der Signale sehr störanfällig. Einerseits kann ein hoher elektromagnetischer Störpegel der Umgebung die Auswertung leicht unmöglich machen, andererseits ist bei niedrigem Störpegel mit größeren Reichweiten der Abstrahlung zu rechnen. Auch die Abstrahlung einer Tastatur kann in einer Installation hoher Bedrohung eine potentielle Gefahr für einen Lauschangriff darstellen.

3.3.

Ein geringes Abstrahlrisiko beinhalten Signale paralleler Verarbeitung, so daß z.B. das Abstrahlverhalten des eigentlichen Rechnerteils eines PC, sofern nicht Abstrahlungen serieller Schnittstellen zu Datenendgeräten zu berücksichtigen sind, bei entsprechend geringer Bedrohung zu vernachlässigen ist.

4. Abstrahlsicherheit im Rahmen des staatlichen Geheimschutzes

Um den besonderen technischen Abstrahlrisiken durch geeignete und der jeweiligen Bedrohung angemessene Abstrahlschutzmaßnahmen begegnen zu können, gelten für den staatlichen Geheimschutz eine Reihe von Abstrahlmeßvorschriften, die die Prüfmethodik, die Meßsysteme und die bedrohungsabhängig erlaubten Maximalwerte der kompromittierenden Signalamplituden vorgeben. Diese Vorschriften sind als Verschlußsache eingestuft und gelten für alle NATO-Staaten hinsichtlich der Be- und Verarbeitung geheimzuhaltender NATO-Informationen. Aus Gründen der Vereinheitlichung werden diese Vorschriften gem. den VS-Fernmelderichtlinien des BMI auch bei der Be- und Verarbeitung nationaler US-Informationen angewandt.
Ergänzend soll angemerkt werden, daß für den NICHT-VS-Bereich derzeit vom Verband Deutscher Maschinen- und Anlagenbau eV. (VDMA) innerhalb der Fachgemeinschaft Büro- und Informationstechnik geeignete und nicht eingestufte Abstrahlspezifikationen für den Datenschutz bei Banken, Versicherungen und zum Schutz vor Industriespionage erarbeitet werden.

Büro- und DV-Geräte können hinsichtlich der Abstrahlsicherheit mit unterschiedlichem technischen Aufwand entstört, d.h. geschützt sein:

4.1.

"Abstrahlfreies" uneingeschränkt verwendbares Gerät, dessen kompromittierende Raumstrahlung in Im Abstand vom Gerät und dessen leitungsgebundene kompromittierende Abstrahlung an den Gerätesteckern (Netz-, Erd- und Steuerleitungen) die entsprechende Meßvorschrift erfüllt, erhält eine Typenzulassung.

4.2.

"Nicht abstrahlfreies", jedoch abstrahlarmes Gerät, dessen unerwünschte Strahlungsanteile durch die gesondert zu messende elektromagnetische Raum- und leitungsgebundene Dämpfung zwischen Aufstellungsort des Gerätes und der Bereichsgrenze (Grundstücksumzäunung) genügend abgedämpft werden, erhält eine Freigabe zum Betrieb.

Bei diesem von der ZSI entwickelten sogenannten Zonenmodell wurden vier Bewertungskategorien für die Dämpfung festgelegt, so daß vier Stufen für den Abstrahlschutz von Büro- und DV-Geräten von schwach bis zu stark strahlendem Gerät neben der o.a. abstrahlfreien Version möglich sind.

5. Technische Abstrahlschutzmaßnahmen für Büro- und DV-Geräte

Generell muß bei der Entwicklung und dem Einsatz der Informationstechnik die Sicherheit in der Informationstechnik als gleichrangiges Ziel neben die allgemeinen Leistungsmerkmale treten.

Die bisherigen Erfahrungen beim staatlichen Geheimschutz zeigen jedoch, daß derzeit, obwohl der Bedarf an preiswerten abstrahlsicheren und (gemäß Zonenmodell) abstrahlarmen DV-Geräten sehr groß ist und obwohl die vom Bundesminister des Innern 1986 erlassenen VS-Fernmelderichtlinien auch den Abstrahlschutz von elektrischem Büro- und DV-Gerät einbeziehen, entsprechende preiswerte Geräte seitens der Industrie nur in geringem Umfang angeboten werden.
Die Folge davon ist, daß sowohl vorhandene als auch neu zu beschaffende, nicht abstrahlgeschützte DV-Geräte nachträglich mit relativ hohem Aufwand so modifiziert werden müssen, daß

diese Geräte zumindest im Rahmen des Zonenmodells eingesetzt werden können.

Die Zentralstelle für Sicherheit in der Informationstechnik wird in Kürze eine ca. zweijährige Untersuchung in Zusammenarbeit mit der Industrie und der Universität abschließen und die Geräteher-steller und auch die Firmen, die DV-Produkte anderer Hersteller entsprechend modifizieren wollen, beraten können.

Die Untersuchung umfaßt folgende Schwerpunkte:

Anstelle einer aufwendigen, teuren, konsequenten Abschirmung und Filterung aller Baugruppen eines DV-Gerätes hinsichtlich der strengen Meßvorschrift für abstrahlfreie Geräte werden Verfahren zur gezielten preiswerten nachträglichen Modifikation basierend auf den geringeren Forderungen des Zonenmodelles entwickelt.

Geeignete Schirmmaterialien (Metallgewebe, metallisierte Kunststoffe, elektrisch leitfähige Beschichtungen, Metallgewebe in Acryl, Dichtungsmaterialien, leitende Kleber, Materialen mit Lüftungs- und Durchführungslöchern usw.) werden mit einem hierfür entwickelten Meßverfahren untersucht. Neben der Beurteilung hinsichtlich ihrer Eigenschaften zur Gehäuseabschirmung werden z.B. ihre Material-, Verarbeitungs- und Werkzeugkosten, ihre Kontaktierbarkeit, mechanische Beanspruchbarkeit und Korrosionsbeständigkeit beurteilt.

Anstelle teurer und nicht universell einsetzbarer L-C-Filter werden Alternativen, wie z.B. Verwendung verlustbehafteter Leitungen, eines Schirmmantels mit Absorbermaterial, Ferritkerne, gefilterte Steckverbindungen auf Ferritkernbasis realisiert und untersucht.

Verfahren zur Messung und Optimierung von Schirmgehäusen (Gehäuse für die Datensichtgeräte, Rechner-, Tastatur- und Drucker-Einheit eines Personalcomputers) hinsichtlich der elektromagnetischen Dämpfung werden erarbeitet. Hierzu wird ein entsprechend kleiner und flacher Testgenerator entwickelt.

Ein handelsüblicher PC wird nach den gewonnenen Erkenntnissen entstört.

Sicherheit in Betriebssystemen

Dr. Gerhard Weck

Zusammenfassung

Die in den IT-Sicherheitskriterien definierten Sicherheits-Grundfunktionen lassen sich als allgemeine Dienstleistungsfunktionen moderner Betriebssysteme zur Verfügung stellen. Bei geeigneter Software-Qualität dieser Funktionen wird dadurch die gebotene Sicherheit wesentlich erhöht.

1. Einleitung

Die IT-Sicherheitskriterien definieren eine Reihe von Sicherheits-Grundfunktionen, die als die Basis für die Realisierung sicherer EDV-Systeme betrachtet werden. Systeme, die einen Anspruch darauf erheben, eine sichere Datenverarbeitung zu ermöglichen, müssen im allgemeinen mehrere dieser Grundfunktionen unterstützen, wobei die Auswahl der notwendigen Funktionen von dem für das betreffende System vorgesehenen Einsatzbereich abhängt.

Betrachtet man Systeme für den allgemeinen EDV-Einsatz, sogenannte "general purpose"-Rechner wie etwa Timesharing-Systeme, so stellt man fest, daß aufgrund der Allgemeinheit des Einsatz-Gebietes im wesentlichen alle Sicherheits-Grundfunktionen verfügbar sein müssen; lediglich auf die Funktionen zur Übertragungssicherung kann man bei Rechnern verzichten, die über keine Netz-Anschlüsse verfügen.

Während nun einerseits die Sicherheits-Grundfunktionen die Basis jeder Schutzmaßnahmen im Rechner bilden, beruht andererseits alle auf diesem Rechner laufende Software auf den Dienstleistungen, die das Betriebssystem als zentrale Software-Komponente zur Verfügung stellt. Es liegt daher nahe - und hat sich auch in der Praxis bewährt -, die Sicherheits-Grundfunktionen ebenfalls im Betriebssystem zu realisieren und aller anderen Software als Basisdienste anzubieten. Zwar wird in einigen älteren Betriebssystemen aus Kompatibilitätsgründen die Bereitstellung von Sicherheitsfunktionen separaten Add-on-Paketen übertragen, doch ist ein solcher Ansatz inhärent unsicherer als die Integration der Sicherheit direkt in das Betriebssystem.

Der vorliegende Artikel untersucht, auf welche Weise die Sicherheits-Grundfunktionen der IT-Sicherheitskriterien in Betriebssystemen realisiert werden können; dabei wird lediglich die Grundfunktion der Übertragungssicherung aus den Betrachtungen ausgeklammert, da diese Grundfunktion im allgemeinen eher Bestandteil der Netz-Software ist. Die hier dargestellten allgemeinen Konzepte sind in modernen sicheren Betriebssystemen in der einen oder anderen Form aufzufinden; Systeme, die hier Mängel aufweisen, verdienen in der Regel nicht das Prädikat "sicher". Es kommt zur Erzielung von Sicherheit jedoch nicht nur darauf an, eine bestimmte Funktionalität zur Verfügung zu stellen; vielmehr muß gewährleistet sein, daß diese Funktionalität auch zuverlässig geboten wird und nicht ausgeschaltet oder umgangen werden kann. Aus diesem Grunde werden hier auch Aspekte der Software-Qualität betrachtet, die sich ebenfalls an dem in den IT-Sicherheitskriterien aufgestellten begrifflichen Rahmen orientieren.

Abschließend wird ein Ausblick gegeben, in welchem Umfang und auf welche Art zu erwarten ist, daß sich die Sicherheit der marktgängigen Betriebssysteme als Reaktion der Hersteller auf die IT-Kriterien - hoffentlich verbessern wird.

2. Grundfunktionen der Systemsicherheit

2.1. Identifikation und Authentisierung

Die Aufgabe des Zugangsschutzes läßt sich durch eine sehr einfache Aussage charakterisieren: Es muß sichergestellt werden, daß genau die Personen Zugang erhalten, die die Berechtigung dazu haben, und daß die Identität dieser Personen dem System zweifelsfrei bekannt ist. Dieser Erkennungsvorgang läßt sich logisch in zwei Teile zerlegen:

- In einem Identifikations-Vorgang deklariert der potentielle Benutzer seine Identität gegenüber dem System. Dieser Schritt ist nur partiell sicherheitsrelevant, da jeder Benutzer im Prinzip jede beliebige, im System zugelassene Identität deklarieren kann und da es in den meisten Systemen allgemein bekannte Identitäten wie etwa SYSTEM, TSOS o.ä. gibt.

- In einem zweiten Schritt, der Authentisierung, muß der potentielle Benutzer dem System gegenüber den Beweis antreten, daß die angegebene Identität tatsächlich die korrekte ist. Wenn einem Angreifer hier eine Täuschung des Systems gelingt, so kann er die vorgegebene Identität unberechtigterweise annehmen und damit die Sicherheit des Systems unterlaufen; hier liegt also der eigentlich sicherheitsrelevante Teil des Erkennungsvorganges.

Die Verfahren, durch die EDV-Systeme die Überprüfung der Zulässigkeit und Korrektheit der Benutzer-Identitäten vornehmen, beruhen im wesentlichen auf drei Grundlagen:

- Wohl am weitesten verbreitet sind Systeme, die eine bestimmte Information erfordern, die eine Person **wissen** muß, um Zugang zu erhalten. Die gängige Realisierung besteht in einer Authentisierung durch Paßworte, bei der jeder Benutzer nach Angabe seiner Identifikation zusammen mit ihr ein Paßwort eingeben muß, das vom Rechner auf Übereinstimmung mit einem für diesen Benutzer abgespeicherten Paßwort verglichen wird.

Dieses Verfahren ist einfach zu realisieren und auch einfach zu bedienen; es bietet ausreichenden Schutz, falls die im nächsten Abschnitt dargestellten Regeln bei seiner Implementierung beachtet werden. Insbesondere ist es unbedingt erforderlich, daß dem Systemverwalter Steuerungsmöglichkeiten gegeben sind, durch die er regelmäßiges Wechseln der Paßworte erzwingen und gleichzeitig verhindern kann, daß zu kurze oder zu einfache Paßworte gewählt werden. Andererseits zeigt die Erfahrung, daß Paßwortsysteme häufig unsicher betrieben werden, indem die Paßworte zu selten gewechselt, ungeeignete, d.h. leicht erratbare Paßworte verwendet oder sogar Paßworte aus Nachlässigkeit an Dritte weitergegeben werden.

- Klassische Zugangskontrolle erfordert ein bestimmtes Objekt, das eine Person **haben** muß, um Zutritt zu erhalten. Dies kann ein Schlüssel oder eine Ausweiskarte mit maschinenlesbarer Information sein. Üblich ist hier die Verwendung von Terminals, die zu ihrer Inbetriebnahme das Einstecken eines mechanischen Schlüssels oder einer optisch oder magnetisch lesbaren Ausweiskarte bzw. einer Chipkarte erfordern.

  Ein Vorteil solcher Systeme ist, daß der Diebstahl eines Schlüssels oder einer Ausweiskarte feststellbar ist, während der Diebstahl eines Paßwortes nicht bemerkt wird. Nachteile sind dagegen, daß hierzu speziell ausgerüstete Terminals erforderlich sind. Bei Verwendung mechanischer Schlüssel oder einfacher magnetischer Karten ist das

System relativ leicht durch Herstellung eines Duplikates der Ausweiskarte bzw. des Schlüssels zu brechen, wobei die Verwendung eines solchen Duplikates unbemerkt geschehen kann. Diese Fälschungsmöglichkeit ist bei der Verwendung von Chipkarten weitgehend ausgeschlossen, so das der hierdurch gebotene Schutz erheblich besser ist.

- Es gibt inzwischen Systeme, die direkt überprüfen, wer die Zutritt verlangende Person ist. Solche Systeme versuchen, die Handgeometrie, die Form der Unterschrift, das Geschwindigkeitsspektrum beim Schreiben der Unterschrift, das Tonspektrum der Sprache oder die Fingerabdrücke zu analysieren.

Wenn auch schon Systeme des dritten Typs auf dem Markt sind, so ist ihre Zuverlässigkeit doch noch nicht so hoch, daß man sie als ausgereift betrachten könnte. Es empfiehlt sich daher im allgemeinen, Systeme der beiden ersten Arten einzusetzen, wobei der alleinige Einsatz nur eines solchen Systems wegen der obengenannten Schwächen nur bei niedrigen Sicherheitsanforderungen empfehlenswert ist. Kombiniert man jedoch die beiden ersten Verfahren miteinander, so kommt man zu einem relativ zuverlässigen und sicheren System. Dabei muß die Person, die Zutritt erlangen will, sowohl im Besitz eines bestimmten Objektes sein als auch über eine bestimmte Information verfügen. Dies entspricht dem Schließverfahren von Tresoren, die über eine Kombination von Schlüssel- und Kombinationsschloß verfügen. Insbesondere bei Verwendung von Chipkarten sind solche Systeme nur noch zu brechen, wenn sowohl die Ausweiskarte als auch das Paßwort in **dieselben** unrechten Hände gelangen; bei einiger Vorsicht ist die Wahrscheinlichkeit hierfür sehr gering.

Implementierungstechnisch legt man die Schritte der Identifikation und der Authentisierung in einen Software-Baustein des Betriebssystems, der bei jeder Kontaktaufnahme mit dem System im

Rahmen eines sogenannten "Login"-Vorganges durchlaufen wird; nach fehlerfreiem Durchlaufen des Logins ist dann gewährleistet, daß

- einerseits nur solche Benutzer Zugang zum Rechner erhalten, die dazu berechtigt sind, und daß
- andererseits die Identität dieser Benutzer zweifelsfrei bestimmt wurde.

Damit steht dem Betriebssystem nun eine Basis für die Vergabe und die Überprüfung der Benutzerrechte zur Verfügung.

2.2. Rechteverwaltung und Rechteprüfung

Man unterscheidet im wesentlichen zwei Arten von Rechten, die die Basis für die Autorisierung der Benutzer bilden:

- Zugriffsrechte, die bestimmen, auf welche Informationen die einzelnen Benutzer in welcher Weise zugreifen dürfen, und
- Funktionsrechte, die festlegen, welche Operationen die einzelnen Benutzer ausführen dürfen.

Dabei sind in vielen Fällen beide Arten von Rechten zu überprüfen, ehe einem Benutzer eine bestimmte Operation gestattet werden darf, da diese Operation im allgemeinen nicht nur das Vorliegen von Funktionsrechten erfordert, sondern auch auf Daten Bezug nimmt, wozu dann die entsprechenden Zugriffsrechte benötigt werden.

Bei der Kontrolle des Zugriffs auf Daten muß man zwischen den dabei eingesetzten Strategien einerseits und den zur ihrer Durchsetzung bzw. Realisierung verwendeten Verfahren andererseits unterscheiden. Bei den Strategien unterscheidet man im wesentlichen die beiden Klassen der diskreten Kontrollen und die der globalen Zugriffsmodelle, wobei die ersteren meist von einem Eigentümer-Modell ausgehen, während die letzteren das Ziel der Durchsetzung organisatorischer Richtlinien haben, die für alle Eigentümer von Daten bindend sind. Bei nach dem Eigentümer-Modell strukturierten Zugriffsrechten werden dagegen für jede Information im Rechner ein oder mehrere Benutzer als "Eigentümer" dieser Information betrachtet, und genau diese Benutzer haben das Recht, über die Zugriffsmöglichkeiten darauf zu entscheiden.

Ältere Verfahren zum Schutz von Dateien beruhen auf der Vergabe von Zugriffs-Paßwörtern; diese Verfahren werden in modernen Schutzsystemen wegen gravierender Schwächen nicht mehr angewendet. Schutzverfahren, die auf Eigentümer-Modellen beruhen, organisieren die Zugriffsschutz-Informationen meist in der Form von Zugriffsmatrizen oder -listen. Diese Matrizen oder Listen legen für jeden einzelnen Benutzer und jede einzelne Datei fest, ob und ggfs. welche Zugriffsrechte dieser Benutzer auf die betreffende Datei besitzt (oder auch nicht).

Es ist im Prinzip möglich, für jedes Datenobjekt separat die Schutzanforderungen dieses Datenobjektes anzugeben. Eine derartige Beschreibung der Zugriffskontrolle legt im wesentlichen für die einzelnen Benutzer fest, welche Operationen sie - eventuell unter bestimmten Randbedingungen - auf dieses Datenobjekt anwenden dürfen.

Wesentliches Charakteristikum dieser Schutzstrategie ist es, daß die Zugriffsrechte auf einer individuellen Basis festgelegt werden. Die Rechte, die ein bestimmter Benutzer in Bezug auf ein bestimmtes Datenobjekt hat, beeinflussen weder seine Rechte in Bezug auf andere Datenobjekte - zumindest solange diese von dem betrachteten Datenobjekt unabhängig sind -, noch beeinflussen sie direkt die Rechte anderer Benutzer bezüglich dieses Datenobjektes. Man spricht daher bei dieser Schutzstrategie von "diskreter Kontrolle" der Zugriffsrechte.

Der Hauptvorteil diskreter Zugriffskontrollen ist ihre Flexibilität und Anpaßbarkeit an individuelle Schutzbedürfnisse einzelner Datenobjekte und an individuelle Zugriffserfordernisse einzelner Benutzer. Durch die Vergabe einzelner Zugriffsrechte läßt es sich im Prinzip erreichen, daß jeder Benutzer auf genau die Datenobjekte in genau der Form zugreifen darf, für die er autorisiert ist.

Um die Vergabe der Zugriffsrechte formal beschreiben und damit auch steuern zu können, geht man bei diskreten Zugriffskontrollen im allgemeinen vom Konzept des "Eigentümers" eines Datenobjektes aus. Eigentümer wird dabei im allgemeinen zunächst der, der dieses Datenobjekt erzeugt bzw. auf dessen Veranlassung es erzeugt wird. Der Eigentümer ist - bei personenbezogenen Daten - im allgemeinen nicht die Person, auf die sich die Daten beziehen, sondern die Person, die die Kontrolle über die Daten hat.

Bei Erzeugung eines Datenobjektes stehen seinem Eigentümer bestimmte Zugriffsrechte auf dieses Objekt zur Verfügung. Zu diesen Zugriffsrechten gehört insbesondere das Recht der Veränderung der Zugriffsrechte auf dieses Objekt. Der Eigentümer kann, sofern er nicht sowieso alle Zugriffsrechte für dieses Objekt besitzt, seine Rechte erweitern; ebenso kann er bei Bedarf - etwa um sich selbst vor Fehlern zu schützen - seine eigenen Rechte einschränken.

Ein wichtiges Recht, das dem Eigentümer eines bestimmten Datenobjektes zusteht, ist das der Vergabe und Zurücknahme von Zugriffsrechten für andere Benutzer, durch das er die allgemeine Zugreifbarkeit des Objektes steuern kann. Es ist eine wesentliche Eigenschaft des Eigentümer-Modells, daß die Vergabe aller Zugriffsrechte letztlich vom Eigentümer eines Datenobjektes kontrolliert wird. Es ist zwar in manchen auf diskreter Zugriffskontrolle basierenden Systemen möglich, daß der Eigentümer Rechte zur Kontrolle und auch Weitergabe der Zugriffsrechte an andere Benutzer weitergeben kann, doch ist letztlich er selbst die Quelle auch aller weitergegebenen Zugriffsrechte.

Die Anwendung diskreter Zugriffsrechte ist vom Standpunkt der organisatorischen Ebene des Datenschutzes nicht ganz unproblematisch. Dies liegt daran, daß es zur Durchsetzung einer auf der organisatorischen Ebene festgelegten Schutzstrategie bei der Verwendung diskreter Zugriffskontrollen erforderlich ist, daß alle Zugriffsrechte genau im Einklang mit dieser Strategie vergeben werden. Da dies jedoch ein korrektes Verhalten aller Eigentümer von Datenobjekten voraussetzt, läßt sich diese Forderung nicht automatisch erzwingen, wenn man diskrete Kontrollen als Basis des Zugriffsschutzes zugrundelegt.

Um die mit der diskreten Zugriffskontrolle nicht zu erreichende Durchsetzung globaler Schutzanforderungen zu realisieren, wurden verschiedene Modelle entwickelt, die eine globale Spezifikation einer Schutzstrategie und deren automatische Umsetzung in die Kontrolle des Zugriffs auf einzelne Datenobjekte ermöglichen.

Derartige Modelle gehen von der Existenz globaler Schutzkriterien aus, die gemeinsame Schutzbedürfnisse ganzer Klassen von Datenobjekten beschreiben. Diesen Schutzkriterien stehen globale Zugriffsrechte gegenüber, die den Benutzern des Systems zugewiesen werden können. Ein Zugriff auf ein bestimmtes Datenobjekt wird nur dann gestattet, wenn die Zugriffsrechte des betreffenden Benutzers im Einklang stehen mit den Schutzbedürfnissen der Klasse, zu der das gewünschte Datenobjekt gehört.

Globale Zugriffsmodelle wurden zuerst im Kontext militärischer Systeme entwickelt, da hier einerseits relativ leicht formalisierbare Schutzstrategien vorgegeben waren und da andererseits gerade hier ein besonderer Bedarf an Schutzsystemen besteht, die die Einhaltung vorgegebener Datenschutz-Richtlinien erzwingen.

Entsprechend orientieren sich die meisten globalen Zugriffsmodelle an militärischen Datenschutz-Vorgaben, und erst in letzter Zeit sind Versuche festzustellen, auch für den nicht-militärischen Bereich Grundlagen für einen globalen Zugriffsschutz zu entwickeln.

Die Vorteile globalen Zugriffsschutzes ergeben sich direkt aus der Motivation zu seiner Entwicklung. Es sind dies im wesentlichen die direkte Übertragung organisatorischer Vorgaben in die Realisierung des Zugriffsschutzes, ohne daß dazu eine korrekte Vergabe von Zugriffsrechten durch die Eigentümer dar einzelnen Datenobjekte erforderlich wäre, und die Reduktion des Umfangs der benötigten Zugriffsschutz-Information. Die letztere ergibt sich daraus, daß bei globalen Zugriffskontrollen nicht mehr einzelne Datenobjekte, sondern nur noch ganze Klassen von Objekten verwaltet werden müssen und daß auch meist eine Einteilung der Benutzer in Klassen und damit eine weitere Reduktion der Anzahl der zu verwaltenden Zugriffsrechte erfolgen kann.

Es darf jedoch nicht übersehen werden, daß globale Zugriffsrechte auch nur eine globale Steuerung der Zugriffe auf den Datenbestand erlauben; eine spezifische Kontrolle der Zugriffe bestimmter Benutzer auf bestimmte Datenobjekte ist bei globalen Kontrollen im allgemeinen nicht möglich. Eine wesentlich schwerere Einschränkung ist noch, daß durch das zugrundegelegte Zugriffsmodell die Menge der möglichen Verteilungen von Zugriffsrechten und deren Änderung vorweggenommen oder zumindest sehr stark eingeschränkt werden. Aus dieser Einschränkung resultiert hauptsächlich der Mangel an globalen Zugriffskontrollen für nicht-militärische Systeme, da es durchaus noch nicht klar ist, welche Zugriffsmodelle auf ein konkretes kommerzielles System anzuwenden sind.

Aufgrund dieser Einschränkungen ist es langfristig wohl zu erwarten, daß eine allgemein verwendbare Zugriffskontrolle sowohl diskrete als auch globale Komponenten umfassen wird, die in einer der jeweiligen Anwendung angemessenen Form miteinander zu kombinieren sind. Bei einer derartigen Kombination diskreter und globaler Zugriffskontrollen können etwa die Schutzbedürfnisse einzelner Klassen von Datenobjekten durch globale Kontrollen befriedigt werden, während diskrete Kontrollen für eine genauere Abstimmung des Zugriffsschutzes innerhalb der einzelnen Klassen sorgen.

2.3. Nachweisführung

Viele moderne Betriebssysteme stellen Hilfsmittel zur Verfügung, um aktuelle sicherheitsrelevante Vorgänge in einem sogenannten "Audit-Log" aufzuzeichnen und später zu analysieren. Während eine Überwachung der aktuellen Vorgänge im wesentlichen dazu dient, Gefährdungen im Augenblick ihrer Wirksamkeit zu erkennen und möglicherweise zu verhindern, kann durch Aufzeichnung und spätere Analyse im Nachhinein erkannt werden, ob eine Bedrohung wirksam wurde, so daß korrektive Maßnahmen eingeleitet werden können. Derartige a-posteriori-Kontrollen verhindern zwar nicht direkt eine Tat gegen die Datensicherheit, doch ermöglichen sie es oft, die Auswirkungen der Tat rückgängig zu machen und gegebenenfalls auch den Täter zu identifizieren. Da sich hierdurch eine gewisse Abschreckung ergibt, stellen solche Maßnahmen indirekt einen zusätzlichen Schutz dar.

Bestimmte Vorkommnisse im System, wie etwa Zugriffe auf ausgewählte Dateien, abgewiesene Zugriffsversuche, Zugriffe unter Verwendung von Systemverwalter-Rechten, Eindringversuche über Fernzugriffsleitungen o.ä., können als "auditierbare" Ereignisse definiert sein. Tritt ein solches Ereignis ein, so muß das System dies feststellen, und es muß einen entsprechenden Eintrag in das Audit-Log machen.

Das Audit-Log selbst wird dabei oft in doppelter Form geführt werden:

- Alle Audit-Einträge werden in einer Datei abgelegt; diese Datei kann später mit geeigneten Werkzeugen ausgewertet werden.
- Zusätzlich ist es empfehlenswert, ein Ausgabe-Gerät (Terminal, Drucker) zur Erzeugung eines Audit-Protokolls mitlaufen zu lassen, um bei eventuellen Sicherheitsproblemen sofort reagieren zu können.

Es muß - einem dazu berechtigten Benutzer - möglich sein, die Log-Funktion nach Bedarf global oder selektiv zu aktivieren oder zu deaktivieren, um genau die aktuell interessierenden Informationen protokollieren zu lassen.

Setzt man die on-line Ausgabe des Audit-Protokolls auf einem als "Sicherheits-Konsole" verwendeten Terminal ein, so hat man ein Alarm-System, das es ermöglicht, Verletzungen des Datenschutzes nicht nur post facto analysieren zu können, sondern sie direkt zu erkennen, so daß man sofort geeignete Maßnahmen ergreifen kann. Wichtig ist dabei allerdings, daß man dieses sehr mächtige Werkzeug, das es erlaubt, den Täter in flagranti zu ertappen, sehr selektiv einsetzt; häufig wird der Fehler begangen, zuviele unwesentliche Information zu protokollieren, so daß echte Sicherheits-Verstöße in der Fülle der Ausgaben untergehen.

Ein sinnvoller Einsatz der Log-Information erfordert das Vorhandensein geeigneter Selektionsmechanismen, die es erlauben, aktuell interessierende Teile des Logs nach bestimmten Kriterien zu extrahieren. Während Kriterien wie Benutzer, Zeitraum oder Eingabe-Gerät in jedem Fall relevante Selektionskriterien sind, läßt sich über die sonst noch notwendigen oder wünschenswerten Kriterien keine allgemeine Aussage treffen, da diese zu sehr vom Aufbau der aufgezeichneten Information abhängen, also sehr anwendungsspezifisch sind. Es ist jedoch mit allem Nachdruck festzuhalten, daß Logging ohne geeignete Selektionsmöglichkeiten wertlos ist.

2.4. Wiederaufbereitung

Eine Reihe von Betriebsmitteln wie z.B. Haupt- und Peripheriespeicher werden hintereinander von verschiedenen Prozessen benutzt oder verschiedenen Speicherobjekten (wie etwa Dateien) zugewiesen. Zwischen je zwei Nutzungen müssen solche wiederverwendbaren Betriebsmittel so wiederaufbereitet werden, daß kein Informationsfluß stattfinden kann, der gegen die Sicherheitsanforderungen verstößt.

Für den Hauptspeicher wird diese Anforderung im allgemeinen von den Betriebssystemroutinen der Speicherverwaltung erfüllt, die jeden Speicherbereich, den sie einem Prozeß zuteilen, entweder mit Daten von der Platte (z.B. aus einem Paging-File) füllen oder ihn explizit löschen, ehe sie ihn dem anfordernden Prozeß übergeben.

Für Hintergrundspeicher (Platte und Band) ist dies aus Performance-Gründen im allgemeinen nicht so einfach zu realisieren, da ein Löschen einer Datei normalerweise nur in einer Freigabe des von dieser Datei belegten Platzes und einer entsprechenden Korrektur der Verwaltungsdaten besteht. Ohne zusätzliche Maßnahmen besteht dann jedoch die Möglichkeit des Zugriffes auf zumindest Teile der gelöschten Datei, und zwar unter Umgehung des Zugriffsschutzes auf diese Datei - da die Datei ja für den Zugriffsschutz nicht mehr existiert! Solche zusätzlichen Maßnahmen können im sogenannten High-Water-Marking und/oder in der Möglichkeit der Vorwahl des Überschreibens beim Löschen bzw. in explizit gewähltem Überschreiben beim Löschen von Dateien und beim Initialisieren der Datenträger bestehen. Damit läßt sich das Problem der Wiederaufbereitung auch für Peripheriespeicher lösen, allerdings auf Kosten der Performance, denn das Überschreiben einer gelöschten Datei erfordert etwa denselben Aufwand wie das Füllen dieser Datei mit echten Daten.

2.5. Fehlerüberbrückung und Gewährleistung der Funktionalität

Aufgabe der Fehlerüberbrückung ist es, die Auswirkungen von Fehlverhalten des Systems zu begrenzen und so einen möglichst verlustfreien Ablauf zu gewährleisten. Grundvoraussetzung dazu ist, daß ein solches Fehlverhalten möglichst frühzeitig erkannt wird.

Die Fehlerüberbrückung kann aus einem kontrollierten Abbruch mit möglichst minimalem Daten-, Funktions- und Zeitverlust bestehen, oder es wird der Versuch einer Fehlerkorrektur unternommen, was vor allem bei datenbankgestützten Informationssystemen in vielen Fällen durch Rücksetzen von Transaktionen erfolgversprechend ist.

In vielen EDV-Systemen ist ein Ausfall der Funktionalität größerer Systemteile nicht tolerierbar. Es ist daher für jedes System festzulegen, welche Funktionalität unbedingt eingehalten werden muß, da ihr Ausfall die Gesamtsicherheit des Systems in nicht hinnehmbarer Weise beeinträchtigen würde. Dazu können auch Verzögerungen gehören, durch die Teile der Funktionalität nicht in einem vorgegebenen Zeitintervall zur Verfügung gestellt werden ("denial of service").

Es sind hier Mechanismen vorzusehen, die bestimmte Funktionalitäten des Systems kontinuierlich aufrechterhalten, auch wenn nicht direkt ein Fehler auftritt. Diese Mechanismen haben im wesentlichen das Ziel der <u>Fehlervermeidung</u>. Beispiele sind Verfahren zur Deadlockvermeidung, Scheduling-Algorithmen, die vorgegebene Antwortzeiten garantieren sollen, oder Redundanzmaßnahmen, durch die eine kontinuierliche Funktionalität auch bei Ausfall bestimmter Komponenten gewährleistet werden kann.

Die Verfahren zur Fehlerüberbrückung und Fehlervermeidung sind häufig Bestandteile zentraler Komponenten des Betriebssystems, wie etwa des Schedulers oder der Betriebsmittelverwaltung. Zwischen den verschiedenen Betriebssystemen bestehen hier jedoch ganz erhebliche Unterschiede hinsichtlich der diesbezüglich gebotenen Funktionalität, die von sehr weitgehenden Maßnahmen in fehlertoleranten Systemen bis hin zu gravierenden Mängeln in vor allem kleineren Systemen reichen kann.

3. QUALITÄTSASPEKTE

3.1. Qualität der Schutzmechanismen

Zusätzlich zu den funktionalen Sicherheits-Anforderungen an EDV-Systeme ist zu bestimmen, welches Vertrauen in die Realisierung dieser Sicherheits-Grundfunktionen gesetzt werden kann. Dazu sind eine Reihe qualitativer Aspekte der Spezifikation und der Realisierung der betreffenden Systeme zu begutachten. Dabei sind sowohl die Eignung der untersuchten Mechanismen zur Erfüllung der Sicherheitsanforderungen als auch die Stärke dieser Mechanismen zu beachten.

In diesen Aspekt der Systemsicherheit geht zum Beispiel die Frage ein, ob und in welchem Maße das zur Authentisierung verwendete Verfahren täuschungssicher und unumgehbar ist. So würde etwa ein Paßwortverfahren, das die Länge der zu verwendenden Paßwörter auf nur 8 Zeichen beschränkt, für mittlere und hohe Sicherheitsanforderungen als zu schwach betrachtet, während andererseits eine Sicherung des Systemzuganges durch physisch abschließbare Terminals in dem Moment als ungeeignet bezeichnet werden muß, in dem Fernzugriffe über ein Rechnernetz möglich sind.

Es darf nicht verschwiegen werden, daß die Beurteilung der Qualität der in einem konkreten Betriebssystem verfügbaren Sicherheits-Grundfunktionen ein äußerst schwieriges Unterfangen ist, das sowohl sehr gute Systemkenntnisse als auch ein darüberhinausgehendes allgemeines Verständnis der EDV-Sicherheit erfordert. Eine vollständige Untersuchung eines größeren Betriebssystems hinsichtlich der Eignung und Stärke seiner Schutz-Mechanismen ist aus diesem Grunde eine langwierige und mühevolle Aufgabe, die wegen ihres hohen Aufwandes wohl kaum von einem Anwender, sondern höchstens von einer Prüfbehörde durchgeführt wird.

3.2. Abgrenzung vertrauenswürdiger Systemkomponenten

Das Maß an Vertrauen, das man in die Sicherheitsfunktionen eines EDV-Systems setzen kann, hängt in hohem Maße von der Stärke der Abgrenzung zwischen den sicherheitsrelevanten und den nicht sicherheitsrelevanten Systemteilen ab. Eine zu geringe Stärke dieser Abgrenzung kann dazu führen, daß

- Sicherheitsfunktionen durch andere Systemkomponenten umgehbar werden;
- Sicherheitsfunktionen von anderen Systemkomponenten getäuscht werden können;
- Sicherheitsfunktionen über andere Systemkomponenten mißbraucht werden können.

Bei der Bestimmung der Sicherheit eines Systems ist insbesondere zu beachten, inwieweit die Integrität und korrekte Funktionalität der Sicherheitsfunktionen auch bei böswilligen Aktionen der Benutzer eingehalten werden. Böswillige Aktionen können dabei sowohl Aktionen sein, mit denen versucht wird, die Abgrenzung der Sicherheitsfunktionen zu anderen Systemteilen aufzubrechen, als auch solche, die versuchen, die vorhandenen Schnittstellen in einer Weise zu mißbrauchen, die einen Verstoß gegen die Sicherheitsanforderungen darstellt.

Wesentlich für die Sicherheit, die ein Betriebssystem gegen unberechtigte Zugriffe auf Daten, Betriebsmittel und auf die Programme des Betriebssystems selbst bieten kann, ist die in allen größeren Systemen getroffene Unterteilung in einen privilegierten System-Modus und einen unprivilegierten User-Modus, die als spezielle Zustände des Prozessors realisiert sind. Damit eine solche Unterteilung als Schutz-Mechanismus wirksam sein kann, müssen zwei Voraussetzungen erfüllt sein:

- Der privilegierte Modus muß eine Kontrolle aller Operationen, die im unprivilegierten Modus ablaufen, ermöglichen.
- Es darf keinen unkontrollierten Übergang vom unprivilegierten in den privilegierten Modus geben.

Der Implementierung verschieden privilegierter Modi sowie der Verfahren, durch die ein kontrollierter Übergang und eine kontrollierte Kommunikation zwischen diesen Modi möglich ist, kommt daher für die Sicherheit eines Betriebssystems eine besondere Bedeutung zu.

Dabei sind üblicherweise die Zugriffsrechte auf den Hauptspeicher im unprivilegierten Modus eingeschränkt, während sie im privilegierten Modus größer oder sogar ohne jede Einschränkung sind. Weiterhin sind im unprivilegierten Modus meist bestimmte Maschinen-Instruktionen verboten, d.h. sie führen auf einen Fehler, während diese Instruktionen Im privilegierten Modus ausführbar sind. Instruktionen dieser Art sind etwa Befehle zum Laden bestimmter Hardware-Register (etwa von Kanälen zum Anstoß einer E/A-Operation) oder zum Prozeßwechsel, die bei unkontrollierter Verwendung in Benutzerprogrammen zur Zerstörung des gesamten Betriebssystems führen könnten.

Da jedoch die Benutzerprogramme über eine Möglichkeit zum Aufruf privilegierten Codes verfügen müssen, um die Leistungen des Betriebssystems, wie etwa die Ausführung von E/A-Operationen, in Anspruch nehmen zu können, muß es einen Weg aus unprivilegiertem Code in den privilegierten Modus geben. Für die Sicherheit des Betriebssystems ist es dabei von entscheidender Bedeutung, daß dieser Weg in den privilegierten Modus so abgesichert ist, daß kein Programm diesen Übergang in unkontrollierter Weise ausführen kann. Dies wird normalerweise dadurch erreicht, daß zum Wechsel in den privilegierten Modus eine spezielle "Trap-Instruktion" vorgesehen ist, die zwar den Modus wechselt, dabei aber gleichzeitig an eine bestimmte, dafür vorgesehene Stelle des Betriebssystems verzweigt, wo dann alle erforderlichen Sicherheits-Überprüfungen vorgenommen werden können.

3.3. Software-Qualität

Um die Sicherheit eines EDV-Systems objektiv begutachten zu können, benötigt man eine explizite Angabe der an dieses System zu stellenden Sicherheitsanforderungen. Diese Anforderungen müssen zu den erwarteten Sicherheitseigenschaften des Systems in einem vernünftigen Verhältnis stehen: Je höher die erwartete Sicherheit ist, desto sorgfältiger müssen auch die Sicherheitsanforderungen formuliert sein; es macht keinen Sinn, etwa ein formal verifiziertes System zu verlangen und dennoch die Sicherheitsanforderungen nur in verbaler Form anzugeben. Zu begutachten ist dabei das verwendete Sicherheitsmodell und seine Darstellung (z.B. verbal, semiformal und formal) sowie die Konsistenz und Widerspruchsfreiheit der Sicherheitsanforderungen.

Will man nun feststellen, inwieweit ein gegebenes System die ihm zugrundeliegenden Sicherheitsanforderungen erfüllt, so muß man nicht zuletzt die Qualität der diesem System zugrundeliegenden Software bestimmen. Dies beginnt bei der Spezifikation dieser Software, für deren Qualität eine Reihe von Aspekten angegeben werden kann, die betrachtet werden müssen:

- Inhalt und Darstellung
- Detaillierungsgrad
- Abbildung auf die Sicherheitsanforderungen:
    - o Darstellung
    - o Nachvollziehbarkeit
- Abbildung benachbarter Hierarchiestufen der Spezifikation aufeinander
- Nachvollziehbarkeit der Nebeneffektfreiheit
- Qualität der verwendeten Werkzeuge

Zur Beurteilung der Qualität der Implementierung der Sicherheitsfunktionen sind dann noch die folgenden Aspekte zu betrachten:

- Abbildung der Implementierung auf die Spezifikation
- Nebeneffektfreiheit bezüglich der Sicherheitsanforderungen
- Implementierungssprache
- Art und Qualität der verwendeten Werkzeuge
- Qualität der Implementierungsumgebung:
    - o Versionskontrolle
    - o Rollentrennung im Software-Entwicklungsprozeß
    - o Zugriffskontrolle
    - o Nachweisführung

o Tests und Testwerkzeuge

o Vertrauenswürdigkeit des Entwicklungspersonals

Es steht außer Frage, daß sich diese Aspekte der Software-Qualität nicht ohne intensive Zusammenarbeit mit den Entwicklern des betreffenden Systems klären lassen.

3.4. Betriebsqualität

Die Betriebsqualität ist ein Maß dafür, wie korrekt sich die Sicherheitsfunktionen unter normalen Betriebsbedingungen und in Ausnahme-Situationen verhalten, und wie die Einhaltung der Sicherheitsanforderungen bei Konfigurierung, Wartung und Software-Änderungen garantiert wird. Hier sind die folgenden Aspekte zu begutachten:

- Konfigurierbarkeit: Es ist zu bestimmen, ob und in welchem Ausmaß sich mögliche Konfigurationsänderungen des betrachteten Systems auf dessen Sicherheit auswirken.
- System-Generierung: Bei der Generierung und beim Einspielen der System-Software bestehen üblicherweise Eingriffsmöglichkeiten, die häufig auch die Sicherheit dieses Systems beeinflussen. Von einem sicheren System ist zu erwarten, daß diese Eingriffsmöglichkeiten dokumentiert und in ihren Auswirkungen beschrieben sind und daß Gegenmaßnahmen gegen unkontrollierte Eingriffe verfügbar sind.
- Selbsttesteinrichtungen: Sichere Systeme sollten über Diagnosesysteme verfügen, mit denen festgestellt werden kann, ob die Schutzmaßnahmen der Hard- und Software korrekt arbeiten.
- Wartbarkeit: Im Falle der Wartung von Hard- und/oder Software ist oft die Funktionalität der Schutzmaßnahmen eingeschränkt oder ganz aufgehoben. Es ist erforderlich, daß

die Auswirkungen solcher Maßnahmen in einem sicheren System dokumentiert sind, damit durch geeignete organisatorische Maßnahmen dafür gesorgt werden kann, daß auch im Wartungsfall eine vertretbare Sicherheit erhalten bleibt.

- Sicherer Wiederanlauf nach Wartung/Fehler: Es ist wichtig, daß ein sicheres System nach einem Wartungs- oder Fehlerfall automatisch wieder in einem sicheren Zustand anläuft oder zumindest mit definierten Prozeduren wieder in einen solchen sicheren Zustand gebracht werden kann.

Diese Forderungen an die Betriebsqualität sicherer Systeme werden von den marktgängigen Betriebssystemen in höchst unterschiedlichem Maße erfüllt; es gibt Systeme, die über eine recht hohe Betriebsqualität verfügen, während andere Systeme, vor allem solche älteren Datums und aus dem UNIX-Umfeld, in dieser Hinsicht gravierende Mängel aufweisen.

4. AUSBLICK

Ein Reihe moderner Betriebssysteme bietet inzwischen Schutzverfahren, die auf den hier beschriebenen Prinzipien basieren. Ältere Betriebssysteme, zu denen vor allem Systeme für Großrechner gehören, verfügen dagegen Im allgemeinen nicht über adäquate Kontrollen. Da dieser Mangel den Herstellern inzwischen bewußt geworden ist, wird auf folgende Arten Abhilfe geschaffen:

- Für einige Systeme, wie zum Beispiel MVS, werden Zusatzpakete angeboten, die den im Betriebssystem fehlenden Schutz realisieren. Mit Installation eines solchen Zusatzpaketes läßt sich im allgemeinen eine Zugangs- und Zugriffskontrolle realisieren, die heutigen Anforderungen gerecht wird. Allerdings besteht bei solchen aufgesetzten Paketen grundsätzlich die Gefahr, daß die Kontrollen über Schwachstellen des darunterliegenden Betriebssystems umgangen werden; diese Gefahr läßt sich nicht in allen Fällen zuverlässig ausschließen.

- Andere Hersteller erweitern inzwischen ihr Betriebssystem direkt um Funktionen zur Zugangs- und Zugriffskontrolle, die den bisher fehlenden Schutz direkt in das Betriebssystem integrieren. Während dieser Ansatz im Prinzip sicherer ist als die Verwendung von Zusatzpaketen, besteht hier die Gefahr, daß die so erweiterten Systeme in gewissem Umfang inkompatibel zu früheren Versionen werden; auch lassen sich Brüche in der Konsistenz des Systems nicht immer vermeiden.

Die Verfügbarkeit solcher Systeme mit erhöhter Sicherheit wird mittelfristig auf die Anwender einen gewissen Zwang ausüben, in sensitiven Bereichen nur noch solche Systeme einzusetzen. Dies wird insgesamt zu einer Erhöhung des Sicherheitsniveaus in der EDV führen, doch darf man bei dieser optimistischen Prognose die Tatsache nicht aus dem Auge verlieren, daß im Bereich der kleinen EDV-Systeme Betriebssysteme vorherrschen, die überhaupt keine Sicherheit bieten (wie zum Beispiel MS-DOS) oder deren Sicherheit ungenügend und noch dazu in sich selbst inkonsistent ist (wie dies für die meisten UNIX-Implementierungen gilt). Es ist höchst fraglich, in welchem Maße hier Verbesserungen zu erreichen sind. Diese Systeme stellen daher insbesondere im Falle einer Vernetzung ein ernsthaftes Sicherheitsrisiko dar.

5. LITERATUR

[1] IT-Sicherheitskriterien; Bundesanzeiger-Verlag, Juni 1989

[2] G. Weck: Datensicherheit; Leitfäden der angewandten Informatik, Teubner, Stuttgart, 1984

Logische Filter in Netzen

Dr. Franz-Peter Heider

Zusammenfassung:

Zur Zeit liegen in der Bundesrepublik nur geringe Erfahrungen der Entwicklung sicherer Systeme nach den Maßgaben der höheren Qualitätsstufen der IT-Sicherheitskriterien [1] vor. An einem überschaubaren kleinen Beispiel werden in der vorliegenden Arbeit einige Schritte einer derartigen Systementwicklung und dabei auftretende Probleme der Evaluation solcher Systeme diskutiert.

1. Ein Beispielszenario

Als Ausgangsszenario wird ein Netz aus handelsüblichen Arbeitsplatzrechnern (APC) und Servern betrachtet, in dem Nachrichten verschieden hoher Einstufung von Personen verschieden hoher Ermächtigung versendet und bearbeitet werden, wobei darüber hinaus das Prinzip "Kenntnis nur, wenn nötig" beachtet werden muß. Es kann nicht unterstellt werden, daß das Betriebssystem der APC die ihnen zugewiesenen Benutzer korrekt identifizieren kann, allerdings ist es durch andere organisatorische Maßnahmen sichergestellt, daß an jedem APC nur dazu legitimierte Benutzer mit der gleichen Ermächtigung arbeiten können. Ferner darf angenommen werden, daß das Netz die einzige Möglichkeit für den Nachrichtenaustausch zwischen den APC's (und Servern) ist. Die Sicherheitsanforderungen bestehen darin, daß das System nur solche Nachrichtenflüsse zulassen soll, die die vorgeschriebenen Beziehungen zwischen der Einstufung der Nachricht und der Ermächtigung von Absender bzw. Empfänger der Nachricht respektieren. Außerdem sollen die zulässigen Übertragungskanäle voneinander isoliert und geschützt sein. Die Durchsetzung dieser Anforderungen im System soll erfolgen durch die Zwischenschaltung geeigneter Komponenten zwischen APC's und Netz, sogenannter logischer Filter.

2. Eine Formalisierung der Sicherheitsanforderungen

Der erste Schritt der Formalisierung besteht in der Einführung eindeutiger Namen für alle im Netz verbundenen APC's und alle jemals im Netz vorkommenden Nachrichten. Die in der Geheimschutzpraxis üblichen Einstufungsgrade/Ermächtigungen [2] zusammen mit den nach dem Prinzip "Kenntnis nur, wenn nötig" zu berücksichtigenden Differenzierungen kann man als eine durch $\leq$ halbgeordnete Menge K repräsentieren. Da die Benutzer eines APC alle die gleiche Ermächtigung k haben, wird im folgenden jeweils der APC als Systemsubjekt mit der Klasse k aufgefaßt. Jeder Nachricht kann ein eindeutiger Urheber zugeordnet werden. Diese Beschreibung kann man mengentheoretisch darstellen als Quintupel

$$S = (H, N, (K, \leq), f: H \longrightarrow K, u: N \longrightarrow H),$$

bestehend aus der Menge der Rechner(namen), der Menge derNachrichten(kennungen), einer Zuweisung f von Ermächtigungen zu Rechnern und einer Kennung u von Nachrichten mit Urhebernamen.

In jeder "Momentaufnahme" des Systems sind alle Nachrichten eingestuft. Ein Benutzer darf eine Nachricht lesen, wenn seine Ermächtigung mindestens so hoch wie die Einstufung der Nachricht ist, umgekehrt müssen Benutzer die von ihnen erzeugten Nachrichten mindestens so hoch wie ihre eigene Ermächtigung einstufen. Ein Zustand z des Systems S wird daher beschrieben als ein Tripel

$$z = (L(z), S(z), E(z)),$$

worin L(z) die Teilmenge aller Paare (h,n) von H×N ist, so daß Rechner h Lese-Zugriff auf Nachricht n hat, S(z) die Teilmenge aller Paare (h,n) ist, so daß h Schreibrecht an n hat, und $E(z):N \longrightarrow K$ eine Funktion ist, die jeder Nachricht ihre aktuelle Einstufung im Zustand z zuweist. Mit Z wird im folgenden die Menge aller Zustände bezeichnet.

In der Menge Z sollen nun die Zustände ausgezeichnet werden, die konsistent zu den oben formulierten Sicherheitsanforderungen sind.

Z^g bezeichne die Menge aller Zustände, in denen für jedes Paar (h,n) aus L(z) die Beziehung $E(z)(n) \le f(h)$ gilt, d. h. die Ermächtigung von Rechner h ist mindestens so hoch wie die aktuelle Einstufung von Nachricht n.

Z^* bezeichne in analoger Weise die Menge aller Zustände, in denen für jedes Paar (h,n) aus S(z) die Beziehung $f(h) \le E(z)(n)$ gilt. Die Zustände, in denen die Sicherheitsforderungen erfüllt sind, sind also die in dem Durchschnitt

$$Z^s = Z^g \cap Z^*$$

liegenden Zustände von Z, die "sicheren" Zustände von Z.

In einer weiteren Abstraktion wird das funktionale Verhalten des Systems S im folgenden als ein Zustandsautomat A mit einem Zustandsraum St, einem Instruktionssatz I, einer Transitionsfunktion $T: I \times St \longrightarrow St$ und einem Anfangszustand st_0 modelliert. Ein solcher Automat A wird als konsistent mit den Sicherheitsanforderungen für das System S angesehen, wenn es eine Abbildung

$$\Sigma: St \longrightarrow Z$$

mit folgenden Eigenschaften gibt:

(1) $\Sigma(st_0)$ ist ein sicherer Zustand.

(2) Ist st ein von st_0 aus erreichbarer Zustand von A , für den $\Sigma(st)$ sicher ist,und i eine Instruktion aus I, so ist im Folgezustand $st'=T(i,st)$ des Automaten auch $\Sigma(st')$ sicher.

(3) Einstufungen von Nachrichten werden niemals heruntergesetzt, d. h. ist st ein von st_0 aus erreichbarer Zustand von A, für den $\Sigma(st)$ sicher ist, und i eine Instruktion aus I, so gilt $E(\Sigma(st))(n) \leq E(\Sigma(st'))(n)$.

Ein derartiges Paar (A,Σ) wird als Bell-LaPadula-System bezeichnet. Die charakterisierenden Eigenschaften von Bell-LaPadula-Systemen bilden in unserem Beispiel die Formalisierung der informell gegebenen (unrealistisch) einfachen Sicherheitsanforderungen.

3. Eine Formalisierung des Systemkonzepts

Im folgenden Schritt wird eine Formalisierung der Konzepte "Rechner", "Logischer Filter" und "Netz" vorgenommen.

Ein Rechner mit Namen h führt zu jedem Zeitpunkt einen aktuellen Bestand an Nachrichten. Er kann

- eine Nachricht aus dem lokalen Bestand lesen,
- eine Nachricht aus dem Bestand an einen anderen Rechner senden,
- eine neue Nachricht schreiben und in den Bestand einstellen,
- eine Nachricht von einem anderen Rechner empfangen und in den Bestand einspeisen.

Der Zustand des Rechners h ist modellierbar als die Menge der Nachrichten, die den Bestand repräsentieren, also als eine Teilmenge von N. Im Anfangszustand ist der Bestand leer. Die bestandsändernden Ereignisse haben die Form

- (les, n) = Lesen der Nachricht mit Kennung n,

- (snd,a,n) = Senden der Nachricht n an den Rechner mit Namen a,
- (sch,n) = Erzeugen einer neuen Nachricht mit Kennung n,
- (emp,n) = Empfangen einer Nachricht mit Kennung n.

Das dynamische Verhalten des Rechners h wird modelliert durch einen Automaten $\mathfrak{H}^h$ mit dem Zustandraum $Z_H^h=\mathfrak{P}(N)$, dem Anfangszustand $z_o=\emptyset$, dem Instruktionsalphabet

$$I_H^h = \{les, sch, emp\} \times N \cup \{snd\} \times H \times N$$

und einer Transitionsfunktion

$$T_H^h\colon I_H^h \times Z_H^h \longrightarrow Z_H^h \times \{\mathbb{T}, \mathbb{F}\}$$

welche definiert ist durch

$$T_H^h((les,n),z) := \begin{cases} (z,\mathbb{T}) & \text{, falls } n \in z \\ (z,\mathbb{F}) & \phantom{\text{, falls }} n \notin z \end{cases},$$

$$T_H^h((snd,a,n),z) := \begin{cases} (z,\mathbb{T}) & \text{, falls } n \in z \\ (z,\mathbb{F}) & \phantom{\text{, falls }} n \notin z \end{cases},$$

$$T_H^h((sch,n),z) := \begin{cases} (z\cup\{n\},\mathbb{T}) & \text{, falls } u(n)=h \text{ und } n \notin z \\ (z,\mathbb{F}) & \phantom{\text{, falls }} \text{sonst} \end{cases},$$

$$T_H^h((emp,n),z) := (z\cup\{n\},\mathbb{T}).$$

Ein logischer Filter kontrolliert den Nachrichtenfluß zwischen einem Rechner und dem Netz. Ein logischer Filter kann jeweils nur die Nachrichten einer einzigen Einstufungsklasse max aus K von den anderen Nachrichten trennen. Die Kommunikation eines logischen Filters mit dem Netz bzw. mit einem Rechner erfolgt über

- einen Eingabepuffer,
- einen Ausgabepuffer und
- ein Adreßregister.

Wenn der Eingabepuffer nicht voll ist, nimmt er Nachrichten aus dem Netz entgegen, deren Einstufung seine Klasse max nicht übersteigt, Nachrichten höherer Stufe werden nicht entgegengenommen. Wenn der Eingabepuffer voll ist, wird dessen Inhalt an den Rechner weitergeleitet; danach ist der Filter wieder empfangsbereit für Nachrichten aus dem Netz. Solange der Ausgabepuffer nicht voll ist, nimmt der Filter vom Rechner kommende Nachrichten mit Adressatenangabe entgegen, stellt die Nachricht in den Ausgabepuffer und den Namen des Adressaten in das Adressregister ein. Wenn der Ausgabepuffer voll ist, stuft er die darin enthaltene Nachricht in die Klasse max ein, und sendet sie in das Netz an den Rechner mit dem im Adressregister stehenden Namen.

Der Zustand eines logischen Filters ist beschreibbar durch den Inhalt von Eingabepuffer (EP), Ausgabepuffer (AP), Adreßregister (Adr) und Statusregister. Die beiden Bits des Statusregisters (E_flag und A_flag) geben an, ob die jeweiligen Puffer leer oder voll sind. Die zustandsändernden Ereignisse haben die Form

- (aus_Netz,n,k) = Empfangen einer Nachricht n mit der Einstufung k aus dem Netz,
- (an_Host,n) = Ausgabe der Nachricht n an den nachgeordneten Rechner,
- (von_Host,n,h) = Entgegennahme der Nachricht n mit dem Adressaten h vom nachgeordneten Rechner,
- (in_Netz,n,h,k) = Einstufung der Nachricht n mit dem Adressaten h in die Klasse k und Ausgabe an das Netz.

Analog zu der obigen Vorgehensweise wird das dynamische Verhalten eines logischen Filters der Klasse max modelliert durch einen Automaten $\mathfrak{L}^{max}$ mit dem Zustandsraum

$$Z_L^{max} = N\times\{\mathbb{T},\mathbb{F}\}\times N\times\{\mathbb{T},\mathbb{F}\}\times H,$$

den Projektionen

$$EP\colon Z_L^{max} \longrightarrow N$$

$$E\_flag\colon Z_L^{max} \longrightarrow \{\mathbb{T},\mathbb{F}\}$$

$$AP\colon Z_L^{max} \longrightarrow N$$

$$A\_flag\colon Z_L^{max} \longrightarrow \{\mathbb{T},\mathbb{F}\}$$

$$Adr\colon Z_L^{max} \longrightarrow H,$$

dem Anfangszustand $z_o \in Z_L^{max}$ mit

$$E\_flag(z_0) = A\_flag(z_0) = \mathbb{F},$$

dem Instruktionsalphabet

$$\begin{aligned} I_L^{max} = &\{aus\_Netz\}\times N\times K \\ &\cup \{an\_Host\}\times N \\ &\cup \{von\_Host\}\times N\times H \\ &\cup \{in\_Netz\}\times N\times H\times K \end{aligned}$$

und der Transitionsfunktion

$$T_L^{max}\colon I_L^{max} \times Z_L^{max} \longrightarrow Z_L^{max} \times \{\mathbb{T},\mathbb{F}\}.$$

Beispielsweise ist

$$T_L^{max}((an\_Host,n),z) := \begin{cases} ((AP(z),A\_flag(z),n,\mathbb{F},Adr(z)),\mathbb{T}) & \text{für } E\_flag(z)=\mathbb{T}\wedge EP(z)=n \\ (z,\mathbb{F}) & \text{sonst} \end{cases}$$

Es bleibt noch, die funktionale Spezifikation eines Netzes aus Rechnern mit logischen Filtern zu skizzieren.

Im Netz läuft

- das Verhalten von logischem Filter und nachgeordnetem Rechner und
- das Verhalten der logischen Filter untereinander

jeweils koordiniert ab.

- Der Filter **sendet** eine Nachricht an einen Adressaten unmittelbar (und nur dann), wenn er **von seinem** nachgeordneten Rechner die Nachricht und die Adresse übergeben bekommen hat.
- Der Rechner **empfängt** eine Nachricht unmittelbar (und nur dann), wenn der Filter seinen Ausgabepuffer leert und **an** ihn weitergibt.
- Die Filter kommunizieren miteinander, d.h. ein Filter erhält eine Nachricht mit einer bestimmten Einstufung **aus dem Netz** unmittelbar (und nur dann), wenn ein anderer Filter diese so vorbereitet und an ihn adressiert **in das Netz** eingespeist hat.

Es handelt sich hierbei um instantane, nicht unterbrechbare Abläufe.

Eine mögliche Formalisierung, die alle technisch-physikalischen Randbedingungen unberücksichtigt läßt, besteht in der Darstellung von Instruktionen i des Netzes als Funktionen $i:H \longrightarrow I_H \times I_L$, worin

$$I_H := I_H^h \cup \{\underline{nil}\} \qquad (h \in H)$$

und

$$I_L := I_L^{max} \cup \{\underline{nil}\} \qquad (max \in K)$$

gesetzt ist, und mit den Projektionen

$$pr_H : I_H \times I_L \longrightarrow I_H \text{ und } pr_L : I_H \times I_L \longrightarrow I_L$$

die Eigenschaften

(1) $\forall n \in N \forall h, a \in H$: $pr_H(i(h)) = (snd, a, n) \Longleftrightarrow$

$pr_L(i(h)) = (von\_Host, n, a)$

(2) $\forall n \in N \forall h \in H$: $pr_H(i(h)) = (emp, n) \Longleftrightarrow$

$pr_L(i(h)) = (an\_Host, n)$

(3) $\forall h \in H \forall n \in N \forall k \in K$: $pr_L(i(h)) = (aus\_Netz, n, k) \Longleftrightarrow$

$\exists a \in H$: $pr_L(i(a)) = (in\_Netz, n, k, k)$

erfüllt sind.

Das Instruktionsalphabet von I_N des Netzes $\mathfrak{N}$ kann also aufgefaßt werden als eine Teilmenge des kartesischen Produkts

$$\mathop{\times}_{h \in H} (I_H \times I_L).$$

Der Zustandsraum Z_N von $\mathfrak{N}$ sei das kartesische Produkt

$$Z_N = \mathop{\times}_{h \in H} (Z_H^h \times Z_L^{f(h)}).$$

Jeder Netzzustand wird beschrieben mittels der Einzelzustände der Rechner und logischen Filter. Man erkennt, daß jedem Rechner h ein logischer Filter zugeordnet ist, dessen Klasse f(h), d.h. die Ermächtigungsklasse von h ist.

Ein Zustand $z \in Z_N$ wird geschrieben als $z = (\sigma_h, \zeta_h)_{h \in H}$.

Der Anfangszustand z_o von $\mathfrak{N}$ habe die Eigenschaft

$$\forall h \in H: \ (\sigma_o)_h = \emptyset \wedge E\_flag((\zeta_o)_h) = A\_flag((\zeta_o)_h) = \mathbb{F},$$

d.h. anfangs seien die Puffer und Nachrichtenbestände leer. Die Transitionsfunktion

$$T_N: \ I_N \times Z_N \times (\{\mathbb{T}, \mathbb{F}\}^H \longrightarrow \mathop{\times}_{h \in H} (Z_H^h \times \ \mathbb{T}, \mathbb{F} \ ) \times Z_L^{f(h)} \ \times \{\mathbb{T}, \mathbb{F}\})$$

des Netzes ist etwas komplizierter aufzuschreiben - vgl. [3] für die Details.

Die Festlegung der Sicherheitspolitik erfolgt so, daß

- die Einstufung einer Nachricht immer in die Stufe des Urhebers der Nachricht vorgenommen wird,
- ein Rechner Lesezugriff auf eine Nachricht hat dann und nur dann, wenn sie in seinem Nachrichtenbestand enthalten ist,
- nur der Urheber einer Nachricht Schreibzugriff auf diese Nachricht hat.

Die erste Eigenschaft besagt, daß der Filter die Einstufung korrekt in die Klasse seines Rechners vornimmt, die zweite, daß Fehlzustellungen ausgeschlossen sind, die dritte, daß Veränderungen einer Nachricht auf dem Weg durch das Netz unmöglich sind.

Formal stellt man dies dar durch eine Abbildung

$$\Sigma : Z_N \longrightarrow Z_G$$

mit $z = (\sigma_h, \zeta_h)_{h\in H} \longrightarrow \Sigma(z) := (LZ(z), SZ(z), E(z))$ vermöge

$$LZ(z) := \{(h,n)\in H\times N \mid n\in o_h\}$$

$$SZ(z) := \{(h,n)\in H\times N \mid n=u(n)\}$$

$$E(z)(n) := (f\circ u)(n) \text{ für } n\in N.$$

Der in [1] geforderte formale Nachweis, daß das so spezifizierte System die Sicherheitsanforderungen erfüllt, besteht in dem (induktiv führbaren) Beweis des Satzes:

(N,Σ) ist ein Bell-LaPadula-System über S.

Die Details sind dargestellt in [3].

4. Verfeinerungen der Top-Level-Spezifikation

Die in 1. geforderte Separierung und Vermittlung von Übertragungskanälen im System wurde in dem formalen Modell aus 3.

nicht berücksichtigt. Sie läßt sich aber durch kryptographische Maßnahmen erfassen, die gleichzeitig garantieren, daß alle im Netz befindlichen Nachrichten zum Zwecke der Übertragungssicherheit verschlüsselt sind. Die Separierung innerhalb des Systems und Vermittlung des Nachrichtenflusses, die gemeinsam erst eine Kontrolle des Informationsaustauschs bewirken sollen, werden in dem verfeinerten Ansatz funktional durch Verschlüsselung und eine adäquate Schlüsselverteilung umgesetzt.

Die Formalisierung dieser Idee bedingt die Einführung neuer Strukturelemente. Beispielsweise muß bei den möglichen "Nachrichten" differenziert werden nach Klartexten, Chiffretexten, Schlüsseln und Schlüsselverteilmeldungen. Die Klasse der "Rechner" wird durch die Einführung eines Typs "Schlüsselverteilzentrale" KDC strukturiert. Im folgenden wird dargelegt, wie das Modell aus 3. auf der Basis dieser Begriffsbildungen verfeinert werden kann.

Als neues Konzept wird weiterhin der an der Vorstellung von Nachrichten als Datagrammen orientierte Typ eines "Puffers" der Form

Sender|Empfänger|Inhalt

eingeführt.

Die Vorgehensweise zur Verfeinerung wird am Beispiel des Begriffs "logischer Filter" erläutert.

Ein Filter an einem Rechner h kontrolliert den Nachrichtenfluß zwischen dem Rechner und dem Netz, indem er Nachrichten vom Rechner vor der Ausgabe ans Netz verschlüsselt und alle Nachrichten entschlüsselt, die aus dem Netz an h gelangen. Dies setzt voraus, daß der Filter mit dem jeweiligen Kommunikationspartner einen Schlüssel teilt. Die Schlüssel sind zusammen mit dem Namen der Kommunikationspartner als Paare in einer Menge enthalten, die eine Zustandskomponente des Automaten darstellt, welcher den Filter modelliert. Ein Filter muß daher in der Lage sein, an einer Schlüsselverteilung teilzunehmen. Dies bedeutet, daß er spezielle Nachrichten der KDC erkennen und verarbeiten muß. Eine

Schlüsselverteilmeldung des KDC wird entschlüsselt und das erhaltene Paar (Rechner, Schlüssel) wird zu der Schlüsselmenge hinzugenommen. Dabei werden früher empfangene Paare (Rechner,Schlüssel) überschrieben.

Um mit dem KDC kommunizieren zu können, muß der Filter im Initialzustand einen Schlüssel (KDC,k) besitzen.

Die übrigen Nachrichten, die nicht vom KDC stammen, werden nur nach einer erfolgreichen Ver- bzw. Entschlüsselung an das Netz bzw. an den Rechner weitergeleitet. "Erfolgreich" bedeutet, daß zu einer Nachricht $\underline{b}$ = (s,r,n) der Filter an Host s einen Schlüssel (r,k) und der Filter zum Rechner r den Schlüssel (s,k) besitzt. Dabei erfolgt die Verschlüsselung mit dem Ereignis (von_Host,$\underline{b}$) und die Entschlüsselung mit dem Ereignis (aus_Host,$\underline{b}$). Verschlüsselt wird der Inhalt einer Nachricht. Die Adressteile Sender und Empfänger verbleiben im Klartext.

Die Übersetzung dieser Überlegungen in eine formale Darstellung verläuft nun ganz analog zu 3. Nach der Formalisierung auch der übrigen Komponenten des Systems kann man schließlich eine Detaillierung der Top-Level-Spezifikation eines Netzes mit einer Transitionsfunktion

$$\tilde{T}_N : \tilde{I}_N \times \tilde{Z}_N \longrightarrow \tilde{Z}_N$$

erhalten (vgl. [3]), in der folgende Aussagen beweisbar sind:

Separationssatz:

In allen Filterzuständen gelangen nur Puffer mit verschlüsselten Inhalten ins Netz und nur solche mit explizit entschlüsselten Inhalten aus dem Netz zum nachgeordeten Rechner des Filters.

Vermittlungssatz:

Für alle Zustände des Netzes, die vom Anfangszustand aus erreichbar sind, gilt die Eigenschaft, daß eine Nachricht dann und nur dann von einem Rechner zu einem anderen Rechner gelangt, wenn beide Rechner die gleiche Ermächtigung besitzen, oder wenn einer der Rechner das KDC ist.

Der Zusammenhang zwischen dieser Netzspezifikation und der aus 3 wird ausgedrückt in einem

Konsistenzsatz:

Beide Spezifikationsebenen sind konsistent, grob gesagt existieren Abbildungen ϕ der Instruktionssätze und ψ der Zustandsräume, so daß sich für die Transitionsfunktionen beider Ebenen ein "kommutatives Diagramm" der Form

$$\begin{array}{ccc} I_N \times Z_N & \xrightarrow{T_N} & Z_N \\ \phi\downarrow \quad \psi\downarrow & & \psi\downarrow \\ \tilde{I}_N \times \tilde{Z}_N & \xrightarrow[\tilde{T}_N]{} & \tilde{Z}_N \end{array}$$

Für präzise Formulierungen und Beweise vergleiche [3].

5. Weitere Verfeinerungen

Die Modellierung von Kommunikationsvorgängen durch instantane Abläufe stellt eine starke Vereinfachung dar, denn jeder auf diesem Abstraktionsniveau sichtbare Vorgang verursacht komplizierte technische Abläufe, die Interaktionen zwischen den Kommunikationspartnern sowohl auf Software- als auch auf Hardware-Ebene erfordern.

Die in 4. skizzierte Verfeinerung bringt überdies implizit eine Verschärfung des Sicherheitsmodells mit sich, indem sie eine Zerlegung des Netzes in disjunkte Teilnetze für jede Sicherheitsklasse beinhaltet. Diese Eigenschaft ist in der Praxis unrealistisch. In jedem Netz wird es allein aus technischen Gründen Möglichkeiten geben müssen, daß hochermächtigte Komponenten Nachrichten an niedriger ermächtigte versenden müssen. Aber selbst ein nach der Sicherheitspolitik zulässiger Informationsfluß von einer niedrigen zu einer höheren Sicherheitsstufe verursacht in der Regel Informationsflüsse in der umgekehrten Richtung bei der Abarbeitung von Kommunikationsprotokollen.

Es fällt auf, daß auf dem Top-Level-Niveau keiner der in den IT-Sicherheitskriterien genannten Mechanismen sichtbar wird. Die Notwendikeit eines Authentikationsmechanismus wurde in dem Beispielszenario geradezu wegdefiniert, wogegen in einem realen System die Authentikation eines Benutzers wenn nicht dem unzuverlässigen Betriebssystem, so doch der vertrauenswürdigen Komponente Filter gegenüber nötig ist.

Eine vollständige Verifikation der Sicherheitsfunktionen eines Systems nach den höheren Qualitätsstufen der IT-Sicherheitskriterien muß bis auf eine Stufe herunter verfolgt werden, wo Sicherheitsfunktionen in der Hardware verankert werden. Das Maß, in dem die Verifikation von Systemeigenschaften gefordert werden kann, wird in den kommenden Jahren auf einen relativ engen Spielraum beschränkt bleiben, den die Evaluationsteams der ZSI noch ausloten müssen.

6. Literatur

[1] IT-Sicherheitskriterien, 1. Fassung, ZSI, 1989

[2] Grundlagen der Konzeption eines nationalen Klassifikations- und Bewertungsschemas, GEI, 1987

[3] Logische Filter in paketvermittelten Netzen, GEI/ANT, 1988

Die IT-Sicherheitskriterien und mögliche Weiterentwicklungen

Helmut Kurth

Zusammenfassung:

Die am 1.6.1989 veröffentlichten IT-Sicherheitskriterien stellen einen ersten wichtigen Schritt auf dem Weg zu sicheren IT-Systemen dar, dem jedoch möglichst bald, weitere Schritte folgen müssen. Der folgenden Artikel beschreibt, wie es zu den IT-Sicherheitskriterien kam, ihre Intention und Struktur sowie die nächsten Schritte, die nach Meinung des Autors nun folgen müssen, um ein möglichst hohes Maß an Sicherheit bei der Anwendung der Informationstechnik zu erreichen.

1. Historie

Das Sicherheit auch ein Problem in der Datenverarbeitung ist, wurde zuerst Mitte der sechziger Jahr in den USA erkannt. Hier waren es vor allem die Militärs, die die neuen Techniken auch für die Verarbeitung eingestufter Informationen einsetzen wollten und dabei auf das Problem stießen, wie sie diese eingestuften Informationen vor Kenntnisnahme durch Personen schützen sollten, die zwar Zugang zum Rechner, aber kein "Need to know" für alle darin gespeicherten Informationen besaßen. So wurde 1967 ein Arbeitskreis gegründet, der sich diesem Thema widmen sollte. In den siebziger Jahren wurden dann sowohl theoretische

Arbeiten über sichere DV-Systeme erstellt, als auch Versuche zum Bau solcher Systeme initiiert.

Schon bald wurde dann auch die Notwendigkeit erkannt, die Wirksamkeit von Sicherheitsfunktionen in Rechnern "messen" zu können. Nur allzu oft hielten die von ihren Herstellern hochgepriesenen Sicherheitsvorkehrungen in DV-Systemen den Attacken spezieller "Tiger-Teams" nicht stand. Auch zeigte sich, daß durch das Nachbessern der Systeme nach dem Auffinden einzelner Schwachstellen die Gesamtsicherheit kaum erhöht werden konnte - die Systeme waren so komplex, daß durch das Schließen einer Lücke oftmals an einer anderen Stelle eine neue Lücke entstand.

Aus diesen Tatsachen gewann man zwei wesentliche Erkenntnisse:

1. Ein hohes Maß an Sicherheit kann nicht durch nachträgliches "Aufsetzen" von Sicherheitsfunktionen auf ein bestehendes System erreicht werden.
2. Es ist notwendig, Vertrauen darin zu gewinnen, daß die Sicherheitsfunktionen korrekt implementiert, vollständig und nicht umgehbar sind.

Als Konsequenzen aus diesen Erkenntnissen wurde mit einer Reihe von Forschungsprojekten begonnen, die sich mit dem Thema "Sicherheit in DV-Systemen" beschäftigten. So wurde z.B. versucht, Systeme unter dem Gesichtspunkt der Sicherheit zu konstruieren. Als Beispiele seien hier nur die Projekte KSOS, PSOS und KVM erwähnt. Andere Projekte versuchten, das Problem der Sicherheit mehr theoretisch zu behandeln und abstrakte Modelle sicherer Systeme zu entwerfen. Bekanntestes Beispiel hierfür ist das nach seinen beiden Autoren benannte Bell-La Padula Modell. Grundlage dieses Modells waren die U.S.-Vorschriften zur Handhabung klassifizierter Dokumente. Parallel dazu gewann das Thema der Prüfung der Sicherheit von DV-Systemen an Bedeutung. Mitte der siebziger Jahre begannen die Arbeiten an diesem Thema beim National Bureau of Standards sowie bei der Mitre Corporation. Diese führten schließlich zu den "Trusted Computer System Evaluation Criteria", bekannt unter dem Namen "Orange Book". Zwei Jahre vor dessen erster Veröffentlichung im Jahre 1983 wurde das "DoD Computer Security Evaluation Center" gegründet, welches dann zum "National Computer Security Center" erweitert wurde.

Mit dem "Orange Book" wurde zum ersten Mal der Versuch unternommen, eine Art "Meßlatte" für die Sicherheit von DV-Systemen zu schaffen. Allerdings schränkt das Orange Book selbst seinen Anwendungsbereich stark ein. So steht im Anhang A wörtlich: **"Department of Defense Trusted Computer System Evaluation Criteria forms the basis upon which the National Computer Security Center will carry out the commercial computer security evaluation process. This process is focused on commercially produced and supported general-purpose operating system products that meet the needs of govemment departments and agencies."**

Im Kapitel 7 sind dann die Regierungserlasse und Vorschriften aufgeführt, die den Sicherheitsbedarf der U.S.-Regierung im DV-Sektor beschreiben. Wichtigster Aspekt ist dabei der Schutz von klassifizierten Dokumenten vor Kenntnisnahme durch Unbefugte. Andere Sicherheitsaspekte, wie die Wahrung der Integrität der gespeicherten Informationen oder die Sicherstellung der Verfügbarkeit, spielen in diesen Vorschriften kaum eine Rolle und sind deshalb auch in den Kriterien im Orange Book nur sehr rudimentär vertreten.

2. Aufbau der IT-Sicherheitskriterien

Die Erkenntnis der zunehmenden Abhängigkeit von der Datenverarbeitung sowie Berichte über Sicherheitsmängel bei DV-Systemen haben auch in der Bundesrepublik den Bedarf nach einer Art "Prüfstelle" für Sicherheit in der Informationstechnik wachsen lassen. Deshalb wurde bei der Zentralstelle für das Chiffrierwesen (ZfCH, jetzt ZSI) eine Abteilung für IT-Sicherheit gegründet, die eine solche Prüfstelle aufbauen sollte. Allerdings wurde schnell klar, daß eine Übernahme des Orange Book als Basisdokument für die Prüfung von DV-Systemen nicht angebracht war, da es zu stark auf die Bedürfnisse der U.S.-Regierung zugeschnitten war. Aus diesem Grund wurde die Firma IABG beauftragt, einen Entwurf für deutsche Evaluationskriterien zu erarbeiten, der für einen wesentlich weiteren Bereich von Systemen anwendbar ist als das Orange Book und als zentrales Bewertungs- und Klassifikationsschema für DV-technische Sicherheitsfunktionen in IT-Systemen benutzt werden kann.

Diese sehr weit gespannte Aufgabenstellung erzwingt einen Ansatz, der sich deutlich von dem des Orange Books unterscheidet. Während das Orange Book hauptsächlich die Bedrohung der unbefugten Kenntnisnahme von Informationen behandelt, betrachten die IT-Sicherheitskriterien die drei Grundbedrohungen

- unbefugter Informationsgewinn (Verlust der Vertraulichkeit)
- unbefugte Modifikation von Informationen (Verlust der Integrität)
- unbefugte Beeinträchtigung der Funktionalität (Verlust der Verfügbarkeit

als gleichrangig.

Auch war es das Ziel, die IT-Sicherheitskriterien nicht einseitig auf Betriebssysteme auszurichten, sondern sie so zu gestalten, daß sie für ein möglichst weites Spektrum von IT-Systemen anwendbar sind.

Dadurch ergibt sich zwangsläufig auch ein entsprechend weites Spektrum von möglichen Bedrohungen und Einsatzszenarien, denen die Kriterien Rechnung tragen müssen. Daraus ergeben sich sehr unterschiedliche Sicherheitsanforderungen, die wiederum durch unterschiedliche Mechanismen realisiert sein können. Eine feste Verbindung zwischen Funktionalitäts- und Qualitätskriterien, wie sie im Orange Book zu finden ist, war daher bei der erweiterten Zielrichtung der IT-Sicherheitskriterien nicht angebracht; ja es erwies sich sogar als nicht möglich, so etwas wie eine allen Systemen gemeinsame Sicherheitsgrundfunktionalität zu finden. Trotzdem war es eine Aufgabe bei der Entwicklung der IT-Sicherheitskriterien, Systeme bezüglich ihrer Sicherheitseigenschaften vergleichbar zu machen - im ersten Anschein eine Art Widerspruch, den man durch die Struktur der IT-Sicherheitskriterien zu lösen versuchte.

Dazu werden in Kapitel 3 Grundfunktionen sicherer Systeme beschrieben. Dies sind auf einen abstrakten Level definierte Funktionen, die zusammen das gesamte Spektrum der Sicherheitsfunktionalität abdecken sollen. Aufgabe dieses Kapitels in den IT-Sicherheitskriterien ist, zu jeder der acht aufgezählten Grundfunktionen Hinweise in einer Art Checkliste zu geben, welche Sicherheitsanforderungen an ein System gestellt werden können. Geht man nach dieser "Checkliste" vor, so erhält man Sicherheitsanforderungen gegliedert nach den Grundfunktionen

- Identifikation und Authentisierung
- Rechteverwaltung
- Rechteprüfung
- Beweissicherung
- Wiederaufbereitung
- Fehlerüberbrückung
- Gewährleistung der Funktionalität
- Übertragungssicherung

Somit richtet sich dieses Kapitel weniger an denjenigen, der ein System bewertet, als vielmehr an die Personen, die Sicherheitsanforderungen an ein System aufstellen, d.h. die Käufer und Hersteller von Systemen.

Kapitel 4 der IT-Sicherheitskriterien behandelt nun die Bewertung von Mechanismen, die bei der Implementierung eingesetzt werden. Dabei geht es darum, prinzipielle Schwächen der verwendeten Mechanismen zu finden, durch die Sicherheitsvorkehrungen des Systems eventuell unterlaufen werden können. So ist z.B. jedem sofort klar, daß eine maximal dreistellige "Geheimzahl" zur Authentisierung eines Benutzers ein schwächerer Mechanismus ist als ein maximal 8-stelliges Paßwort in Verbindung mit einer fälschungssicheren Codekarte. Ebenso ist klar, daß ein hohes Vertrauen in die Wirksamkeit der Sicherheitsmaßnahmen in einem System den Einsatz "starker" Mechanismen voraussetzt.

Es gibt nun allerdings eine Reihe von möglichen Schwächen von Mechanismen. So sind z.B. eine umständliche Handhabung oder die Notwendigkeit aufwendiger manueller Kontrollmaßnahmen ebenfalls Schwächen von Mechanismen. Allerdings ist es gerade in diesem Bereich besonders schwer, objektive Bewertungskriterien anzugeben. Kapitel 4 der IT-Sicherheitskriterien gibt deswegen - aufgeschlüsselt nach den Grundfunktionen - Hinweise, in welchen Bereichen möglicherweise Schwächen von Mechanismen liegen können und richtet sich damit schwerpunktmäßig an den Evaluator.

Kapitel 5 der IT-Sicherheitskriterien listet zehn sogenannte Funktionalitätsklassen auf. Aufgabe einer Funktionalitätsklasse ist dabei, Sicherheitsanforderungen zusammenzufassen, die charakteristisch für ein bestimmtes Bedrohungs- und Einsatzszenario sind. So sind die ersten fünf Funktionalitätsklassen aus dem Orange Book abgeleitet, befassen sich also schwerpunktmäßig mit der Bedrohung der unbefugten Kenntnisnahme von Informationen. Als Einsatzszenario ist dabei klar der Zentralrechner zu erkennen; es werden nämlich keine Anforderungen bezüglich der Grundfunktion Übertragungssicherung gestellt.

Die restlichen fünf Funktionalitätsklassen versuchen beispielhaft auch andere Bedrohungs-- und Einsatzszenarien zu behandeln.

Allerdings ist klar, daß diese Aufzählung keineswegs vollständig ist. Deshalb sind die IT-Sicherheitskriterien auch explizit offen für weitere Funktionalitätsklassen. Daneben wird es jedoch auch immer möglich sein, Systeme zu evaluieren, die nicht in den Rahmen einer vordefinierten Funktionalitätsklasse fallen. Auch werden die Sicherheitsfunktionen der meisten Systeme nicht deckungsgleich mit einer (oder einer Kombination mehrerer) Funktionalitätsklasse sein. Es ist durchaus auch vorgesehen, daß auch solche Sicherheitsfunktionen bei einer Evaluation mit bewertet werden, die über die Anforderungen der angestrebten Funktionalitätsklasse hinausgehen.

Nun könnte man fragen: Wozu dienen die Funktionalitätsklassen überhaupt? Die Antwort ist relativ einfach: Sie liefern eine Art funktionales Einordnungs- und Vergleichsschema für evaluierte Systeme. Dadurch soll es leichter werden, in der Liste der evaluierten Systeme ein für das eigene Bedrohungs-- und Einsatzszenario passendes zu finden.

Den umfangreichsten Teil der IT-Sicherheitskriterien - und damit auch ihren Schwerpunkt - bilden die Kriterien zur Bewertung der Qualität der Sicherheitsfunktionen. Dazu wurden acht Qualitätsstufen definiert, die streng hierarchisch geordnet sind.
Q0 bezeichnet dabei die niedrigste, Q7 die höchste derzeit definierte Qualitätsstufe. Innerhalb jeder Qualitätsstufe werden Kriterien in 7 verschiedenen Bereichen definiert. Dies sind:

- Qualität der Sicherheitsanforderungen
- Qualität der Spezifikation der zu evaluierenden Systemteile
- Qualität der verwendeten Mechanismen
- Qualität der Abgrenzung von nicht zu evaluierenden Systemteilen
- Qualität des Herstellvorgangs
- Betriebsqualität

- Qualität der anwenderbezogenen Dokumentation

Der erste Punkt - Qualität der Sicherheitsanforderung - wird manchem vielleicht im ersten Augenblick merkwürdig vorkommen. Es ist jedoch ein sehr wichtiger Aspekt für die Bewertung eines Systems. Da die IT-Sicherheitskriterien nicht von einem festen Satz von Sicherheitsanforderungen ausgehen, sondern vielmehr von demjenigen, der ein System zur Evaluation anmeldet eine Beschreibung der Sicherheitsanforderungen verlangt wird, ist die Verständlichkeit, Eindeutigkeit und Widerspruchsfreiheit dieser Beschreibung von fundamentaler Wichtigkeit für die Evaluation. So werden in den höheren Qualitätsstufen auch sukzessive schärfere Anforderungen an die Art der Darstellung der Sicherheitsanforderungen gemacht. Dies reicht bis zu einem mathematischen Modell, dessen Konsistenz formal bewiesen sein muß.

Der Begriff der Spezifikation ist in den IT-Sicherheitskriterien sehr weit gefaßt. Er reicht von der Grobdesignbeschreibung des Gesamtsystems bis zur Feinspezifikation einzelner Komponenten. Auch bei der Spezifikation wachsen die Anforderungen mit steigender Qualitätsstufe. Während in den unteren Stufen eine verbal niedergelegte Spezifikation ausreichend ist, werden in den mittleren Stufen semi-formale, in der höchsten Stufe formale Spezifikationen gefordert. Auch steigen mit der Qualitätsstufe die Anforderungen an den Detaillierungsgrad.
Wie bereits beim Kapitel über Mechanismen angedeutet, besteht eine Kopplung zwischen der Qualität der verwendeten Mechanismen und der erreichbaren Qualitätsstufe. Es ist nicht sinnvoll, einen schwachen Mechanismus mit hoher Qualität zu implementieren; das Gesamtsystem bleibt schwach. Daher legen die IT-Sicherheitskriterien klar fest, welche Mindeststärke die eingesetzten Mechanismen haben müssen, damit eine bestimmte Qualitätsstufe erreicht werden kann.

Die IT-Sicherheitskriterien sind nicht dafür gedacht, die Gesamtfunktionalität eines Systems zu bewerten. Sie sind ausgerichtet auf die Sicherheitsfunktionen. Damit diese separat bewertet werden können, muß sichergestellt sein, daß sie von den restlichen eilen des Systems so separiert sind, daß sie von diesen nicht modifiziert, getäuscht oder umgangen werden können. Dies setzt eine starke Separierung von diesen eilen voraus. Nicht direkt zur Sicherheit beitragende Systemteile, die aber auch nicht ausreichend von den Sicherheitsfunktionen separiert sind, müssen bei der Evaluation eines Systems dagegen mit betrachtet werden. Durch diese Philosophie wird es sich im allgemeinen erst im Laufe einer Evaluation herausstellen, welche Teile des Systems bei der Prüfung mit betrachtet werden müssen.

Ebenfalls ein wichtiger Aspekt bei der Evaluation ist die Prüfung des Herstellvorgangs inklusive der dabei verwendeten Werkzeuge und Verfahren. Dazu gehören auch die eingesetzten Werkzeuge zur Konfigurationsverwaltung und Versionskontrolle. Die IT-Sicherheitskriterien stellen in den höheren Qualitätsstufen auch für diese Werkzeuge funktionale Anforderungen.

Unter dem Aspekt der Betriebsqualität fallen die Bereiche Systemgenerierung, Systemauslieferung, Wartung, Systemstart und Verhalten im Fehlerfall (Wiederanlauf nach einem Fehler). Auch in diesen Bereichen soll durch schärfere Anforderungen in den höheren Qualitätsstufen die Möglichkeit zum Unterlaufen der Sicherheitsvorkehrungen des Systems minimiert werden.

Der letzte Punkt befaßt sich mit der anwenderbezogenen Dokumentation. In diesem Bereich wird die vollständige Beschreibung der Benutzung der Sicherheitsfunktionen verlangt, sofern sie für den normalen Benutzer von Belang sind. Die Forderung bleibt von der Qualitätsstufe Q1 bis zur Stufe Q7 gleich.

Neben diesen Einzelbereichen wird am Beginn jeder Qualitätsstufe aufgelistet, welche Dokumentation bei einer Evaluation in diese

Qualitätsstufe verlangt wird. Die IT-Sicherheitskriterien beschreiben nicht den eigentlichen Evaluierungsvorgang. Sie sagen zwar, was geprüft wird, aber nicht, wie es geprüft wird bzw. wie eine Evaluation gestartet wird und abläuft. Dies wird im IT-Evaluationshandbuch erläutert. Daneben enthält das Evaluationshandbuch noch ergänzende Hinweise und Beispiele zu den IT-Sicherheitskriterien.

3. Mögliche Ergänzungen und Weiterentwicklungen

Die IT-Sicherheitskriterien selbst beschreiben Kriterien, nach denen IT-Systeme bezüglich ihrer Sicherheitseigenschaften bewertet werden können. Sie geben dagegen keine Hinweise darauf, welche Sicherheitsfunktionen für einen bestimmten Einsatzfall notwendig sind. Dies ist auch nicht ihre Aufgabe. Es wird in den Kriterien lediglich erwähnt, daß zur Bestimmung der Sicherheitsanforderungen an ein System eine Analyse der Bedrohungen notwendig ist. Wie eine solche Bedrohungsanalyse durchzuführen ist und wie man im Anschluß daran zu einem Sicherheitskonzept mit klaren Sicherheitsanforderungen an das System kommt, soll in einem speziellen IT-Anwenderhandbuch dargelegt werden. Dort sollen die Vorgehensweise bei Bedrohungs-- und Risikoanalyse, die Aufstellung eines Sicherheitskonzeptes mit aufeinander abgestimmten Anforderungen in den Bereichen

- materielle Sicherheit
- organisatorische Sicherheit
- personelle Sicherheit
- DV-technische Sicherheit

erläutert werden. Dort wird dann auch beschrieben, wie er ein für ihn geeignetes System in der Liste der evaluierten Produkte finden kann. Dabei ist zu beachten, daß die Evaluationsergebnisse nur den Bereich der DV-technischen Sicherheit abdecken. Jedoch kann das Anwenderhandbuch Hinweise geben, welche Funktionalitätsklassen für ein bestimmtes Bedrohungs-- und Einsatzszenario eventuell geeignet sein können. Dies führt zu einem Punkt, an dem die IT-Sicherheitskriterien selbst noch einer Erweiterung bedürfen, nämlich bei den Funktionalitätsklassen. Die derzeit definierten Klassen zielen größtenteils auf Betriebssysteme und eventuell noch einzelne Netzkomponenten. Es fehlen z.B. spezielle Klassen für Netzwerke oder Datenbanksysteme. Hier sollten Hersteller und Betreiber solcher Systeme sich zusammensetzen, Sicherheitsanforderungen für solche Systeme sinnvoll zu Funktionalitätsklassen zu gruppieren. Dabei ist es wichtig, für jede so definierte Klasse das mit ihr avisierte Bedrohungsszenario und Einsatzgebiet zu umreißen. Ein möglicher Nutzer kann später dann die dort dargelegten Rahmenbedingungen mit denen vergleichen, die er in seiner Bedrohungsanalyse eruiert hat. Stimmen sie überein, so ist ein System dieser Funktionalitätsklasse prinzipiell für den Nutzer geeignet. Er muß sich nun nur noch darüber klar werden, welche Qualitätsstufe er fordern soll. Allerdings sollte man darauf achten, daß die Anzahl der Funktionalitätsklassen überschaubar bleibt und daß jede Klasse generisch genug ist, mehrere ähnlich geartete Systeme zu umfassen.

Ein weiterer Punkt für mögliche Weiterentwicklungen betrifft die höheren Qualitätsstufen der IT-Sicherheitskriterien. Dort wird eine formale Vorgehensweise bei der Konstruktion der Systeme verlangt. Insbesondere die Qualitätsstufe Q7 erhebt Forderungen, die heute teilweise noch dem Bereich der Forschung zuzuordnen sind. Es dürfte derzeit nicht möglich sein, ein praxisrelevantes System nach den Kriterien dieser Qualitätsstufe zu konstruieren. Trotzdem hat diese Stufe ihre Berechtigung. Die dort aufgestellten Forderungen sollen auch die Forschung auf dem Gebiet der formalen Methoden motivieren, die Voraussetzungen zu schaffen, die für eine Evaluation in die Qualitätsstufe Q7 notwendig sind. Dies erfordert Weiterentwicklungen in den Bereichen der formalen Sicherheitsmodelle, der formalen Spezifikation (inklusive Spezifikationssprachen) und der formalen Programmverifikation.

Dabei ist es natürlich auch möglich, daß die Forschungsergebnisse aufzeigen, daß einige der Forderungen von Q7 nicht erfüllbar oder auch einfach nur nicht sinnvoll sind. Das bedeutet, daß gerade die höheren Qualitätsstufen nach einigen Jahren überarbeitet werden sollten.

Ein weiterer Aspekt für eine mögliche Weiterentwicklung oder Ergänzung der jetzigen IT-Sicherheitskriterien betrifft den gesamten Hardware-Bereich. Korrektes Funktionieren der Software ist abhängig vom korrekten Funktionieren der zugrundeliegenden Hardware. Der Hardware-Bereich wird derzeit allerdings in den IT-Sicherheitskriterien weitgehend ausgeklammert. Dabei übernimmt die Hard- bzw. Firmware wichtige Sicherheitsaufgaben z.B. beim Speicherschutz oder bei der Separierung von System- und Anwendungsprogrammen. Es bleibt zu überlegen, inwieweit zumindest bei den höheren Qualitätsstufen eventuell auch das Hardware-Design mit in die Evaluation einbezogen werden sollte. In diesem Fall müßten dann allerdings auch für diesen Bereich geeignete Anforderungen und Prüfkriterien definiert werden.

Zusammenfassung und Schlußwort

Dr. Eckart Werthebach

Sehr geehrte Damen und Herren,
ich habe die Aufgabe und Ehre, eine zusammenfassende Schlußbetrachtung der 1. Deutschen Konferenz für Computer-sicherheit zu geben.
Ich hoffe mich mit Ihnen einig, daß in diesen zwei Tagen in außerordentlich kompakter Form die Bandbreite der technischen und politischen Fragen der lT-Sicherheit behandelt wurden.
Insbesondere auch die in Rede und Gegenrede deutlich werdenden gegenteiligen Auffassungen waren dazu angetan,

- Anregungen zu geben,
- eigene Positionen zu überdenken und
- sich - auch - in gefaßten Beschlüssen bestätigt zu fühlen.

Ich jedenfalls kann für meine Person feststellen, in zwei Tagen in die Tiefen der DV-Sicherheit geführt worden zu sein. Lösungswege wurden aufgezeigt. Lösungswege, die nach meiner Auffassung nur schrittweise angegangen und selbstredend unter dem Vorbehalt der raschen technischen Entwicklung stehen.
Lassen Sie mich - die Vorträge, Diskussionen und Gespräche in diesen zwei Tagen aufnehmend - schwerpunktmäßig einige Punkte und Schritte nennen, die Bausteine für eine Verbesserung der lT-Sicherheit kurz- und mittelfristig sein können:

(1) Es muß gelingen, ein noch stärkeres Problembewußtsein bei Herstellern, Anwendern, aber auch im politischen Raum zu schaffen.

(2) Ein erheblicher Beratungsbedarf der Anwender durch alle kompetenten Stellen ist ein Ergebnis dieser Konferenz. Industrie, Wissenschaft und die Zentralstelle für die Sicherheit in der Informationstechnik sind hier besonders gefragt. Das auf dieser Konferenz erneut besonders auffällig werdende große Sicherheitsdefizit bei der Anwendung der Informationstechnik ist nicht hinnehmbar.

(3) Zertifizierungen durch das Bundesamt für Sicherheit in der Informationstechnik auf der Basis der harmonisierten IT-Sicherheitskriterien und eines verabredeten Evaluations-verfahrens sind ein weiterer gewichtiger Schritt in Richtung mehr Sicherheit.

(4) Das weite und besonders gewichtige Feld der Forschung zur Optimierung der lT-Sicherheit will ich als vor letzten Punkt ansprechen - es hieße Eulen nach Athen zu tragen, wenn ich dies vor diesem Zuhörerkreis ausbreiten würde, und

(5) und letztens: Die Errichtung des Bundesamtes für Sicherheit in der Informationstechnik durch Verabschiedung des BSI-Errichtungsgesetzes.

Nur durch das BSI steht uns für die Entwicklung der lT-Sicherheit die unabdingbar notwendige Verwaltungskompetenz zur Verfügung.

Wenn Sie mir sagen, es geht doch schon heute, dann er lauben Sie mir den vorhaltbaren Hinweis: Nur weil wir so tun, als gäbe es bereits eine selbständige Bundesoberbehörde, funktioniert der administrative Teil der lT-Sicherheit.

Abschließend gilt mein besonderer Dank den Damen und Herren, die für die AFCEA bzw. die ZSI diesen Kongreß ausgerichtet haben.

Ihr persönlicher Einsatz und ihr Engagement sind hierfür Voraussetzung gewesen. Ihnen sollte unser aller Dank und Lob gebühren, eine sehr erfolgreiche, eine im Sinne des Wortes bemerkenswerte Konferenz ausgerichtet zu haben.

Die Herren Müller-von der Bank, Cerny, Dr. Leiberich und seine Mitarbeiter möchte ich eigens nennen.
Ihnen, meine Damen und Herren Zuhörer, gilt auch deshalb mein Dank, weil Sie ausgeharrt und mir zugehört haben.
Ich denke, mit dem Ende der 1. deutschen Konferenz über Computersicherheit nimmt bereits eine gute Tradition ihren Anfang. Die Veranstalter haben mich ermächtigt, heute bekanntzugeben, daß im nächsten Jahr die 2. deutsche Computersicherheitskonferenz stattfinden wird. Ich meine, daß das beinahe das Erfreulichste ist, was ich Ihnen heute abschließend sagen kann. - Auf Wiedersehen im nächsten Jahr.

Personenverzeichnis

Eberhard Müller-von der Bank, Stellvertretender Vorsitzender der AFCEA e.V.

Dr. Otto Leiberich, Leiter der Zentralstelle für Sicherheit in der Informationstechnik

Hans Neusel, Staatssekretär im Bundesministerium des Innern

Heinrich Wortmann, Ministerialrat im Bundesministerium des Innern

Prof. Dr. Klaus Brunnstein, Institut für Anwendungen der Informatik, Universität Hamburg

Dr. Werner Schmidt, beim Bundesbeauftragten für den Datenschutz

Dr. Heinrich Kersten, Privatdozent an der RWTH Aachen, Leiter Evaluierung bei der ZSI

Bernd Hentschel, Gesellschaft für Datenschutz und Datensicherung e.V.

Dr. Hartwig Kreutz, Zentralstelle für Sicherheit in der Informationstechnik

Erwin Geiger, Siemens AG, Zentralabteilung Forschung und Entwicklung

Rüdiger Dierstein, Deutsche Forschungsanstalt für Luft- und Raumfahrt

Marvin Schaefer, Trusted Information Systems

Prof. Dr. Friedrich W. von Henke, Fakultät für Informatik der Universität Ulm

Prof. Eberhard Schöneburg, Expert Informatik GmbH

Hermann Strack, E.I.S.S., Universität Karlsruhe

Dr. Karl Heinz Wilke, IBM Deutschland GmbH

Dr. Hans Peter Dorst, Zentralstelle für Sicherheit in der Informationstechnik

Dr. Gerhard Weck, Infodas GmbH

Dr. Franz Peter Heider, Gesellschaft für elektronische Informationsverarbeitung mbH

Helmut Kurth, Industrieanlagen Betriebsgesellschaft mbH

Dr. Eckart Werthebach, Ministerialrat Bundesministerium des Innern